山地区域乡村振兴秦巴山论坛开幕式

山地区域乡村振兴秦巴山论坛合影留念

2017年11月21日,重庆山地经济研究中心团队成员在重庆市城口县沿河乡调研

2018年7月5日,重庆山地经济研究中心团队成员在陕西岚皋县蒋家关村魔芋基地调研

2018年5月23日,重庆山地经济研究中心团队成员在四川省达川区乌梅基地调研

2018年9月13日,重庆山地经济研究中心团队成员在湖北省十堰市房县"陵州小匠"酒坊调研

山地区域乡村振兴研究
——以秦巴山区、武陵山区为例

邓正琦 姜锋 何军 主编

西南师范大学出版社
国家一级出版社 全国百佳图书出版单位

图书在版编目(CIP)数据

山地区域乡村振兴研究：以秦巴山区、武陵山区为例 / 邓正琦, 姜锋, 何军主编. -- 重庆：西南师范大学出版社, 2020.10
ISBN 978-7-5697-0468-6

Ⅰ.①山… Ⅱ.①邓…②姜…③何… Ⅲ.①山区 - 农村 - 社会主义建设 - 研究 - 中国 Ⅳ.①F320.3

中国版本图书馆CIP数据核字(2020)第193942号

山地区域乡村振兴研究
——以秦巴山区、武陵山区为例

SHANDI QUYU XIANGCUN ZHENXING YANJIU
——YI QIN-BA SHANQU、WULING SHANQU WEILI

主　编：邓正琦　姜　锋　何　军

责任编辑：刘江华　刘桂芳
责任校对：尤国琴
书籍设计：观止堂
排　　版：江礼群
出版发行：西南师范大学出版社
　　　　　地址：重庆市北碚区天生路2号
　　　　　网址：http://www.xscbs.com
　　　　　邮编：400715　电话：023-68868624
印　　刷：重庆荟文印务有限公司
幅面尺寸：185 mm×260 mm
印　　张：19
插　　页：1
字　　数：380千字
版　　次：2020年12月　第1版
印　　次：2020年12月　第1次印刷
书　　号：ISBN 978-7-5697-0468-6

定　　价：48.00元

谨以此书献给长期关注山地经济研究团队成长的重庆师范大学前校长周泽扬教授！

序一

曾 礼

消除贫困、改善民生、逐步实现共同富裕,是社会主义的本质要求,是我们党的重要使命,事关全面建成小康社会,事关人民福祉和国家长治久安。全面建成小康社会,最艰巨的任务是脱贫攻坚。党的十八大以来,以习近平同志为核心的党中央高瞻远瞩、深谋远虑,以高度的政治感、责任感和使命感,把脱贫攻坚工作提升至治国理政新高度,广泛凝聚社会各界力量,推进实施精准扶贫方略,我国扶贫开发事业取得了历史性的成就。但与之相伴的是我国仍然存在相当数量的绝对贫困人口和异常庞大的相对贫困人口,这些贫困人口大多分布在生存条件恶劣、基础设施和公共服务薄弱、自然灾害频发、社会事业发展严重滞后的集中连片特困地区,秦巴山区、武陵山区就是这样的特困地区。党的十九报告,首次将区域协调发展上升到国家战略,明确提出坚定实施区域协调发展战略,动员全党全国全社会力量,坚持精准扶贫、精准脱贫,这为我国新时期区域发展和脱贫攻坚指明了方向和路径,也为长期从事此领域理论研究和实践探索的工作者提出了新的时代命题。

多年来,重庆师范大学主动服务国家和区域经济社会发展,充分发挥高校的社会服务职能,在紧紧围绕国家发展大局、服务重庆贫困地区经济社会发展方面做了一些扎扎实实的工作,特别是提供了有力的理论支撑和智力服务。2016年,作为重庆市纪委扶贫集团的成员单位,学校认真分析校情,结合帮扶对象县情,响亮地提出"把教学科研成果用在大巴山腹地"。在2014年开展校地战略合作的基础上,对扶贫城口县的工作重新做了优化设计。一是提升教育扶贫工作在学校全局工作中的地位,将其作为发挥高校职能,深化对外合作的重要内容,由校长主管,学校对外联络与合作中心负责牵头实施。二是做出系统规划设计,明确将扶贫城口县纳入《重庆师范大学"十三五"事业发展规划》,确定"既推进教育精准扶贫又提高办学质量,推进县校深度合作实现共赢"的目标。三是启动实施"烛光·跨越"行动计划。2016年10月13日,我校原任校长周泽扬同志与城口县人民政府县长黄宗林同志正式签订"烛光·跨越"行动协议。"烛光"是重庆师范大学的象征,"跨越"则是城口县的精神。"烛光·跨越"行动的全面实施,标志着我校与城口县以精准扶贫为依托的深度合作全面展开。通过双方发展理念、发展政策、发展布局的"三个对接",创新要素与项目需求、智力优势与资源优势、教师发展与项目实施的"三个结合",以及组织、制度、经费的"三个保障",在促进短期协助脱贫、中期防止返贫、远期切断贫困代际传递的三大帮扶目标上广泛开展了切合实际的帮扶工作。2016年以来,学校帮助城口县引进项目31个,涵盖教育支持、科研合作及成果转化、旅游发展促进、生态文明建设、特色农产品开发五大领域,与城口县教委联合打造重庆师范大学附属城口实验中学,并于2017年9月顺利开学,产生了良好的社会效益。

2004年,重庆师范大学山地经济研究中心挂牌成立。2007年6月,在秀山县召开了"渝鄂湘黔跨省交界地区经济联动与经济力量整合"研讨会,形成了在全国有较大影响的研究成果。尔后,重庆师范大学山地经济研究中心分别于2012年、2016年在秀山县委党校、城口县委党校分别设立重庆山地经济研究中心武陵山分中心、重庆山地经济研究中心秦巴山分中心。为深刻践行习近平总书记提出的"绿水青山就是金山银山"发展理念,深入研究"生态产业化、产业生态化"的实践路径,发展山地经济,促进山地区域乡村振兴。2018年10月22—24日,由中共城口县委、城口县人民政府、重庆市社会科学界联合会与重庆师范大学共同主办的"山地区域乡村振兴秦巴山论坛"在城口县举行。来自秦巴山区、武陵山区部分区县市政府部门、高校、党校、研究院等45个单位,共计156名领导、专家学者围绕秦巴山区产业振兴、人才振兴、文化振兴、生态振兴、组织振兴和乡村振兴保障条件等六大板块展开了深入的理论探讨,进一步深化对有关理论与实践问题的认识。

《山地区域乡村振兴研究——以秦巴山区、武陵山区为例》就是此次研讨会的丰硕成果,本书的出版,拓展了山地区域经济社会发展的研究范围,丰富了山地区域的研究内容,其中体现出新的研究视角和研究内容,具有较大的理论价值和学术价值。同时,也为我们了解秦巴山区的经济社会发展现状,关注秦巴山连片贫困地区打开了一个重要窗口。本书围绕山地区域乡村振兴、精准扶贫、精准脱贫等相关热点问题的研究,必将为集中连片特困地区的脱贫攻坚起到促进作用,必将为山地区域建设成为产业兴旺、生态宜居、乡风文明、治理有效、生活富裕的美丽山区的发展目标上起到很好的借鉴作用。

2019年6月

(曾礼,男,中国共产党重庆市第五届委员会委员,重庆师范大学党委书记、教授、硕士生导师)

序二

中共城口县委、城口县人民政府

城口地处大巴山腹地,位于重庆市最北端,因踞川陕鄂三省门户名"城",扼四方咽喉称"口"而得名,辖区面积3292平方千米,辖2个街道23个乡镇,总人口25.3万人。1987年、2001年、2011年和2015年城口县均被列为国家级贫困县,是秦巴山区集中连片特困的贫困区县,是重庆市4个深度贫困县之一。

城口,举目皆山,却从未困顿。这里是川陕革命根据地的重要组成部分,在重庆具有"三个第一""一个唯一"的特点,即第一个打出红军旗帜的县,第一个由地方红军攻占县城的县,第一个迎来中国工农红军主力部队的县,是重庆市唯一成建制建立了县区乡村四级苏维埃政权的革命老区,也是唯一纳入国务院《川陕革命老区振兴发展规划》的县。这里生态环境良好,现有大巴山国家级自然保护区、九重山国家级森林公园、巴山湖国家湿地公园,森林覆盖率达到68.3%,是长江上游重要生态屏障和国家南水北调重要水资源储备库,先后获得"中国生态气候明珠""中国老年人宜居宜游县""国家生态原产地产品保护示范区"等称号。

在全面建成小康社会的伟大征程中,城口县得到了社会各界的广泛关注和支持,重庆师范大学始终坚持"不忘初心、牢记使命",深化对口扶贫工作,扎实开展"烛光·跨越"行动,在教育帮扶、科研合作、师资培训等方面做了大量卓有成效的工作。2018年10月22—24日,由重庆师范大学、中共城口县委、城口县人民政府、重庆市社会科学界联合会共同主办,重师大经济与管理学院、中共城口县委党校、重庆山地经济研究中心承办的"山地区域乡村振兴秦巴山论坛"在城口县隆重举行,来自渝、川、陕、鄂地区三省一市的部分区县市政府部门、高校、党校、研究院等45个单位158名领导、专家、学者齐聚一堂,为推动城口县践行"两山"理念,走好"两化"之路,实现乡村振兴建言献策。专家学者的深入研究、博采众长、真知灼见,为城口构建生态经济体系提供强有力的理论支撑、智力支撑和实践支撑,形成的丰硕成果为城口加快发展、绿色崛起贡献了智慧。同时,更充分体现了重庆师范大学强有力的政治担当和情系山区、助力发展的为民情怀。

在全面建成小康社会进入决胜阶段的关键时期,城口县将始终全面贯彻落实习近平总书记对重庆提出的"两点"定位、"两地""两高"目标、发挥"三个作用"和营造良好政治生态重要指示要求,牢固树立"绿水青山就是金山银山"的发展理念,坚定不移推进"生态产业化、产业生态化",全力推进创新发展、协调发展、绿色发展、开放发展、共享发展,切实把生态环境做优、把生态产业做强、把城乡环境做美、把民生工作做实,加快建成山清水秀美丽之地、秦巴山区生态文明建设先行示范区、重庆生态经济强县,努力实现高质量发展,创造高品质生活,确保到2020年与全国人民一道同步迈进全面小康的康庄大道。

2019年6月

序三

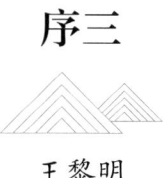

王黎明

秦巴山地,《史记》谓之"天下之大阻",故有"云横秦岭家何在,雪拥蓝关马不前"的感慨。秦巴之地,秦和汉朝的发祥地,华夏文明的萌发地。秦巴山区的乡村振兴,既有"天下之大阻"的难,也有文明萌发地的源。党的十九大报告提出乡村振兴战略,对于秦巴山区而言,既是对症之方,更是发展之要。秦巴山素有"逢山开路,遇水搭桥"的一贯传统,更有"没有迈不过的坎,没有战不胜的难"的一贯豪言。为此,在回答山地区域乡村振兴秦巴山之问时,许多生于秦巴山、身在秦巴山、关注秦巴山的专家学者,躬耕实践、奋笔疾书,先博观而后约取,先厚积而后薄发,形成一篇篇满载真知灼见的金玉良言,启迪当下,启示未来。

如何实施乡村振兴战略?党的十九大报告中提出了"产业兴旺、生态宜居、乡风文明、治理有效、生活富裕"20字的总要求。这就要求消除生产要素流动障碍,消除改革创新多余顾虑,为乡村发展注入活水,使山地发展充满活力,让思想解放更为活跃。如何应答乡村发展之问,历来都是经济社会发展更上一层楼的关键之举。新民主主义革命时期走农村包围城市的道路,解决农民土地问题,为中华民族站起来做出了贡献;改革开放后对农村生产关系的调整,解放农业生产力,为中华民族富起来做出了贡献;新时代十九大报告提出乡村振兴战略,建立健全城乡融合发展体制机制和政策体系,必定为中华民族强起来再做贡献。这都是我们党遵循实事求是思想路线,将马克思主义与中国国情相结合的创新之举。乡村振兴战略在秦巴山地的贯彻落实,也要结合秦巴山地的实际,从秦巴山地区的"三农"特色、生态环境和文化传统等方面出发,做好产学政研的结合,发挥主动性,打好主动仗。作为研究者,在回答乡村振兴秦巴山之问的过程中,要守住"博学""审问""慎思""明辨""笃行"的学术传统,专注于脚力、眼力、脑力和笔力的整合发力,"读万卷书,行万里路",登高望远、见微知著,明辨是非、去伪存真,争取"文章不写一句空","益国利民,方为良策"。

学术,学为道,术为器,当学以致用。学人沉静下一颗沸腾心,稳坐住一条冷板凳,不浮躁焦虑,不急功近利,目的是发现规律并应用规律、寻求真知并获得真解。

探索秦巴山乡村振兴的实现路径,基础研究努力为其提供思想,应用研究努力为其提供思路。众人拾柴火焰高,群策群力的目的,是探索出一条推动秦巴山区的乡村振兴之路。这不仅有助于秦巴山区"五位一体"的全面发展,而且有利于"乡村振兴战略"在秦巴山区落地生根。专家学者是社会智者,学术团体是民间智库。如何把秦巴山的绿水青山变成金山银山,必须坚持以学者为本、以学会为基、以学科为体、以学术为魂、以学风为要,为乡村振兴,特别是秦巴山区的美丽和富饶,出高招、发高论、提高见,"推出更多有高度、有深度、有力度的研究成果"。作为党和人民事业的思想库,我们如何回答党委政府的要求、社会发展的需求、人民群众的诉求,必须坚守"四个意识",坚定"三性",坚持"两个维护",承担起举旗帜、聚民心、育新人、兴文化、展形象的使命任务。从而创新理论、培育理性、坚定理想,多提精彩观点,多出精辟论断,多抛精到见解,为党委政府建言献策,为社会发展出谋划策,为人民群众解疑释惑。乡村振兴战略在秦巴山区的实践既是我们学以致用的孵化器,也是检验我们研究成果的试金石,更是激发我们上下求索的催化剂。我们扑下身子、皓首穷经收获的研究成果,得到推广应用、得到社会肯定,不是我们研究路径的终点,而是风雨兼程的一个节点。因此,我们任重而道远,"为天地立心、为生民立命"的责任在肩。成果的推出推介,将促使我们打通"用以促学"的闭合回路,让我们在验证、反馈、运用和修正的过程中升级升华,促使我们追求天人合一、知行合一,促使我们推动教学相长、学用相长,畅通学术一体的研究路径和学政一体发展途径。这样一来,无论是从个体来讲还是从全局来看,这都是理论实践良性发展、研究水平持续提升、优秀成果不断产生的必然条件。

参与本书的专家学者,皆是关注秦巴山区建设的佼佼者,许多专家我都熟悉并敬仰,并常向他们取经,从他们的高知卓见中吸取营养,以解心中疑惑,以求自身成长。学者,特别是理论研究领域的学者,胸藏智慧万千,清淡物质拥有,追求精神富有。秦巴山的学人更是如此,秉承秦巴山优良学风,默默无闻,出精品,讲人品,频频活跃在秦巴山地区的各条战线上,把苦心而得的知识毫无保留地奉献给社会,为人民图富裕,为社会谋发展。目前,秦巴山区乡村振兴方兴未艾、如火如荼。这对我们科研工作者来讲,既是压力也是动力,既是机遇也是挑战。当然,更多的是激动和激励,因为它不仅为我们搭起了各抒己见和展示才华的舞台,而且为我们筑起了担当责任和履行使命的高台。因此,这将引导我们心怀鸿鹄、踏波而行、直济沧海。

本书所选载的研究成果,涵盖多个板块,包括数十个主题,涉及秦巴山地乡村振兴的方方面面,体现了研究者的满腹经纶和拳拳初心。近年来,越来越多关于秦巴山的精品力作不断问世。可是,一些束之高阁不可问,一些"丛林深处无人问",时过境迁,在岁月的流逝中慢慢湮没无闻。而在实践层面,许多人想要查找、阅读和使用这些散见的成果,或无从着力,或费时费力,尽管"众里寻他千百度",往往"踏破铁鞋无觅处",十分不便。为将无数学人历尽辛苦、费尽心血的研究成果凸显出来,彰其大用,邓正琦教授怀揣一颗赤子心,匠心独运,劳心费神,推动编撰出版,实现学以致用、学有所用,功在当下,利在将来。

是为序。

2019年6月
(王黎明,男,重庆市社科联理论研究室主任)

序四
山地区域乡村振兴秦巴山论坛概况及观点综述

邓正琦

一、论坛背景及概况

为深入理解、全面贯彻党的十九大确立的乡村振兴战略,科学探索、前瞻性研究符合山地区域实际的乡村振兴发展路径,2018年10月22—24日,重庆师范大学、重庆市社科联和中共城口县委、县人民政府,在秦巴山区腹地、川陕革命老区——城口县成功举办了以践行"绿水青山就是金山银山"理念,深入研究"产业生态化、生态产业化"路径的山地区域乡村振兴秦巴山论坛。论坛旨在集思广益、探讨交流,为山地区域乡村振兴提供新思维、新理念、新思路,尤其是为秦巴山区乡村振兴献计献策。论坛参会单位45家,参会代表156名,分别来自高校、党校和研究院所的专家学者和在读博士、硕士研究生,长期奋战在扶贫开发、乡村振兴一线的各级领导、机关干部和企业家。会议收到交流论文72篇,涉及秦巴山区产业振兴、人才振兴、文化振兴、生态振兴、组织振兴及乡村振兴保障条件等六大板块。

论坛开幕式由重庆师范大学副校长董景荣教授主持,主办方致辞的有城口县黄宗林县长、重庆师范大学党委书记曾礼教授、重庆市社科联理论研究室王黎明主任,他们分别从不同角度强调论坛召开的目的、重要理论和实践意义。在论坛主旨演讲中,著名专家、学者中国农业大学柯炳生教授、重庆工商大学王崇举教授、中国人民大学温铁军教授、中国社会科学院于法稳研究员、陕西师范大学刘明教授、重庆师范大学罗兹柏教授和牟映雪教授,分别做了重要主题报告。在论坛交流会上,论文一等奖、二等奖获得者和其他专家、学者围绕主题进行了广泛而深入探讨交流。在论坛闭幕式上,重庆师范大学区域经济研究所所长邓正琦教授从论坛召开背景、筹备组织情况、会议研讨问题、未来研究展望等进行了全面的总结。与会专家学者纷纷表示,此次论坛主题鲜明、内容集中、研讨深入,是一次务实、高效、成功的论坛。

二、论坛主要学术观点综述

根据论坛主题报告、提交论文和各位代表发言,现将本次论坛的主要学术观点综述如下:

1. 山地区域乡村产业振兴理论与实践的探讨

中国农业大学柯炳生教授[①]在"用创新推动乡村产业振兴"报告中认为山地区域乡村振兴的目标是解决"三农"问题,而乡村产业振兴是乡村振兴的基础,必须实施政策、技术、组织和业态四方面创新来推动乡村产业振兴。政策创新是乡村产业振兴的直接动力,应通过农村土地集体所有权、农户承包权、土地经营权"三权分置"农地政策创新和支农惠农政策创新,推动乡村产业振兴。组织创新是解决小生产与大市场矛盾的关键,应通过经营权流转、新型农业合作社、农村技术协会、公司+农户+基地、土地托管、三变改革等创新,拉长产业链,提升价值链,推动农业增产农民增收。技术创新是乡村产业振兴的根本动力,应通过生物技术、机械装备技术、信息技术、储藏加工运输技术等创新,促进增产、提质、节本和保护生态。业态创新是推进乡村产业振兴的重要动力,应通过休闲农业、农村电商等业态创新,促进农村基础设施提档升级,三产融合发展和美丽乡村建设。重庆师范大学姜锋博士深入分析了目前秦巴山区存在的"虹吸效应"引起的生产要素持续外流现象,劳动差别与资本占有差别导致的经济发展鸿沟,产业同构与产品同质造成的各区县之间的恶性竞争等问题后认为,秦巴山区渝、川、陕、鄂四省交界地区各区县,应加快协议分工与协作,错位选择和发展最具比较优势的山地特色产业,实现经济效益最大化。四川省南充市嘉陵区余培发研究员认为乡村振兴产业必须先行,而产业先行应突出地方特色,科学编制产业发展规划;应依托城市需求,发展休闲农业和生态特色旅游业;应鼓励土地承包经营权流转创新,推动适度规模经营;应加快信息网络体系建设,搞好产品市场营销等。

2. 山地区域特色产业选择与培育的探讨

重庆师范大学邓正琦教授在阐述秦巴山区以自然资源禀赋优势为基础,以地方政府为主导,市场需求为导向,按照因地制宜和比较优势原则,选择和培育山地特色产业后,重点分析了山地特色产业存在的农业经营规模小、市场竞争力弱,品牌农产品数量少、资源优势难以显现,农业产业链窄短、农业综合效益低等问题,并相应提出了推动产业振兴的措施。陕西省中共岚皋县委农工部王道志、苏世广,根据秦巴山片区基础资源雷同、民俗文化相近、生态优势明显等特征,建议秦巴山区三省一市交界各县突破行政区划壁垒,加强横向联系,共谋产业发展。在布局上,以大区域为格局,共建特色林果基地,打造绿色优

质杂粮生产带,做强地道中药材,连接生态旅游各节点;在交通物流上,共建互联互通的铁路公路干线,县乡镇之间开辟物流通道;

在信息共享上,互通有无,优势互补;在智库决策、舆论上,加强交流,共同发声,争取高层关注,以获得更多特色产业发展政策和项目支持。重庆巫山县农业委员会文双全、夏国情等从巫山脆李产业选择与发展的成功实践中,总结出在地域经济发展水平不占优、区位条件不占优、耕地生产水平不占优、农村人才年龄结构不占优等诸多不利因素背景下,发展山地特色农业产业,必须高效整合行政资源,持续保持投入强度;紧扣特色推出拳头产业,形成全产业链思路;强化科技支撑,提升产业发展自身动能等重要经验。重庆巫山县委党校孔云峰教授认为,休闲农业与乡村旅游把自然环境、农耕文化和民族文化,融入传统旅游业中,丰富了全域旅游的内涵,成为全域旅游的支撑,是山地区域实现农业多功能、高效益的新型产业,应重点加以培育。

3.山地区域人才振兴理论与实践的探讨

重庆师范大学牟映雪教授[②]在"教育精准扶贫背景下农村教师生存及教师培训现状调查"报告中认为,秦巴山区乡村振兴的关键是人才振兴,人才振兴的基础是教育人才振兴,而目前秦巴山区农村教师生存状况不容乐观、职业培训存在诸多问题,为此提出了从"针对性、效益性、整合性"原则出发,建构以农村教师为中心、学校为基点、培训机构为载体、政府为主导的"四位一体"精准培训模式。重庆师范大学胡之骐副教授以城口县中小学教研员缺失问题为例,阐述了中小学教研员在边远地区教育发展的课程领导者、政策执行者的桥梁作用,分析了城口县中小学教研员存在的考核与师资的结构性缺编、特定选拔标准与片面的教研成果、政策导向与人才引进单位的矛盾、校长管理理念与学科失衡等问题,建议采用选聘标准严格、责权利结合的"兼职教研员"模式,缓解中小学专职教研员缺失问题。重庆石柱县委党校欧小蓉副教授分析了秦巴山区影响基层年轻干部干事创业活力的外部因素和自身因素,相应提出激发其活力的建议:建立后备干部储蓄制度、待遇向基层倾斜,建立工作清单与红黑名单制度,实行犯错纠错机制,鼓励年轻干部积极创业、拓展用武之地,"牵线搭桥",丰富年轻干部业余生活;教育年轻干部准确定位、坚定信念和选择,引导年轻干部自我修炼、和谐人际关系,给年轻干部"充电",合理授权提高解决实际问题能力。重庆城口县委党校校委陈学彬在分析边远山区农村人力资源外流的原因后,提出了合理引导边远山区农村人力资源回流的建议:强基础,缩小城乡差距;兴产业,一方水土养好一方人;建机制,激励外出人员返乡创业;促就业,务工就在家门口。

4.山地区域乡村文化振兴理论与实践的探讨

重庆师范大学罗兹柏教授[③]在"乡愁文化引领的乡村旅游有效供给"报告中认为,乡愁是你离开后永远会想念的地方,乡愁的"根"是中华文化;乡愁文化是最具地域个性根基的旅游魅力文化,具有重要的乡村旅游意义;旅游是对生活魅力、生活美学的体验追求,文化创意是对旅游魅力体验的最大开创与引导空间。他在总结旅游开发成功经验即依托中华文化与多元文化背景,充分发掘故事、演绎故事,重视导览系统后,建议把记住乡愁(乡土情结牵引)、文化自信(核心价值提炼)、讲好故事(文化体验沟通)作为乡村旅游开发的指导思想。重庆石柱县委党校谭玲惠副教授认为乡村文化是中国文化的标志,乡村振兴需要内外兼修,文化传承则是乡村文化振兴的必然要求,乡村振兴需留住"形"守住"魂"吸引"人",真正让乡愁留下来。她总结了石柱县冷水镇在实践中探索出的把"留住乡愁"与美丽乡村建设的经验:以"现代骨、传统魂、自然衣"方式展示乡愁文化;做到"三不"即不拆大建,不套用城市建设标准,不统一建设模式;创新方式还原民俗文化、节庆文化,再现乡愁文脉;以生态旅游为支点,在融景生情中勾勒起乡愁文化。重庆石柱县委党校罗丽莎认为城口县乡村文化资源丰富,以乡村文化的开发和保护为基点,促进乡村旅游的持续发展,必将达到双赢的效果,建议城口县加大对乡村文化的挖掘和保护,建立健全乡村文化与旅游融合发展的体制和机制,充分挖掘乡村文化内涵,打造特色景点景区,创新乡村文化与旅游联合宣传推介模式,大力培养本土乡村文化旅游服务人才,促进乡村文化旅游产业持续发展。

5.山地区域乡村生态振兴理论与实践的探讨

中国社会科学院农村经济研究所于法稳研究员[④]在"乡村生态振兴中的几个重要问题"报告中认为,乡村生态振兴由农村生态环境保护、农业生产环境改善和农村人居环境治理三部分构成,分析了目前我国农村生态环境现状及面临的严峻形势,提出"环境养护绿水青山、做优产业转化绿水青山、惠及民生共享绿水青山"的建议。具体分析了目前我国农村生产环境改善情况及面临的严峻形势,并相应地提出"化肥减量化、农药及包装物回收利用、废弃塑料薄膜及回收利用、养殖业废弃物资源化利用、农作物秸秆资源化利用等"建议;具体分析了目前我国农村生活污水、生活垃圾以及厕所革命等人居环境治理情况,并相应地提出"户分类、村收集、县处理、镇转动、垃圾填埋和焚烧发电,村容、村貌整治,农村户厕改造等"建议。重庆师范大学研究生王梦雨、左金隆副教授在分析湖北省十堰市建设国家生态文明先行示范区的SWOT后,提出优化国土空间开发,走土开发与保护并重道路;坚持生态优先,加强环境治理保护;坚持资源节约与保护,不断增强资源保障能力;构建生态文化体系,提高民众生态文明建设参与度等建议。重庆巫山县委党校雷兆玉教授分析了乡村旅游振兴中生态人格的重要性,认为生态人格是通过人们在乡村旅游活动中对生态理念和规则的遵守形成良好生命状态,所体现出的优良的自然、社会、人生和法治等价值观。针对目前乡村旅游活动中存在的对乡村生态的伤害,提出了实现思想革命、坚持政府责任、加强法治建设、制定经济政策、加强民众教化等培育生态人格的建议。

6. 山地区域乡村组织振兴理论与实践的探讨

中国人民大学温铁军教授[⑤]在"生态化知识体系与社会化乡村振兴"报告中认为,秦巴山区可以通过"资源变资产、资金变股金、农民变股东"模式实现生态产业化。"三变"模式的第一步是一级市场安排,即把村内资源转化成以股权计量的财产关系,村民变成股民,村集体综合性运用村内的资源性资产;第二步是二级市场建设,即以村集体作为资产管理公司对外进行二级市场投资,吸引外资形成的收益由村集体分配;第三步是活跃三级市场,一级市场定价、二级市场交易后的生态要素,在产权交易所设立交易版块,从而实现生态资源价值化。重庆城口县委党校谢正娟总结了城口"三变"改革的特点:搭建"变"的平台,确保有渠道有载体;配套"变"的机制,细化改革措施;创新"变"的思路,释放改革发展活力。重庆师范大学冉亚清教授提出了"三变"改革推动集体经济发展的建议:夯实"变"的基础,建立集体资产监管平台和运营机制,提高参与积极性;创新"变"的思路,防控"变"的风险,优选产业发展方向;激发"变"的合力,为壮大集体经济提供人才支撑。重庆云阳县委党校王群英分析乡村法治秩序存在问题,提出了相应对策:抓关键人群,发挥其关键作用;抓阵地建设,增强法治的渗透力;抓活动载体,增强普法教育的吸引力;抓依法维权,增强乡村公民的法治信仰;抓体制机制,构建乡村治理的善治格局。陕西省安康市汉滨区委党校石萍萍从安康市鼓楼社区治理实践中,总结出社区有效治理措施:加强基层党建,以党建统领各方治理力量;完善"三治融合",以科学机制优化治理结构;提高从业人员专业素质,增强治理能力;推进社区网络建设,以手段智能化助推治理现代化。

7. 山地区域乡村振兴保障条件的探讨

重庆工商大学王崇举教授[⑥]在"长期坚持,系统施策,做好秦巴山区生态扶贫工作"报告中,分析了秦巴山区面临的山岭重叠、土壤贫瘠、交通不便、信息闭塞、公共基础设施和公共服务水平低下等先天性特殊困难,认为乡村振兴应抓好三方面基础工作:一是重点推进交通基础设施和城乡道路网络建设,提高交通通达度和信息传达速度,加快推进义务教育、医疗卫生等公共基础设施建设,提高公共服务均等化水平;二是时刻瞄准青山绿水的生态产业,发展有特色的生态农产品和生态休闲旅游,并推动两者联动发展;三是持续提高居民的文化素养和生活品质,培育自我发展基础能力,为生态休闲旅游产业发展提供支撑条件。陕西师范大学刘明教授[⑦]在"生产方式转变、诱制性变迁与农村金融改革"报告中,分析了秦巴山区农村金融支持产业发展遇到的难以发现自身的发展机会;交通闭塞导致当地资源、资金、人力等要素难以推进经济发展;农村金融体制及农村商业银行的经营机制和经营理念,不能充分适应农户对新生代资金与金融服务的要求等难点后,提出了农村金融改革创新的建议:国家应创新政策,鼓励农村精英阶层以及国外金融机构在贫困地区开办农村金融机构;农村金融机构通过树立良好的信用触发机制,激发农村信用文化资源;充分发挥小社区金融机构的力量,创新金融工具,让农村资产转化为资金和收益。重庆秀山县委党校常务副校长田玲认为秦巴山区应该借鉴成功山地区县经验与立足本地实际,将农村电商发展与乡村振兴有机结合,制定电商发展规划,借力电商帮助贫困村、贫困户树立脱贫之志,掌握脱贫之技,实现脱贫致富,促进乡村振兴。

三、论坛特点

山地区域乡村振兴秦巴山论坛是在秦巴山集中连片特困地区举行的首次学术研究会,具有三大特点:

一是会议主题鲜明,区域特色突出。论坛以深入践行"绿水青山就是金山银山"理念,扎实走好"产业生态化、生态产业化"之路为主题,突出生态产业兴旺在秦巴山区乡村振兴中的关键引领作用。强调自然条件恶劣、地形地貌复杂、经济社会发展严重滞后的山地区域,推进乡村振兴是一项长期历史任务,应立足当前、着眼长远,科学谋划乡村振兴战略。

二是研讨内容广泛,实现了跨学科交流。乡村振兴包括乡村产业、人才、文化、生态和组织等五方面振兴,涉及经济学、政治学、社会学、生态环境、地理旅游、历史文化、组织管理等多学科知识,特邀7位各学科著名专家、学者做大会主题报告,参会代表不仅有高校、党校、社科院所的理论工作者,还有长期奋战在扶贫开发、乡村振兴一线的基层政府及职能部门领导、企事业单位干部和企业家,大家相互交流、博采众长,真正实现了跨学科的充分交流。

三是理论密切联系实际,成效明显。与会代表以党的十九大制定的乡村振兴战略为指导,充分发挥自身学科优势或实践工作优势,针对秦巴山区、武陵山区各县市区在精准扶贫、精准脱贫和乡村振兴中面临的实际问题,通过大量的实地调查研究,提出的许多对策建议,对于推动国家对秦巴山区脱贫攻坚、乡村振兴的关注和支持,对于吸引社会各界支持秦巴山区经济社会发展、促进乡村振兴,将产生广泛而深远的社会影响。

2019年6月

【注】

①柯炳生,男,二级教授,博士生导师,中国农村经济政策研究著名专家,国务院特殊津贴专家,农业农村部软科学委员会副主任,曾任中国农业大学校长,第十二届全国政协委员。

②年映雪,女,教授,硕士生导师,重庆师范大学教育科学学院副院长,重庆市第二届学术技术带头人后备人选,重庆市幼儿教育学会副理事长,重庆市学前教育评估委员会副主任。

③罗兹柏,男,教授,硕士生导师,知名旅游经济研究专家,重庆师范大学重庆旅游发展研究中心主任,重庆市旅游经济发展高级顾问,曾任重庆师范大学地理与旅游学院院长。

④于法稳,男,研究员,博士生导师,知名生态学专家,中国社会科学院农村环境与生态经济研究室主任、生态环境经济研究中心主任,中国生态经济学学会副理事长兼秘书长。

⑤温铁军,男,二级教授,博士生导师,"三农"问题著名专家,西南大学中国乡村建设学院执行院长。曾任中国人民大学农业与农村发展学院院长,中国农村经济金融研究中心主任。

⑥王崇举,男,二级教授,博士生导师,著名区域经济学研究专家,国务院特殊津贴专家,长江上游经济研究中心名誉主任,曾任重庆工商大学校长,重庆市人民政府参事。

⑦刘明,男,教授,博士生导师,知名金融学研究专家,陕西师范大学金融研究所所长,中国宏观经济管理教育学会常务理事兼副秘书长,陕西区域经济学会常务理事。

目录

序一 ……………………………………………………………………………………1

序二 ……………………………………………………………………………………3

序三 ……………………………………………………………………………………5

序四 ……………………………………………………………………………………8

板块一 / 山地区域乡村产业振兴

秦巴山区山地产业选择、发展现状及振兴路径
邓正琦 ……………………………………………………………………………3

秦巴山区特色产业发展思考：基于协议分工理论框架的分析
姜锋 ……………………………………………………………………………12

从巫山实践看休闲农业和乡村旅游对乡村振兴战略的实现与推进
孔云峰 …………………………………………………………………………20

秦巴山区特色生态产业培育的经验启示
文双全 夏国情 毛玮 黄明 …………………………………………………29

重庆云阳县特色产业发展现状及对策探讨
刘元园 …………………………………………………………………………36

乡村振兴战略下乡村旅游产业供给侧结构性改革的思考
杨雪娇 …………………………………………………………………………44

城口山地鸡地理标志农产品区域公用品牌塑造初探
陈太红 …………………………………………………………………………51

做强做实三产融合　助力山地区县乡村振兴
熊纯华 ·· 57

农旅融合发展，促进乡村产业振兴
李志国 ·· 61

山地农业的困境及出路
谭伟 ·· 68

板块二　山地区域乡村人才振兴

乡村振兴战略背景下的边远山区农村人力资源回流研究
陈学彬 ·· 75

山地区域乡村教育人才培养实践性反思
胡之骐 ·· 82

新时期我国新型职业农民培育模式研究
李楚楚 ·· 88

板块三　山地区域乡村文化振兴

乡村振兴需留住"形"守住"魂"吸引"人"
谭玲惠 ·· 97

秀山民俗文化旅游产业发展的思考
李伟丽 ·· 103

秦巴山区乡村文化与旅游发展研究
罗丽莎 ·· 110

板块四 / 山地区域乡村生态振兴

发展生态产业,实现乡村振兴
王道志　苏世广 ·· 117

十堰建设生态文明先行示范区发展战略研究
王梦雨　左金隆 ·· 123

基于乡村旅游背景下的生态人格培育
雷兆玉　孔云峰 ·· 140

重庆"两翼"山区县生态农业发展研究
谭玲惠 ·· 148

贫困山区乡村振兴SWOT分析及可持续战略
吴红军 ·· 154

板块五 / 山地区域乡村组织振兴

重庆秦巴山区"三变"改革的实地调查
冉亚清 ·· 163

乡村振兴视域下的城口县农村"三变"改革：逻辑进路、价值意蕴、实践现场、发展建议
谢正娟 ·· 172

新时代社区治理的有益探索及实践启示
石萍萍 ·· 182

山区乡村良好法治秩序构建探析
王群英 ·· 189

乡村振兴背景下农村法治文化建设之路径探析
张宗凡　杨柳 ·· 195

云阳县农村基层党组织突出的问题及建议
黄丹 ·· 201

板块六 山地区域乡村综合发展

四川秦巴山区贫困现状及乡村振兴路径选择
曾恒源 ·· 207

山地区县发展农村电商,助推乡村振兴
田玲 ·· 218

善于"拿来",变"劣"为"优",助推城口山地经济多样化发展
刘利红 ·· 226

山地区县城乡融合发展路径研究
刘洋 ·· 234

渝东南地区农民共享信息化成果的实践与探索
杨雪春 ·· 240

深化脱贫攻坚,推进山地区县乡村振兴
杨华秀 ·· 246

对秀山美丽乡村建设的几点思考
李伟丽　文明 ··· 253

城口县乡村振兴路径思考
向泽令 ·· 259

对奉节县实施乡村振兴战略的思考
邓迎春 ·· 265

长江生态政策制定和执行的逻辑规则与巫山实践
孔云峰　雷兆玉 ··· 271

板块一　山地区域乡村产业振兴

秦巴山区山地产业选择、发展现状及振兴路径

邓正琦

摘　要：产业是经济发展的支撑，秦巴山区受恶劣区位条件制约，山地产业选择和发展成绩斐然，但存在问题不少。秦巴山区要摆脱贫困走向富裕，应充分挖掘并利用区位优势，克服区位不利因素，因地制宜选准山地产业，以促进山地产业振兴。

关键词：区位特征；山地产业选择与发展现状；山地产业振兴路径；秦巴山区

秦巴山区即长江最大支流汉水上游的秦岭、大巴山区及其毗邻地区，位于陕川渝鄂豫甘六省市的跨省交界地区，总面积约22.5万平方千米，涉及80个县(市、区)，其中，国家级贫困县72个，革命老区县47个，地貌类型以山地丘陵为主，间有少量盆地和台地，多处处于高山峡谷地区，集革命老区、贫困地区、大型水库库区和自然灾害易发多发区于一体，是我国集中连片特困地区的典型代表。秦巴山区要摆脱贫困，走向富裕，必须推动乡村振兴，而乡村振兴的前提和基础是产业振兴。本文根据多年来对秦巴山区产业选择与发展的高度关注和跟踪调研，从乡村振兴战略视角，阐述秦巴山区区位特征，分析秦巴山区产业选择与发展现状，探讨乡村产业振兴路径，以期能为类似山地区域产业发展有所启迪。

一、秦巴山区区位特征

受特殊的自然地理环境、地形地貌条件和人类活动方式的影响，秦巴山区表现出以下明显的区位特征：

1.基础设施建设滞后

基础设施包括交通、水利、电力、通讯等基础设施，对秦巴山区产业发展、旅游开发具有重要的支撑和引导作用。近年来，秦巴山区交通基础设施建设取得明显进展，襄渝铁路复线建成通车，高速公路、特别是巴陕跨省高速公路贯通，使交通运输瓶颈制约明显缓解，但受恶劣地形地貌影响，大部分县区无铁路通过，还有部分区县没有通高速公路，省际、县

际断头路多,县际及县内公路技术等级差,特别是不少乡镇不通水泥路,综合交通运输通行能力弱,严重影响该区域内外的相互联系,制约了区位优势和资源优势的发挥。另外,秦巴山区受资金投入或投资不足的影响,普遍存在着水利基础设施老化,电力基础设施落后,通讯信息基础设施不完善,网络化程度低等问题,严重制约着该片区山地产业的选择与发展。

2. 产业发展基础薄弱

产业发展基础即产业正常运转所必需的自然资源、资源禀赋与资金、科技、人才等生产要素的配置及其软硬环境的具备,是产业形成的基本条件。秦巴山区属于典型的贫困山地农业县,虽然有丰富的自然环境和资源禀赋,但产业发展基础仍显薄弱。从资源与要素配置看,农业产业化程度不高,抵御风险能力较弱,农业主导产业大而不强,农产品品种多而不优,农产品品牌杂而不亮等问题突出;片区农特产品加工业受资金投入、技术创新及优秀人才引进制约,比较优势难以充分发挥,优势产业发展规模不大,企业小、散、弱普遍存在,难以带动山地产业发展。从产业发展环境看,交通、通讯和现代信息基础设施等硬环境还存在建设滞后问题,需进一步加快建设;县域部门的办事程序、办事效率等软环境还存在程序复杂、效率低下等问题,需进一步规范和提高。

3. 片区内部发展差异巨大

区域发展差异由多种因素引起,而地形起伏度是主导性影响因素。地形起伏度是指在特定区域内,最高点海拔高度与最低点海拔高度的差值,其差值越大,地形起伏越大,区域内部发展差异越大。秦巴山区地形错综复杂,片区内平均海拔高程呈现出由西北向东南逐渐递减的明显梯度特征,西北部各县平均海拔高于1200米,地形破碎,而东南部各县平均海拔低于600米,地形平缓;片区内平均坡度基本呈现出由西向东逐渐递减的明显梯度特征,川西北多数县平均坡度高于25度,地形破碎,而南部、东部多数县平均坡度在10度以下,地形平坦。秦巴山区海拔高度和地形起伏度的巨大差距,导致各县域之间地区生产总值差异显著、三次产业发展的强弱程度不同、农民人均纯收入空间差异明显。

4. 经济发展与生态环境保护矛盾突出

秦巴山区是我国新一轮扶贫开发攻坚主战场中涉及省份最多的生态环境脆弱区和集中连片特困区,承担着开发利用山地资源,促进农业经济发展、实现脱贫攻坚的繁重任务。秦巴山区又是淮河、汉江、洛河等河流的发源地,是我国南水北调中线工程的重点水源保护区,承担着南水北调中线工程水源保护、生物多样性保护、水源涵养、水土保持和三峡库区生态建设等重大任务。秦巴山区深度贫困县多、贫困人口多,致贫原因复杂,扶贫难度大,脱贫攻坚任务很艰巨;秦巴山区生态建设地域广,有42个县属于南水北调中线工程水源保护区,4个县位于三峡库区生态区,55个县属于国家限制开发的重点生态功能区,85处划入禁止开发区域,生态环境保护要求高、难度大,经济发展与生态环境保护矛盾非常突出。如何正确看待和处理经济发展与生态环境保护的矛盾冲突,是秦巴山区面临的艰巨任务。

二、秦巴山区山地主导产业选择

秦巴山区以山地丘陵为主,只有少量盆地、平坝和台地。山高谷深、沟壑纵横、坡度陡、起伏大,25度以上陡坡地、极陡坡地广泛分布,自然灾害频发,生态环境脆弱,严重制约着该地区山地产业选择。在多年实践探索中,秦巴山区以自身资源禀赋优势、传统产业优势和社会经济发展现状为基础,以市场需求为导向,根据因地制宜、比较优势原则,围绕生态保护功能定位,选择并初步形成了地域特色鲜明的山地主导产业——山地特色农业(见表1)、山地农产品加工业和山地旅游业。多项措施的综合采用,已经打造出一些特色加工农产品和品牌农产品(见表2)、一些特色星级旅游景点和古村镇(见表3),极大地促进了片区农业增产,农民增收和县域经济发展。

表1 秦巴山区部分县(市)山地特色农业选择

片区	县市名	山地特色农业
重庆片区	城口县	畜禽(鸡)、干果(核桃)、中药材
	云阳县	晚熟柑橘、畜牧(牛羊)、中药材(阳菊)
	巫溪县	脱毒马铃薯、畜禽(鸡)、烤烟、中药材
	巫山县	畜牧(山羊)、烤烟、林果(脆李)、中药材
	奉节县	脐橙、油橄榄、中药材、畜禽(山羊)
四川片区	万源市	茶叶、中药材(瓜蒌)、旧院黑鸡、中蜂
	宣汉县	畜禽(黄牛)、林果(脆李)、茶叶(雪眉茶)、食用菌
	南江县	畜禽(南江黄牛)、茶叶(云顶茶)、金银花、林果(核桃)
	通江县	食用菌、茶叶、畜禽(青肉土猪)、林果(板栗)
陕西片区	岚皋县	魔芋、畜禽(黑猪)、茶叶、中药材(瓜蒌)、猕猴桃
	紫阳县	茶叶(富硒茶)、魔芋、中药材(厚朴)
	镇坪县	中药材(黄连)、魔芋、茶叶、马铃薯
湖北片区	竹溪县	茶叶、中药材、魔芋、林果(核桃)、烤烟
	竹山县	食用菌、茶叶、畜禽(黄牛)、林果、烤烟
	房县	食用菌、黄酒、中药材(虎杖)、畜禽(山羊)、茶叶、魔芋、烤烟

资料来源:秦巴山区部分县市政府公共信息网

表2 秦巴山区部分县(市)特色加工农产品和品牌农产品

片区	县市名	特色加工农产品	省级优质品牌农产品
重庆片区	城口县	城口老腊肉、城口天星灵芝、城口山地鸡、鸡鸣贡茶、城口核桃、城口生漆等	城口山地鸡(〔2017〕我最喜爱的20大重庆名牌农产品)
	云阳县	龙缸云雾茶、云阳乌天麻、云阳黑山腊猪肉、云阳千丝来粉丝等	绿源太无公害生猪(〔2017〕我最喜爱的10大重庆名牌农产品) 天生云阳·龙缸云雾茶(〔2018〕重庆10大农产品区域公用品牌)
	巫溪县	巫溪土豆块、渝达五谷香、巫溪永竹牛肉干、巫溪老鹰茶、巫溪渝辣源等	大宁河鸡(〔2017〕我最喜爱的10大重庆名牌农产品)
	巫山县	巫山脆李、巫山粉条、巫山神茶、巫山老腊肉、巫山黑土豆干、巫山庙党等	巫山脆李(〔2017〕重庆10大农产品区域公用品牌)
	奉节县	奉节脐橙、金峡牌橄榄油、夔州真茗、夔牛粉丝、奉节腊猪脚、奉节香坛子等	奉节脐橙(〔2017〕中国百强农产品区域公用品牌)
四川片区	万源市	万源富硒茶、万源旧院黑鸡、万源老腊肉、万源蜂桶蜂蜜、万源巴山雀舌茶	万源旧院黑鸡(〔2017〕四川50个优质品牌农产品) 万源巴山雀舌茶(〔2018〕四川50个优质品牌农产品)
	宣汉县	宣汉桃花米、宣汉峰城玉米、宣汉黄牛、宣汉漆碑茶、宣汉香菇黑木耳	宣汉香菇黑木耳〔2018〕四川50个优质品牌农产品)
	南江县	南江翡翠米、南江黑木耳、南江黄羊、南江厚朴、南江大叶茶、南江金花	南江黄羊(〔2017〕四川50个优质品牌农产品) 南江金银花〔2018〕四川50个优质品牌农产品)
	通江县	通江银耳、通江青峪猪、通江空山核桃、通江空山马铃薯、通江罗村茶	通江银耳(〔2017〕四川50个优质品牌农产品)
陕西片区	岚皋县	岚皋魔芋、岚皋红香贡米、岚皋腊肉、岚皋龙安碧旋茶	
	紫阳县	紫阳富硒茶、紫阳红、紫阳毛尖、紫阳秦巴硒菇、康兮寿兮核桃油	
	镇坪县	镇坪洋芋、镇坪乌鸡、镇坪黄连、镇坪高山茶、镇坪腊肉、镇坪板栗	
湖北片区	竹溪县	竹溪贡米、竹溪魔芋挂面、竹溪贡茶、竹溪黄连、竹溪豆腐乳、竹溪龙峰茶	
	竹山县	竹山绿松石、竹山肚倍、竹山圣水绿茶、竹山郧巴黄牛、竹山郧阳大鸡	
	房县	房县黑木耳、房县小花菇、房县北柴胡、房县豆油精、房县绞股蓝、房县黄酒、房县虎杖	房县绞股蓝(〔2001〕中国国际农业博览会上评为"湖北名牌产品") 房县香菇黑木耳(〔2018〕湖北省20强农产品区域公共品牌)

资料来源:秦巴山区部分县市政府公共信息网

表3　秦巴山区部分县(市)星级旅游景点和特色古镇

片区	县市名	星级旅游景点	特色古村镇
重庆片区	城口县	飞渡峡·黄安坝景区(4A)、亢谷景区(4A)、城口苏维埃政权纪念公园(3A)	城口方斗坪、城口恩村
	云阳县	云阳龙缸地质公园(5A)、三峡梯城(4A)、张飞庙(4A)	云安古镇
	巫溪县	红池坝国家森林公园(4A)、汉风神谷风景区(2A)、重庆灵巫洞(2A)	宁厂古镇(重庆20个古镇之一)
	巫山县	大宁河小三峡(5A)、巫山小三峡(5A)、神女峰(4A)、巫山神女溪(4A)、巫山博物馆(3A)	大昌古镇
	奉节县	白帝城(4A)、重庆天坑地缝(4A)、瞿塘峡(4A)、奉节鑫鼎农业生态观光园(3A)、奉节滨河公园(2A)	奉节卡鹿坪、竹园
四川片区	万源市	万源八台山风景名胜区(4A)、万源龙潭河风景区(3A)、万源红军公园(3A)	万源市秦河三官场村、万源玉带太坪坎村
	宣汉县	宣汉峨城山(4A)、巴山大峡谷(4A)、洋烈水乡(4A)、圣水桃园景区(3A)、马渡关石林景区(3A)、庙安花果山景区(3A)、香炉山景区(3A)、观音山森林公园(2A)	宣汉县南坝镇、宣汉县龙潭河村、宣汉县百丈村
	南江县	南江光雾山(4A)	南江县光雾山镇、南江县乌龙垭村、
	通江县	通江王坪旅游景区(4A)、诺水洞天景区(4A)、诺水河风景名胜区(4A)、空山国家森林公园(4A)、红四方面军总指挥部旧址(3A)	通江瓦室镇、通江县泥溪乡犁辕坝村
陕西片区	岚皋县	岚皋南宫山(4A)、岚河漂流(3A)、千层河(陕南九寨沟)(3A)	岚皋横溪古镇
	紫阳县	紫阳文笔山休闲公园(3A)、紫阳北五省会馆(2A)、仙人洞真人宫景区(2A)、擂鼓台森林公园(2A)	紫阳焕古古镇、紫阳流水古镇
	镇坪县	飞渡峡·黄安坝景区(4A)	
湖北片区	竹溪县	竹溪楠木寨(3A)、龙王垭观光茶园旅游区(3A)、关垭古长城(3A)、偏头山(3A)、曾家寨(3A)、竹溪楚长城遗址风景旅游区(3A)、营盘山旅游区	竹溪县大石门村
	竹山县	竹山女娲山风景区(4A)、九华山森林公园(3A)、观音沟生态文化旅游区(3A)、竹山秦巴民俗风情苑(3A)	竹山县麻家渡镇总兵安、竹山上庸镇
	房县	房县野人洞(4A)、观音洞风景区(4A)、南潭生态文化旅游区(3A)、房县五台山森林公园(3A)、显圣殿(2A)、房县诗经尹吉甫生态文化旅游区(2A)	房州古镇、土城黄酒民俗文化村、房县窑淮镇三岔村

资料来源:秦巴山区部分县市政府公共信息网

三、秦巴山区产业发展存在问题

秦巴山区受复杂的地形地貌、多发的自然灾害、发展滞后的基础设施、边缘的行政经济区位等制约,山地产业发展还存在以下主要问题:

1. 生产经营规模小,市场竞争力弱

山地区域一般地处偏远,地质条件复杂,生态环境脆弱,交通通信不便,长期缺乏与外界交流,产业结构比较单一,基本上只有第一产业即山地农业,加工业和服务业微乎其微。山地农业受自然环境、地形地貌、资源禀赋、气候条件、生产技术水平和社会生产方式的影响很大,生产经营规模普遍较小。秦巴山区是典型的山地区域,以喀斯特地貌及中高海拔山地为主,岩溶发育,地形切割强烈,山原起伏较大,峰高坡陡谷深,地块分散零碎,耕地面积狭小且土层浅薄,生产经营规模难以扩大。加之以家庭为主的小规模传统种植业、养殖业,生产经营形式单一、生产投入成本大、劳动生产率低,经济收益差,市场竞争力弱。

2. 农业产业链窄短,农业综合效益低

受地形地貌、区位条件、人口素质、农业科技等影响,秦巴山区农业产业链存在的突出问题是农业产业链条过于窄短并出现断裂。农业产业链窄短表现为基本处于种—收—卖阶段,没有向种前延伸到种子、苗木及农资加工服务,也没有向种后延伸到农产品加工、储存、运输、销售等诸多环节,仍然停留在传统的种植、养殖、采摘、捕捞等环节,出售未加工或只经过初加工的农、林、牧、渔等初级农产品,农业收益很低。农业产业链断裂不仅表现为上下游之间距离过大、缺乏中间衔接环节,导致创造的价值和附加值很少,而且表现为产业链条上的农产品供需不匹配,供过于求或供不应求现象非常突出,导致资源浪费,农业综合效益低下。

3. 农产品品牌数量少,资源优势难以显现

秦巴山区生物资源丰富、生态环境优越、立体气候明显,多年来山地特色农业和农产品加工业发展较快,农产品种类繁多、品质不断提升,农产品产地品牌数量逐年增多,深受消费者喜爱。但由于资源利用方式较为粗放和对农产品品牌认识上存在的一些误区,导致推得出既体现"秦巴山区"地域特色又具有市场竞争力的农产品品牌屈指可数,呈现"散、小、弱"格局,多数农产品品牌的影响力停留在本乡本村本镇,跨县、跨省的品牌不多。特别既能发挥本地域独特自然资源或产业资源优势,又能体现本地域形象的区域公共农产品品牌数量更少,品牌化程度很低,资源优势难以显现并转化为产业发展优势。

4. 农业生产性服务业发展缓慢

以承包农户为主的家庭经营适合秦巴山区实际,具有持久生命力,但随着现代农业发展、农村劳动力大量外流、老龄化问题日渐突出,承包农户在生产过程中面临诸多办不了、办不好的新问题,需要农业生产性服务业为其排忧解难。而现有秦巴山区农业社会化服务业发展还处于初级阶段,呈现出服务组织数量多、类型杂,存在发展水平低、不规范;服务组织管理水平偏低、服务能力偏弱,服务多集中在产中服务,而忽视产前和产后服务,不能帮助或协助农户完成品种选择、农资供应等产前服务和产品包装、营销、保险等产后服务;公益性农业服务机构与经营性农业服务组织合作渠道不畅,难以形成一体化、全方位的服务,以满足农业规模化、现代化发展的需求。

四、推动秦巴山区山地产业振兴的路径

1. 加大山地产业基础设施建设

山地产业基础设施即山地区域产业发展所需要的基础设施总和,包括产业自身发展需要的道路、电力、网络、通信等基础设施,各种产业园区、农产品初加工和物流等基础设施,也包括为产业发展服务的教育、卫生、文化、体育、就业、服务等公共服务基础设施。这些基础设施是山地产业发展的基本支撑条件,应与山地产业发展相互协调。根据秦巴山区山地产业基础设施欠账太多,建设成本较高、难度较大的现状,各县市应从本地实际情况出发,做好山地产业基础设施建设总体规划,按轻重缓急安排建设项目,集中财力物力人力建设好重点产业基础设施建设,以缓解山地产业发展的瓶颈制约。同时,应提升和优化基层政府的公共服务水平,为山地产业发展注入强劲动力,促进农业增产、农民增收和乡村振兴。

2. 推动山地农业适度规模经营

山地农业适度规模经营即山地区域在生产要素最优配置下的规模经营,它以土地地域分布及其地貌特征为基础,以农业技术创新为支撑,以提高资产投资效益为目的,以生态环境质量提高为标准。秦巴山区是我国最典型的山地区域,农地资源不足且分散零散,地势起伏不平且坡度较大,自然条件较差且交通不便,不适宜采取大规模经营。但发展多种形式的适度规模经营是山地农业发展的一般规律,不但符合秦巴山区地形地貌特征、资源禀赋状况和生态环境要求,更是农业现代化发展的总体趋势。秦巴山区各县市应从实际出发,因地制宜促进土地承包权流转,为适度规模经营创造条件和基础;培育新型农业经营主体,特别是家庭农场和股份制合作制企业,增强其自我经营发展能力;推动农业技术服务创新,为适度规模经营提供科技支撑。

3. 以山地特色农业为依托延伸产业链

农业产业链即农产品从原料、加工、生产到销售等各个环节的关联。秦巴山区各县应依托本地特色资源,结合山地丘陵、中海拔山地实际,以茶叶、中药材、畜禽、林果、食用菌、魔芋等山地特色农业为基本依托,不仅应扎实延伸农业产业链的长度,向种前延伸到种子优先、苗木培育、农药化肥供应以及相配套的土地整治、园区建设等有关工程,向种后延伸到发展农产品精深加工业、储存、运输、销售等诸多环节,实现价值增值。而且应尽力增加农业产业链的宽度,充分发挥政府在延伸产业链中的顶层设计作用,指导专业协会、农业关联企业等行为主体,不断提高农业产业链管理水平。还应努力扩大农业产业链的厚度,做强传统支柱产业,发展战略性新兴产业,培育农产品精深加工龙头企业,壮大农业产业链的规模,增强产业核心竞争力。

4. 打造农产品区域公共品牌

农产品区域公共品牌即在特定地域内,以独特自然环境、资源禀赋、悠久种养方式及加工工艺为基础,以特色化、规模化、集群化为特征,具有较强生产能力、较高市场占有率,经过长期积淀形成并被消费者所认可,为该地域内相关机构、企业及农户所共同享有的公共品牌。秦巴山区产业振兴,需要打造特色农产品区域公共品牌。一是确立科学的区域公共品牌推进战略,制定区域公共品牌的长远规划、阶段性目标和实施步骤;二是推进优势农产品、特色农产品质量标准制定,开展全程质量控制,实现标准、质量和品牌的有效统一;三是立足优势产业或主导产业,重点建设一批功能全、规模大、效益佳、带动力强的农业产业园区,利用其集群效应支撑区域公共品牌;四是构建由政府做后盾、协会为主体的营销推介体系,提升公共品牌的知名度和美誉度。

5. 加快发展各类农业生产性服务业

农业生产性服务业即贯穿农业生产作业链条,直接完成或协助完成农业产前、产中、产后各环节作业的社会化服务,它是现代农业发展的基本规律,是推进农业适度规模经营的迫切需要,是实现乡村产业兴旺的战略重点。秦巴山区产业振兴,必须加快发展多层次、多类型的农业生产性服务。一是完善相关政策体系,明确各类农业服务组织功能定位,加快其规范性发展。二是整合农业各类扶持政策,支持优势明显、实力雄厚的涉农龙头企业参与农业生产性服务,通过联合合作形成品牌服务,带动小农户进入现代农业产业经营体系。三是支持各类服务组织多元互动、功能互补,形成一体化服务联合体或服务联盟,推动服务链条纵向延伸、横向拓展。四是创新体制机制和完善合作机制,推动公益性服务机构和农业经营性服务组织的融合发展,公益性推广服务和经营性农业服务有机结合。

6.以生态旅游业为核心推进产业融合发展

旅游业是名副其实的综合性产业,山地区域每一个部门、每一个行业都可以找到与旅游业的结合点;旅游业是产业结构调整的新动能,通过旅游业发展,可以调整山地区域单一产业结构,推动一二三产业融合发展。因此,秦巴山区应充分认识旅游业的属性、功能和作用,加强跨省区域旅游合作,共同推动基础设施建设、旅游产品开发、旅游信息化共建共享;应以生态旅游业为核心,以"旅游+"模式推动旅游与农业、林业、加工业、交通运输业等产业以及文化、体育、保健等相关行业融合发展,共同打造历史文化游、休闲度假游、康体养生游等旅游共同品牌;应以重点旅游景点为依托,打造跨省旅游发展集群,提升产业融合的广度、深度和维度,扩大产业集群的辐射范围,带动秦巴山区旅游全面发展,进而促进农业增产、农民增收,乡村产业振兴。

参考文献

[1]李国祥.实现乡村产业兴旺必须正确认识和处理的若干重大关系[J].中州学刊,2018(01):32-38.

[2]周亮,徐建刚,林蔚,杨林川,孙东琪,叶尔肯·吾扎提.秦巴山连片特困区地形起伏与人口及经济关系[J].山地学报,2015,33(06):742-750.

[3]邓正琦.重庆秦巴山区特色产业选择及发展探索[J].重庆师范大学学报(社会科学版),2018(04):34-40.

[4]李林红,郭宇.基于我国西南部山地农业的适度规模经营研究[J].科技与经济,2018,31(03):30-34.

[5]臧学英,王坤岩.实施乡村振兴战略 加快农村"三产"融合[J].产业创新研究,2018(10):26-30.

[6]李晓琴,何成军.四川秦巴山区旅游扶贫适宜性评价研究[J].国土资源科技管理,2018,35(02):66-82.

邓正琦

女,二级教授,硕士生导师,重庆师范大学区域经济研究所所长,长期从事山地经济理论与实践研究。

秦巴山区特色产业发展思考：
基于协议分工理论框架的分析

姜锋

摘　要：秦巴山区是我国集中连片特殊困难地区之一，地区经济发展一直较为滞后，除历史与地理客观因素之外，还存在产业同质竞争、"虹吸效应"、资本劳动占有差别等经济因素。因此本文提出，秦巴山区各区县在改善交通等基础设施条件、大力发展特色产业基础上，还应建立区域协议分工，实行差异化发展，实现互利共赢。

关键词：秦巴山区；产业发展；同质竞争；协议分工

一、有关产业分工的相关理论综述

经济学上对于分工理论的阐述非常多，从我国古代管仲的"四民"理论，到西方的亚当·斯密工场手工业分工理论，以及新兴古典经济学家杨小凯探讨的产权分工理论都非常有意义。但涉及分工的本质及区域分工有重要影响的当属马克思、普雷维什和小岛清等。

马克思认为地域分工，是一种自然分工，是地理环境差别引起不同居住部落之间的自然分工。"不同的公社因地域、气候、文明程度不同而生产不同的产品，在这些公社相互接触的地方，他们就相互进行交换，由于自然分工进一步发展，所以是破坏公社内部自然联系的主要手段之一。"农业社会时期，社会分工以人为中心，形成农业生产体系；到资本主义工业化时期，以人为核心的生产分工体系让步于以机器为中心的工业生产系统；但也由此形成了资本主义中心——非资本主义外围的关系，资本把一切都纳入了它的势力范围，无论是封建式的、还是手工式的。马克思对社会分工理论的描述，说明：第一，社会分工起源于自然分工，包括性别、年龄和地理气候等；第二，工业化时期的社会分工是以"机器"为中心，同时占有机器设备等所有者通过其垄断地位剥削劳动者以及其他落后生产方式地区的成员。

普雷维什"外围—中心"理论是解释拉美国家因何在国际不平等经济秩序中受到美国等发达资本主义国家的剥削,从而始终处于贫困的边缘。所谓"中心"即是指发达的资本主义国家,如美国、英国等,而所谓"外围"主要是指20世纪50—60年代的拉美国家,如巴西、阿根廷等。普雷维什认为作为"外围"拉美国家要想改变现状,唯有通过国家的力量进行贸易保护和发展工业化的道路。

小岛清国际协议分工理论认为:区域(国家)之间通过协议相互转让市场,实现专业化生产以达到规模经济效应。而基于协议分工的前提条件为,第一,两个区域(或多个)资本劳动禀赋差异不大,工业化水平和经济发展阶段大致相同;第二,作为协议分工对象的商品,必须是能够获得规模经济的商品;第三,不论哪个区域生产X商品或者生产Y商品的利益都应该没有很大差别。

笔者认为马克思社会分工理论和普雷维什的"外围—中心"理论很好地诠释了山地贫困区域发展滞后的根本原因:以重庆主城区、成都城市群等经济中心,利用其经济优势地位侵占了秦巴山区等外围区域的经济利益,从而造成这些地区长期经济发展滞后。而小岛清的国际贸易的协议分工理论能为贫困地区经济发展指出一条发展道路。

二、秦巴山区各区县所面临的经济困境及发展滞后的原因分析

(一)秦巴山区经济发展现状

秦巴山区包括重庆、陕西、四川、湖北、甘肃和河南五省一市,约有80个县(区、市),辖区面积22.5万平方千米,总人口3765万人,其中乡村人口为3051.5万人。城镇化率远低于全国平均水平。以重庆秦巴山区五个县为例,城镇化率最高为42.36%,最低只有34.84%,远低于重庆市64%的整体水平。

表1 2016年重庆秦巴山区县经济发展状况

地区	GDP(亿元)	常住人口(万人)	人均GDP(元)	人均财政收入(元)	城镇人均可支配收入(元)	农村人均纯收入(元)
城口	48.79	18.43	26473	2089	24914	8661
云阳	230	102.0	22549	1657	25830	11040
奉节	251.17	72.79	34506	2363	25832	10151
巫山	116.15	44.84	25903	2531	27751	9357
巫溪	87.15	38.53	22619	2027	23112	8546
重庆	19500.3	3075.16	63412	7330	32193	12638

资料来源:根据各区县国民经济发展公报计算得来。

如表1所示,重庆秦巴山区的人均GDP最多的为奉节县34506元,约占重庆市平均水平的54.4%,而最低的巫溪县只有22619元,只有重庆的35.7%;从人均一般公共财政收入来看,最低的云阳县只有1657元,为重庆市人均财政收入的22.6%,最高的巫山县人均财政收入也不足重庆市平均水平的一半;从城镇人均可支配收入来看,重庆秦巴山区县约为重庆平均水平的2/3之多;从农村人均纯收入来看,与重庆平均水平相对比较接近。从城镇与农村人均收入相比较来看,农村居民的收入显然偏低,不到县城的一半,说明山地区域农民的发展水平更为滞后。

(二)秦巴山区经济发展滞后的原因分析

1.秦巴山地质、地形地貌条件导致区域封闭与物流成本高昂

秦巴山区属于喀斯特(Karst)地形、地貌,所谓喀斯特或称岩溶,是水对可溶性岩石的溶蚀作用所形成的结果。可溶性岩石主要包括碳酸盐岩类、硫酸盐岩类、卤化物盐岩类,重庆秦巴山区的可溶性岩石主要以碳酸盐岩类的石灰岩为主,但也有部分卤化物盐岩类。按照我国地理学界对喀斯特地区的分类,秦巴山区属于亚热带、覆盖类喀斯特地形地貌。这类地区的特点山体高大陡峭,水时显时隐、变幻无常,低地封闭呈盘碟状。秦巴山区的山峰虽然高而陡峭,但由于这些峰林还处于发展初期,山峰之间还有基地相连,山峰之间的落差在几十米左右,因此大部分山地以峰丛为主。

秦巴山区平均海拔高度在1000米左右,境内峰岭重叠、岗峦密布,群峰矗峙、沟谷深切、悬崖峭壁,山地约占辖区总面积的70%左右。此外,境内河流密布,水系复杂,所谓"八山一水一分田"。虽然地区物产丰富、资源富集,有众多的天然资源如中草药、油橄榄、板栗、水力、矿藏等,但限于区域自然地理条件,农民无法进行大规模开发,只能在少许平坝和坡度较缓地带进行农作物种植,这对于农业种植和养殖的规模产生了制约。同时,复杂的地形地貌对于交通等基础设施建设成本也是严峻的考验,山地区域的交通建设往往在每公里亿元以上,远高于平原地区的几千万成本。

2."中心"与"外围"区域之间的"虹吸效应"引起生产要素的持续外流

"中心—外围"地带由于存在着经济发展的"位差",因此处于"外围"地带的生产要素会持续流入"中心"地带,形成所谓的"虹吸效应"。重庆、十堰、成都等处于经济中心地带,秦巴山各区县处于边缘地带,在没有与经济中心实现互联互通之前,秦巴山区县经济是一种闭塞、贫困的落后状态。实现交通、通信等网络联系后,区县的经济资源与经济中心的商品实现交易,纵向比较,区县的财政收入和社会居民收入有一定提高,但横向地进行比较,区县的经济发展与经济中心的差距非但没有缩小,反而在不断拉大,这种经济差距主要是由于经济上的"虹吸效应"造成的。以重庆秦巴山为例,城口、巫山、巫溪、奉节和云阳

与重庆主城区形成了鲜明的"中心—外围"关系,外围的(五个县)的人、财、物等基本生产要素通过交通网络源源不断地流入重庆主城中心,如2012年城口县户籍人口24.95万人,常住人口为19.3万人;2016年户籍人口为25.24万人,常住人口为18.49万人。5年里,户籍人数增加2900人,但常住人口却下降8100人。户籍人口与常住人口的差距大约在5.65万~6.75万人之间。

这些人口基本上都流出"外围",进入了"中心"地带。截至2016年,重庆都市经济发达圈的户籍人口为663.12万,而常住人口却达到851.8万人,比户籍人口多188.68万人口,外来人口占到本地户籍人口的1/4多。而反应地区资金流向方面的地区存款余额和地区贷款余额指标就更明显(见表2)。

表2 2016年重庆秦巴山区金融机构人民存贷款情况

地区	金融机构人民币存款余额(亿元)	金融机构人民币贷款余额(亿元)	存贷比例(%)
城口	105.23	51.06	48.5
云阳	374.05	132.47	35.4
奉节	271.44	170.05	62.6
巫山	174.46	93.87	53.8
巫溪	149.30	68.55	45.9
重庆秦巴山区	1074.48	516	48.0
一小时经济圈	25886.23	21896.01	84.6

资料来源:重庆市统计信息网(重庆市统计年鉴2017)

从表2可以看出,以重庆一小时经济圈为代表的"中心"地带2016年地区金融机构人民币存款余额为25886.23亿元人民币,同期地区金融机构人民币贷款余额为21896.01亿元,存贷比率为84.6%;而重庆秦巴山区5县的金融机构存贷款比率只有48%,最低的云阳县只有35.4%。本来存款余额就比较低的"外围"地带,大量的资金还要不断流入"中心"地带,这是造成重庆秦巴山区发展滞后的又一重要因素。此外,从日常观察来看,在"外围"地带与"中心"地带的商品贸易中,"外围"地带主要以农副产品和初级矿产品与"中心"地带的工业品和制成品进行贸易,贸易条件对"外围"地带也非常不利,这是造成"外围"地带经济发展滞后又一原因。

3.劳动差别与资本占有差别导致"中心"与"外围"地带经济发展的鸿沟

劳动差别形成了地区之间人们收入的差距,"中心"地带的从业者由于素质高、劳动生产率高,从而经济收入也比较高;反之,"外围"地带的劳动从业者素质相对低、劳动生产效率低,经济收入也比较低。根据统计资料显示,2017年,重庆主城区的人均可支配收入在3.1万元左右,其中城镇常住居民人均可支配收入大致在3.3万元,农村常住居民人均可支配收入大约在1.68万元左右;而同期的重庆秦巴山地带,全部居民的人均可支配收入为1.3万元左右,其中城镇常住居民的人均可支配收入为2.2万元左右,农村常住居民人均可支配收入在0.8万元左右,与"中心"地带相比,"外围"地带的全体、城镇和农村的人均可支配收入分别只有其41.94%、66.67%和47.62%。

此外,"中心"地带是资本的密集中心,占有资本量远多于"外围"地带,因此所获取的利润也远远多于"外围"地带。如以工业行业为例,2016年重庆全市的工业总资产为2.02万亿元左右,工业企业总利润大约为1648.4亿元;在其中,位于"中心"地带的"都市发达经济圈"工业资本和利润总额分别占45.94%和42.79%;而处于"外围"地带的重庆秦巴山区工业资本总额和利润分别占1.40%和0.58%,并且城口、巫山和巫溪的工业利润还为负值。因此,劳动差别与资本占有差别是地区发展差距的又一个重要原因。

4.产业同构、产品同质造成秦巴山区各区县之间恶性竞争,从而失去价格决定权

在农业领域,重庆秦巴山区五个县、四川的达州、巴中的六个市县、湖北十堰的五个县以及陕西安康(渝、川交界)的几个县由于资源禀赋趋同,在产业发展和规划上都是以油茶、油橄榄、猕猴桃、茶叶等农业特色产业为主,基本上各县都有本地的"特色"茶叶,产业同构、产品同质现象非常突出,加上产业链条短,农产品集中上市,形成了相互杀价,农民增产不增收的恶性循环。

在旅游业领域,三省市基本上都是以秦巴山区为依托(除奉节、巫山等少数县依托长江三峡之外),大打清凉、避暑胜地等生态旅游牌,但由于同样的地形地貌和自然气候,形成的是景点重复、差异性小,秦巴山区大大小小几十、上百个山头,进行简单改造和设计,几乎天然地就又形成旅游度假胜地,不仅难免有"千景一貌之观感",同时,同质化过度竞争现象依然突出。

三、秦巴山区经济发展的思路分析

秦巴山区经济社会发展滞后的原因是客观的地形地貌因素以及"中心—外围"之间的"虹吸效应"、劳动差别与资本占有差别、同质化竞争引起的,那么改变这些不利因素即是秦巴山区经济发展的着力点。(大力发展和改善基础设施环境已经多有论述,在此从略)笔者因而认为:秦巴山区应该采取协议分工发展特色产业来实现经济上的后发优势。其着眼点有二:一是要发展特色产业,二是应该进行协议分工。

（一）理清对特色产业的认识，坚定特色产业发展之路

所谓特色产业在市场经济条件下具有两层含义：第一层含义是"人无我有"，即由于自然条件、资源禀赋和生态环境，造就了独特的动植物资源、矿产资源或旅游资源等，这些资源具有鲜明地域特色，是其他地区所无法复制的。如重庆秦巴山区奉节和巫山的三峡库区旅游资源，城口县的锰矿资源等。第二层含义是拥有"核心竞争力"的特色产业，所谓"核心竞争力"浓缩成一句话就是"物美价廉"的意思；市场理论总结出产品品质与价格之间有四种关系。

图的横坐标表示产品的品质，纵坐标表示价格。把产品品质和价格由低到高排列，由此把坐标划分为四象限。产品品质—价格形成四种组合，象限Ⅰ：价低—质劣；象限Ⅱ：价低—质好；象限Ⅲ：价高—质好；象限Ⅳ：价高—质劣。最有竞争优势的产品处于象限Ⅱ，即产品价廉物美。象限Ⅰ和象限Ⅳ的产品不具有竞争优势，象限Ⅲ的产品虽然具有一定的市场竞争力，但很快会引起其他效仿者跟进，从而失去竞争优势。"物美价廉"即是产品的核心竞争力，山地区域选择产业的依据就在于能够保证"物美价廉"的竞争优势，这样，在现实的市场中，才能立于不败之地。

Ⅳ：价格高 品质低	Ⅲ：价格高 品质高
Ⅰ：价格低 品质低	Ⅱ：价格低 品质高

因此秦巴山区产业选择应该选取具有特色的产业，即是具有市场竞争优势的产业。秦巴山区具有许多特色的产业，如矿产资源、中草药资源、有机蔬菜瓜果资源等，但为什么却不能得到较好的经济回报呢？究其原因在于区域内的相互竞争杀价，导致价格过低，甚至低于生产成本价，从而难有良好的经济回报。秦巴山区特色资源虽然众多，但基本上分属于不同区域、不同经济主体，相互无序竞争导致大家都没有钱可赚，如何打破这种僵局呢？笔者建议进行区域间的特色产业协议分工来破解难题。

（二）进行区域产业分工，错位发展，实现效益最大化

正如前文所述，产业协议分工本由日本学者小岛清针对工业化国家之间进行工业产品贸易提出来的理论，对于资源禀赋相近的区域也具有较好的适应性。秦巴山区域特色产业具备了协议分工的基本条件：

第一，秦巴山区各行政区的自然资源禀赋相同或相近。秦巴山区从自然地理上来看，主要是以秦岭和大巴山系为主形成的广大山地区域，被分割为六省市，约80个区县（市），地跨长江、黄河、淮河三大流域，以及兼有北亚热带海洋性气候、亚热带—暖温带过渡性季

风气候和暖温带大陆性季风气候。但从秦巴山区核心地段来看,即陕西、四川、重庆、湖北相接壤的区域来看,却具有非常相近的自然地理和气候特征。可以说是"山同脉、水同源、风同俗",产业结构非常相近。区域内部都是以油橄榄、核桃、油茶、板栗、猕猴桃、脐橙、食用菌、蚕桑、茶叶、魔芋、杜仲、天麻、贝母、木瓜、蔬菜、苗木花卉等为主。在工业发展方面,由于国家主体功能规划的要求,秦巴山区很多区县属于限制和禁止开发区域,因此只有少部分区县可以进行矿产资源开采、加工,更多的县市只能发展生态工业、农业加工业等不影响环境的工业产业。此外,同为喀斯特地形地貌,因而具有较为相同的旅游服务资源,如避暑、乘凉、休闲、娱乐、养老等旅游资源。

第二,产品具有规模经济效益,边际成本递减。所谓规模经济效益是指产品的收益随着产量规模的增大而增加,或者是产品的单位成本伴随着产品数量规模的增加而降低,即边际成本递减。这主要是由于伴随产量增加,原来的固定资产成本等会分摊到更多的产品上,从而引起单位产品成本降低。秦巴山区的许多农业特色产业,如茶叶、中草药、柑橘、脆李等都具有明显的规模成本特点。以茶叶为例,秦巴山区的已知茶叶品牌不下十多个,分布在川东、陕西、重庆、湖北等省市的多个县区,几十亩、几百亩的茶叶种植基地不计其数,大大小小的茶叶加工厂也不计其数,如果能够整合茶产业资源,是能够极大地提高规模效应的。

第三,农业特色产品或旅游产品的内部经济效益基本一致。在市场经济条件下,除了少部分垄断性极强的产业外,大部分产业都能够获得平均利润,所谓"等量资本获得等量利润"原则。当前,秦巴山区各农业特色产业或旅游资源都处于发展阶段,极少农产品在市场上具有绝对垄断优势,反而多数产业处于过度竞争环境,因而不存在内部经济效益不一致问题。这为不同地区的产业分工奠定了经济基础。

(三)秦巴山区协议分工机制的政策建议

秦巴山区各市县尤其是川、渝、陕、鄂四省市交界地域具有协议分工的基础,在政策实践上建议以下:

加快秦巴山区协议分工协作,加大落实有关省市之间的政府合作。

秦巴山区域之间的合作基础是非常广泛的,但首要的是政府之间的合作。

首先,秦巴山各区域政府成立专门的领导机构,定期召开工作协调会,从顶层设计开始,认真贯彻国开办发[2012]37号文件精神。

其次,在产业规划和基础设施建设方面,秦巴山区应统筹合作,避免各自为政。秦巴山各市县政府认真统计和调查本区县经济资源,以大秦巴山为着力点,打破行政藩篱进行产业规划,避免产业趋同,实行协议分工、差别化发展战略;最后,统一产业政策和进入标准,避免政府间竞争。以大秦巴山为着力点,各区县政府针对产业发展实行统一的产业政策,如政府贴息、资金补助、税收设置、土地租用等应标准一致,不应有过大差别,避免招商引资中政府间的恶性竞争。

加快秦巴山区协议分工与协作,正确处理好政府与市场之间的关系。发展经济,政府与市场的作用都是不可或缺的,"市场与计划都是手段",目的是谋求人民生活的幸福。对于发展滞后地区如秦巴山区,政府"这只看得见的手"在起步阶段的作用是显著的,应该充分发挥政府在基础设施建设、产业引导规划和市场环境建设方面发挥主导下作用。但同时,市场在引导资源配置、在微观领域、在优胜劣汰和提高效率方面有着不可比拟的作用,诸如市场经营、农民种植等方面还是应该交给市场"这只看不见的手",政府的手不应伸得太长。尤其是"与民争利"、以政府替代市场的做法应该审慎。

四、结语

特色产业发展与协议分工是秦巴山区整体发展的两部车轮,坚持发展特色产业,发展具有比较优势的产业,才能够较快提升山地区域居民的收入;同时,避免区域内部之间的竞争,要做好产业发展分工,实行错位发展、互相补充才能有效地占领市场,实现经济效益最大化。

参考文献

[1]姜锋.武陵山片区经济分工协作与一体化思考[J].重庆经济,2016(5):34-37.

[2]陕西省森林工业管理局.秦巴山区经济动植物[M].西安:陕西师范大学出版社,1990.

[3]王虎学.马克思分工思想研究[M].北京:中央编译出版社,2012.

[4]刘业进.分工交易和经济秩序[M].北京:首都经济贸易大学出版社,2009.

[5]喻春娇.产品内分工问题研究[M].武汉:湖北人民出版社2009.

[6]邓正琦.山地区域基本特征及其发展思路——以我国14个集中连片特困地区为例[J].重庆师范大学学报(哲学社会科学版),2015(03):10-15.

姜锋

男,经济学博士,重庆山地经济研究中心办公室主任,重庆山地经济研究中心秦巴山分中心副主任,主要研究方向为区域经济学、山地区域经济发展理论。

从巫山实践看休闲农业和乡村旅游对乡村振兴战略的实现与推进

孔云峰

摘　要：乡村振兴战略是中国特色社会主义走进新时代后的国家战略，休闲农业和乡村旅游是实施乡村振兴战略的重要内容和有效举措。巫山的休闲农业和乡村旅游，在巫山县全域休闲农业与乡村旅游国家示范区创建、国家全域旅游示范区创建的背景下，得以积极发展，较好体现了乡村振兴战略对生产、生态、生活、乡风、治理等方面的要求，有力推进了城乡融合发展体制机制、政策体系的建立和农业农村现代化的进程。

关键词：乡村振兴战略；休闲农业；乡村旅游；巫山实践

"乡村振兴战略"是习近平总书记在党的十九大报告中首次提出并写入了党章的强国战略，"休闲农业"和"乡村旅游"是习近平生态文明思想的具体实践形式，是当今中国旅游的发展方向，也是乡村振兴战略的重要内容，具有强大活力与广阔前景。巫山县大力开展"休闲农业"和"乡村旅游"，较好体现了乡村振兴的产业、生态、乡风、治理、生活要求，为建立城乡融合发展的体制机制和政策体系，推进农业农村现代化，做了有益探索。

一、休闲农业和乡村旅游是乡村振兴战略的重要内容和手段

理解休闲农业和乡村旅游的价值意蕴，必须将其置于习近平新时代中国特色社会主义思想体系及关于旅游事业、"三农"工作的重要论述和乡村振兴战略框架之中，方能准确把握其初心和使命。

（一）乡村振兴是建设新时代中国特色社会主义的国家战略

从政策学和战略学来看，所谓战略，就是筹划和指导一个地方、一项事业发展带有方向性、原则性、全局性、长远性、根本性的政策和策略。一个战略就是一种核心竞争力，一种激发一个区域、一项事业发展的优势和活力。从系统论来看，战略是一个体系，国家战

略处于战略的最高层次,事关一个国家的长远性、根本性、全局性发展。乡村振兴战略是中国特色社会主义新时代的国家战略,休闲农业和乡村旅游是实施国家战略的重要举措。

乡村振兴战略是党的十九大明确提出来的。2017年10月18日,习近平总书记在党的十九大报告对"决胜全面建成小康社会,开启全面建设社会主义现代化国家新征程"部署了七个国家战略,"乡村振兴战略"列为第四。2017年10月24日,党的十九大会议通过的《中国共产党章程》修正案,也将"乡村振兴战略"载入其中。党的十九大后,习近平总书记在不同地方、多个场合就此发表重要讲话、做出重要指示。以习近平同志为核心的党中央,召开一系列重要会议,颁发一系列重要文件,对乡村振兴战略做了具体部署,如:2018年1月2日,中央以一号文件颁发了《中共中央 国务院关于实施乡村振兴战略的意见》;2018年5月31日,中央政治局召开专题会议,研究部署了乡村振兴的若干重大工程、重大计划、重大行动,审议通过了《乡村振兴战略规划(2018—2022年)》和《关于打赢脱贫攻坚战三年行动的指导意见》,明确了乡村振兴战略的政策框架。2018年7月5日,全国实施乡村振兴战略工作推进会议召开,习近平总书记强调说:把实施乡村振兴战略摆在优先位置,让乡村振兴成为全党全社会的共同行动。2018年9月,中共中央、国务院印发了《乡村振兴战略规划(2018—2022年)》,细化了乡村振兴战略的行动路线和举措。2018年12月召开的中央经济工作会议,再次强调要"扎实推进乡村振兴战略"。一年多来,中央和各地都基本完成了乡村振兴战略的整体规划,乡村振兴战略的理念深入人心,农业丰产、农民增收、农村和谐,开局良好。

(二)休闲农业和乡村旅游是实施乡村振兴战略的重要内容

旅游是"诗和远方"的载体,是"人民美好生活的需要"。习近平总书记指出:旅游是传播文明、交流文化、增进友谊的桥梁,是人民生活水平提高的一个重要指标。旅游业具有日益增长的拉动力、整合力和提升力,在拓展自身发展空间的同时,与相关行业和领域融合发展,催生新业态,优化提升相关行业和领域价值。

乡村是集自然、社会、经济特征为一体的地域综合体,具有生产、生活、生态、文化等多重功能,与城镇互促互进、共生共存,共同构成人类活动的主要空间。乡村旅游与休闲农业是最具活力的旅游品种,是全球性的"朝阳产业"。乡村旅游与休闲农业是两个密切关联又有区别的概念,在概念外延和活动空间上往往是融合在一起的。乡村旅游是以旅游度假为宗旨,以村庄野外为空间,以人文无干扰、生态无破坏,以游居和野行为特色的村野旅游形式。休闲农业是利用农业景观资源和农业生产条件,发展观光、休闲、旅游的一种新型农业生产经营形态。乡村振兴需要有抓手,休闲农业和乡村旅游是实施乡村振兴战略的重要内容和抓手。习近平总书记强调:"人民对美好生活的向往,就是我们的奋斗目标"。乡村振兴战略是解决新时代新矛盾的最佳良方。从国外经验看,早在19世纪30年代欧洲已开始了农业旅游。意大利在1865年就成立了"农业与旅游全国协会",专门介绍城市居民到农村去体验农业野趣,与农民同吃、同劳作,或者在农民家中住宿。发达国家在推进工业化、城镇化进程中,都曾面临乡村衰败的危险,为了避免这种衰败,各国也都采取了积极的举措,比如日本的一村一品运动、韩国的新村建设、法国的复兴建设。

从国内实践看,我国是一个历史悠久的农业大国,农业地域辽阔,自然景观优美,农业经营类型多样,农业文化丰富,乡村民俗风情浓厚多彩,发展休闲农业和乡村旅游具有优越的条件、巨大的潜力和广阔的前景。2015年以来的中央一号文件都对大力发展休闲农业和乡村旅游做了部署,使之成为乡村振兴的新兴支柱产业。党的十九大后,国家相关部门通力合作,陆续出台了诸多政策和举措,如文化和旅游部门联合国家发展改革委、交通运输部、国务院扶贫办等出台《乡村旅游扶贫工程行动方案》《关于实施旅游休闲重大工程的通知》《关于促进交通运输与旅游融合发展的若干意见》《关于支持深度贫困地区旅游扶贫行动方案》等政策性文件。2018年10月,国家发展改革委等13部门联合印发《促进乡村旅游发展提质升级行动方案(2018年—2020年)》。2012—2017年我国的休闲农业与乡村旅游营业收入增长十分迅速,2013年、2015年、2016年都达到30%以上。2015年全国休闲农业和乡村旅游接待游客超过22亿人次,营业收入超过4400亿元,占国内游收入的12.83%;2016年收入超过5700亿元,占比升至14.42%。根据大数据推演,未来中国休闲农业和乡村旅游热还将持续10年以上,整个产业呈现出"井喷式"增长态势。

二、巫山县休闲农业和乡村旅游积极发展的独特背景和基础

巫山的休闲农业和乡村旅游发展,有两个特殊背景:一是巫山被列为国家全域休闲农业和乡村旅游示范县,二是巫山列入了创建国家全域旅游示范区创建县。

(一)巫山创建国家全域休闲农业和乡村旅游示范县对乡村振兴提供了直接推动力

全域休闲农业和乡村旅游是一种新型产业形态。2011年,农业部和国家旅游局部署了全国休闲农业与乡村旅游示范县和全国休闲农业示范点创建工作,巫山县积极申报,成为创建县和示范点,坚持把休闲农业与乡村旅游产业作为促进旅游业发展新的增长点、破解"三农"问题的战略支撑点,积极发展全域休闲农业和乡村旅游。

2013年,党中央、国务院将乡村旅游扶贫工作确定为扶贫开发十项重点工作之一,国家发改委、国家旅游局等7部门规划"到2015年,扶持约2000个贫困村开展乡村旅游。到

2020年,扶持约6000个贫困村开展乡村旅游",中央相关部门规划,要求全国1万个乡村旅游扶贫重点村年旅游经营收入达到100万元,贫困人口每年人均旅游收入达到1万元以上。中央确定重庆有654个贫困村开展乡村旅游,巫山就有57个,这就意味着巫山纳入规划的57个村都要达到这个目标。

2018年10月,国家发改委、农业农村部等13部委印发的《促进乡村旅游发展提质升级行动方案》指出:乡村旅游市场需求旺盛、富民效果突出、发展潜力巨大,是新时代促进居民消费扩大升级、实施乡村振兴战略、推动高质量发展的重要途径。2018年10月27日至29日,第三届世界乡村旅游大会暨"一带一路"世界乡村旅游亚太峰会在浙江省湖州市吴兴区召开。大会围绕"一带一路·乡村振兴·美好生活"主题推演乡村旅游发展趋势及其开发。2018年5月16日召开的重庆市旅游发展大会,将习近平总书记对重庆提出的"两点"定位、"两地""两高"目标要求,落实到打造重庆旅游业发展升级版上,规划了唱响"山水之城·美丽之地"的目标,乡村旅游是其中的重要内容。国家和重庆推出的这些政策和开展的这些行动,为巫山县创建国家全域休闲农业和乡村旅游示范县提供了政策依据,而巫山的这个创建,为巫山乡村旅游提供了直接动力。

(二)巫山创建国家第一批全域旅游示范区把乡村振兴纳入了全县旅游整体推进中

全域旅游既是一个全新的认识,又是一场深刻的变革。素有"渝东门户"之称的巫山,拥有"一江碧水、两岸青山、三峡红叶、四季云雨、千年古镇、万年文明"的丰富旅游资源,是游览长江三峡的必经之地。起步于改革开放后的巫山旅游事业,经过四十年的努力,得到了长足发展。特别是十八大以来,建成了3个5A和一批4A精品景区集群为支撑的"中国恋城·神女巫山",先后荣获全国文明县城、国家卫生县城、国家园林县城、全国森林旅游示范县、海外游客最想去的旅游目的地等荣誉。2015年9月,国家旅游局启动了"国家全域旅游示范区"创建工作。2016年2和11月,国家旅游局分两次公布了国家全域旅游首批示范区创建名录共计500个,巫山县于2016年2月就入选其中。

国家全域旅游示范区的创建,给巫山旅游事业发展带来了极好的机遇。巫山顺势而为,以建设"美丽中国全域旅游示范区、国际知名旅游目的地"为目标,盯住创建的13类87项标准,坚持"山水结合、文旅融合、水陆并进、全域建设"发展路径,全力打造旅游第一支柱产业,全域化发展、全产业联动、全要素整合、全民化参与,全面提升巫山旅游的影响力、辐射力、带动力。2018年全年接待游客1600万人次,旅游综合收入47.36亿元,景区门票购票人数突破100万大关,大旅游经济超50%,特色效益农业达20%,绿色经济将占经济体量的70%以上。巫山规划,力争到2020年接待游客突破2000万人次。

巫山属大山区、大农村,农村面积96%以上,气候、地貌复杂多样,拥有丰富的农业资源和景观各异的农业生态空间。巫山是个享誉全国的旅游大县,而巫山的风景区都在乡村,因此,巫山的全域旅游,自然就包含着休闲农业和乡村旅游。巫山县自2011年创建全国休闲农业与乡村旅游示范县和全国休闲农业示范点以来,特别是2016年创建全域旅游示范区以来,坚持将乡村旅游纳入全县旅游一盘棋考虑,有效促进了休闲农业和乡村旅游的发展。

巫山的休闲农业和乡村旅游,正在是这样的背景下强力推进、广泛开展、不断提升的。

三、巫山县休闲农业和乡村旅游充分体现了乡村振兴的要求

自创建全国休闲农业与乡村旅游示范县和全国休闲农业示范点、全域旅游示范区以来,特别是在乡村振兴战略实施强大推力下,巫山县乡村旅游业积极推进,不断完善。一是在规划引领上,按照"业态多样化、产业集聚化、主体多元化、设施现代化、服务规范化、发展绿色化"要求,深挖三峡农耕文化,编制完成了24个乡镇(街道)乡村旅游总体规划,精心策划"春赏花、夏避暑、秋观叶、冬玩雪"四季乡村旅游精品线路15条。二是在景点培育上,整合资金6560万元,加快推进云雨栖、岩上人家、红叶人家等精品乡村旅游点,培育"三峡院子"乡村旅游品牌。三是在产品升级上,统一策划包装巫山脆李、香橙、核桃、天麻等旅游商品10余种,提档升级农家乐352家,培育森林人家40家,带动2万余名群众吃上"旅游饭"。四是在模式创新上建立"景区景点+农家乐+农户""协会+龙头企业+农户""旅游合作社+农户"等试点村20个,鼓励农民入股参与乡村旅游经营。2018年休闲农业和乡村旅游接待游客800余万人次,同比增长36%。几年来的实践证明,休闲农业和乡村旅游能在生产、生态、生活、乡风、治理等方面实现实施乡村振兴战略的要求,有力推进全城乡融合发展的体制机制和政策体系的建立,加快推进农业农村现代化进程。

(一)夯实了乡村振兴的基础

产业兴旺是乡村振兴的基础。发展休闲农业与乡村旅游是丰富我国旅游产品体系的重要内容,也是实现乡村产业兴旺繁荣的重要途径。巫山在休闲农业和乡村旅游建设中,在加快"两区"划定、保障口粮生产基础上,立足生态特色资源,重点发展"1+3+2"(即:山羊+烤烟、脆李、中药材+柑橘、核桃)现代高效农业产业,形成"县有主导产业、乡镇有特色产业、村有骨干产业、户有增收项目"的产业格局。巫山规划到2020年,全县山羊年饲养量达到100万只,脆李种植面积保持在20万亩,中药材种植面积保持在20万亩,烤烟种植面积保持在6万亩,柑橘种植面积保持在15万亩,核桃种植面积保持在15万亩,建设林业种养殖基地20万亩(含木本油料),产业产值达到50亿元。

土地是农民生产生活的基本要素,关系到农村社会秩序和国家治理秩序建设。土地也是休闲农业和乡村旅游命根子,失去了土地,休闲农业和乡村旅游就失去了基本依托。习近平总书记在十九大报告中提出"第二轮土地承包到期后再延长三十年",确保了政策的稳定性和延续性,让农民吃下"定心丸",这为休闲农业和乡村旅游带来了良好的机遇。巫山抓住农业供给侧结构性改革,启动了农业技术服务体系改革,全面开展农村土地确权颁证,有序推进土地流转。随着乡村振兴战略的全面实施,希望的田野上必将谱写出产业兴旺的崭新诗篇。

(二)抓住了乡村振兴的根本

生态宜居是乡村振兴的根本。休闲农业和乡村旅游产业对乡村生态环境、生活水平和居民素质的提高有着毋庸置疑的推动作用。近年来,巫山坚持"生态优先、绿色发展",将奋斗的着力点放在发展上,发展的重点放在生态旅游产业上,生态旅游从休闲农业和乡村旅游抓起,把握生态脉搏,厚植发展优势,生态旅游发展的强劲动力正迸发出巨大能量。

发展乡村旅游有利于保护乡村生态环境,有利于人与自然和谐共处,通过科学规划和有效治理,让农村环境更加优美,空气更加新鲜、水源更加洁净、吃得更加放心、安全。留下一个天蓝、地绿、山清、水秀的乡村,才能把绿水青山变成金山银山,才能"看得见山、望得见水、记得住乡愁"。

巫山县处于三峡腹心的特殊位置,肩负着保护三峡水库的特重任务。按照习近平总书记"把实施重大生态修复工程作为推动长江经济带发展项目的优先选项"的要求,巫山大力推进国土绿化,实施好长江防护林体系建设、水土流失、退耕还林及石漠化治理等林业重点工程,切实做大森林资源增量,提高森林资源质量。近年来,巫山通过持续实施天然林保护、退耕还林等工程,累计造林133万亩,森林覆盖率已达到56.8%。2017年巫山县通过退耕还林、石漠化治理等林业重点工程发展脆李10.6万亩,目前全县脆李总规模达到22.2万亩,年产值达8亿元。此外,该县将核桃木本油料纳入县经济社会发展"十三五"规划,2017年新栽植渝城1号、清香等核桃品种5万亩,全县核桃总规模达到了11.5万亩。

从2018年起,巫山规划每年造林20万亩以上,并加强矿山、工程创面修复和地灾防治等,确保2020年森林覆盖率达到60%,把生态屏障建得更厚实、更扎实,有效地保护了三峡水库,成为"一江碧流、两岸青山、四季云雨"的美丽库容。

巫山县曲尺乡的经济林发展走在全县前列,是乡村旅游促进产业发展的典型。该乡围绕"中国巫山纽荷尔""中国巫山脆李之乡"两大特色水果支柱产业,采取治理石漠化、改造荒山建梯田的办法,累计科学种植脆李15300亩,其中丰产期近10000亩,去年实现产值9200万元;种植柑橘13000亩,其中丰产期11000亩,去年实现产值5000万元;种植桃子、枇杷、樱桃、葡萄、草莓等小水果,产值1200万元;林下套种时令蔬菜豌豆、胡豆,产值700万元。水果总产值16100万元,真正成为果农的"摇钱树"。

生态改善了,生物也多样化了。2018年3月10日,习近平总书记在参加重庆代表团审议时问:"现在三峡库区是否还能看到猴群?"县委书记李春奎回答说:"随着库区生态环境不断改善,巫山小三峡里的猴群越来越多,还出现了国家珍稀动物金丝猴的踪迹,带给前来游览的中外游客很多乐趣。"习近平总书记还问:"巫山段长江水质怎么样?"当听到县委书记李春奎说"达到了二类水质"时,他点头赞赏说:"不错!"习近平总书记还问巫山现在植树造林是飞播造林还是人工造林。县委书记李春奎回答说:"主要是人工造林为主,统一规划设计,公开招标投标,采用机械挖坑,进行人工施肥、培土。"

(三)增强了乡村振兴的动力

乡风文明是乡村振兴的动力。休闲农业和乡村旅游有效地弘扬乡村传统文明。农村是我国传统文明的发源地,乡土文化的根不能断,城乡融合的核心是城市和乡村文化共存共荣,是对乡村价值的充分肯定与认同。自古以来形成的与乡村生活相匹配的乡村文明体系的延续,是乡风文明的内核。传统村落保护、特色文化传承等是乡村文化建设的生动资源和潜力空间,休闲农业和乡村旅游能不断去挖掘与丰富、传承与创新,让乡村文化"活"起来。通过休闲农业和乡村旅游,可以有效治理农村脏乱差的环境,实现村容整洁,为群众创造更好的生活环境,还可以有效缓解农村的"千镇一面""千村一面""空心化"问题。

休闲农业和乡村旅游给村民带来的不仅仅是资金、信息和先进的发展理念,生产能力和生活消费水平的提升,更重要的是对乡村文化的自信和精神面貌的改变。依托旅游,巫山红叶节已成功举办12届。节庆活动品牌效应进一步彰显,成为巫山最为靓丽的旅游文化名片。同时,神女杯艺术电影周已成功举办三届,极大地丰富了巫山人的精神文化生活。

休闲农业和乡村旅游建设,需要科技和人才作支撑,需要一大批具有乡土情怀和充满文化自信的新村民,建设一个精神焕发的乡村。通过休闲农业和乡村旅游建设,激励了更多优秀的城市人才下乡创业,支持和鼓励了农民就业创业,加强农村干部、农民培训,这正是乡村振兴战略的重要内容。

(四)提高了乡村振兴的保障

治理有效是乡村振兴的保障。按乡村振兴要求,治理有效需要逐步构建自治、法治、德治相结合的乡村治理体系。

从制度经济学看,行之有效的乡村治理体系本质上是能够提高效率、降低交易成本、充分激发乡村活力的一套机制。乡村治理要共建共治,就是要充分发挥政府、市场、社会组织、村民各自的作用,构建一套行之有效的制度体系。

从巫山实践看,休闲农业和乡村旅游既为乡村治理水平提升提供了契机,又催生了乡村治理水平提升的内在动力,有助于促进当地人民群众就地勤劳致富,有助于乡村自治建设,有助于乡村法治建设,有助于德治引领,有助于形成井然有序的良好的社会秩序,有助于解决因为外出打工而导致的留守儿童教育、留守夫妻交流、留守老人养老等深层次社会问题,让人民群众在家门口拥有更加充实、更有保障、更可持续的获得感、幸福感、安全感。

(五)体现了乡村振兴的宗旨

生活富裕是乡村振兴的宗旨。按乡村振兴要求。生活富裕就是要让农民有持续稳定的收入来源,经济宽裕,衣食无忧,生活便利,共同富裕。发展乡村旅游休闲农业与乡村旅游本身也是进一步提升农村居民生活水平、生活质量,更好地满足人民群众日益增长的美好生活的需求的一种重要路子。

巫山在休闲农业和乡村旅游建设中,着力打造了四种类型的示范片区,将产业与富裕直接连线,效果突出。一是生态体验观光型(朝元观、望天坪示范片区)。该片区依托距离城市较近、交通较为便捷的优势,着力打造避暑纳凉、体验观光型乡村旅游,总投资2350万元,实现1000贫困人口脱贫。二是生态景区依托型(忍子坪、九龙谷示范片区)。该片区依托成熟景区巨大的地核吸引力的优势,着力打造依托型乡村旅游,将总投资3700万元,实现1500贫困人口脱贫,成为乡村旅游优先发展区。三是生态产业支撑型(龙王淌、龙骨坡示范片区)。该片区依托丰富独特的特色农业、林业、经济果树等资源,着力打造产业支撑型乡村旅游,投资3050万元实现,500贫困人口脱贫。四是高山生态休闲型(十里坪荒片示范片区)。该区域依托湖北省出境道路及丰富独特的特色农业、林业、经济果树等资源,将特色农业、林业与观光旅游相结合,着力打造特色农副产业和高山生态纳凉旅游,总投资2000万元,实现500贫困人口脱贫。巫山还将拓展科普体验观光型、民族民俗风情型等特色乡村旅游,促进田园变公园、农房变客房、劳作变体验,实施"个十百千万"工程,到2020年底全县实现乡村旅游适合区全覆盖。"个"即在成功创建国家全域旅游示范区的基础上力争进入全国休闲农业和乡村旅游示范县行列;"十"即建成森林小镇、原乡小镇、文化古镇等特色旅游小镇20个,其中力争创建国家级旅游特色小镇3个;"百"即培育以乡村旅游为主导产业的村100个,其中建成市级以上示范村30个;"千"即培育从事乡村旅游的市场主体1000家以上,其中三星级以上农家乐50家以上;"万"即接待游客1000万人次、实现经营收入30亿元,乡村旅游直接提供就业岗位2万人,拉动间接就业6~8万人。

2018年1月18日,国家发展改革委、国家林业局、财政部、水利部、农业部、国务院扶贫办共同印发了《生态扶贫工作方案》,旨在于健全生态旅游开发与生态资源保护衔接机制,完善生态旅游行业标准,积极打造多元化的生态旅游产品,推进生态与旅游、教育、文化、康养等产业深度融合,指出以实现脱贫攻坚与生态文明建设"双赢","旅游+康养+度假"是发展主旋律。2018年3月,国务院办公厅《关于促进全域旅游发展的指导意见》(国办发〔2018〕15号)明确提出"大力开发避暑旅游产品,推动建设一批避暑度假目的地"。据测算,夏季避暑旅游的老年人、学生及教师、高温城市居民3个主要市场群体,潜在有效避暑需求人口约为3亿。按2017年全国人均每次旅游1000元的消费水平,市场规模为3000亿元。按照4~5倍乘数效应计算,将为目的地带来1.2万~1.5万亿元的综合经济贡献,而这些又会转化为就业和居民收入的增长。在乡村振兴战略实施的大背景下,土地承包期再延长30年,多个相关配套规划出台,乡村旅游新潮涌动。

有专家曾将乡村旅游的演进划为四个层级,一是"农家乐"乡村旅游,二是"古镇""民俗村"的乡村旅游,三是乡村度假,四是乡村生活。乡村生活是以提高人的生命质量为终极追求的形态和阶段。目前,我国的乡村旅游呈四级并存多样化状态,这为巫山乡村旅游带来了更加广阔的天地。

农业农村现代化是新时代中国特色社会主义强国建设的基础和支撑,习近平总书记描绘的"体现尊重自然、顺应自然、天人合一的理念","望得见山、看得见水、记得住乡愁"的美景,为休闲农业和乡村旅游指明了方向,巫山的实践也充分证明,休闲农业和乡村旅游营造梦幻境界必将强力支持乡村振兴战略,助力中国特色社会主义现代化强国梦的实现。

参考文献

[1]习近平.决胜全面建成小康社会 夺取新时代中国特色社会主义伟大胜利[M].北京:人民出版社,2017.

[2]中国共产党章程[M].北京:人民出版社,2017.

[3]国务院办公厅关于促进全域旅游发展的指导意见[Z].国办发〔2018〕15号.

孔云峰

男,中共巫山县委党校教授级正高级讲师,主要研究方向为区域经济。

秦巴山区特色生态产业培育的经验启示
——以"巫山脆李"产业为例

文双全　夏国情　毛玮　黄明

摘　要：为总结秦巴山区特色农业产业发展经验，归纳发展启示，推动生态保护和经济发展齐头并进。以巫山脆李产业为例，回顾了巫山脆李产业发展历程，分析了地方政府扶持政策，梳理了投入要素。在地域经济发展水平不占优、区位条件不占优、耕地生产水平不占优、农村人才年龄结构不占优等诸多不利因素背景下，发展好特色农业产业必须高效整合行政资源，持续保持投入强度；紧扣特色推出拳头产品，形成全产业链思路；强化科技支撑，提升产业发展自身动能。

关键词：秦巴山区；特色产业；巫山脆李；经验启示

重庆市巫山县位于三峡库区腹心、秦巴山片区中心，地理位置位于重庆市最东端，有"渝东门户"之称。巫山县是库区首淹首迁县，是长江三峡生态屏障核心区，是国家淡水资源战略储备基地。在"不搞大开发、共抓大保护"的大背景下，巫山县以发展生态特色农业产业为抓手，充分挖掘自身资源优势，大力发展脆李种植，取得了显著的经济效益。本文以"巫山脆李"产业的发展历程、政府宏观调控措施为切入点，研究探索区域生态特色农业产业培育的成功经验，为秦巴山片区特色产业选择与培育提供参考。

一、"巫山脆李"产业发展现状

（一）巫山自然地理概况

巫山县位于东经109°33′—110°11′，北纬30°45′—23°28′之间，地处重庆市最东端，横跨长江巫峡两岸，地势南北高，中间低。地形十分复杂，起伏大、坡度陡，谷底海拔高程多在300米以内，岸坡相顶多为1000米以上。境内大巴山、巫山、七曜山三大山脉相互交汇，大宁河、抱龙河等七条支流呈南北向强烈下切,形成典型的喀斯特地貌,地貌呈现出深谷和中低山相间形态,最低海拔仅145米,最高海拔2691.8米,海拔高差2546.8米。全县地貌类型以中山、低山为主,分别占辖区面积的57.57%和38.41%,构成全县地貌类型的主体。境内山地占96%,丘陵、平坝少而零星,仅占4.0%,属典型的山地区域。属亚热带季风性湿润气候区,气候温和,雨量充沛,日照充足,四季分明。春季回温早,夏季长,气温高,秋季气温下降快,冬季短。历年平均气温18.2℃,历年最高气温41.7℃,极端最低气温-6.9℃,≥10℃积温5857.3℃。全年无霜期320天左右。具有亚热带季风性暖湿气候特征,年总降水量1056.8mm,相对湿度68%,年平均日照总时数1570.9小时。具有显著的立体气候特征,海拔每上升100米,温度递减0.66℃,无霜期缩短10天左右,雨量增加55mm左右。

(二)巫山脆李产业现状

巫山脆李果形端正,个头均匀,近圆形,纵径3.3cm、横径4cm,平均单果重33.9g~37.2g,最大单果重58.9g,整齐。果肉浅黄色,肉质致密,纤维少,汁多味香,质地脆嫩,酸甜适口。离核,果核小,果实可食率达96.88%以上,可溶性固形物含量14.5%。通过连续多年对果实品质的检测分析,巫山脆李每100克的可食部分中,含有能量117.2~221.9千焦,糖8.8克,蛋白质0.7克,脂肪0.25克,维生素A原(胡萝卜素)100~360微克,烟酸0.3毫克,钙6毫克以上,磷12毫克,铁0.3毫克,钾130毫克,维生素C2~7毫克,另外脆甜不酸涩,含有其他矿物质、天门冬素以及纤维素等,富含多种氨基酸,抗氧化剂含量高。目前,巫山县脆李种植面积达到22.05万亩,进入丰产期面积8.5万亩,年产量8.1万吨,农业产值8.35亿元,约占全县农业总产值的四分之一。产区覆盖全县21个乡镇、228个行政村、3.5万农户。全县从事脆李相关产业的新型农业经营主体个数达到600多个。"巫山脆李"已成为中国南方李第一品牌,品牌价值达到13.34亿元,位居同类产品第一位。巫山县被授予"全国优质李生产基地县",预计2019年成功创建"全国特色农产品优势生产区"。

二、"巫山脆李"产业选择与培育的主要经验

(一)提供高度集聚的行政要素保障

1.组织保障

政府引导在种植业发展过程中始终发挥了重要作用,政策影响种植业发展的方方面面[①]。巫山脆李产业被纳入县域主导产业后,巫山县委、县政府专门成立"巫山脆李产业发展工作领导小组",领导小组由县主要领导任组长,落实1名分管县领导具体执行相关工作。同时,领导小组下设办公室于巫山县农委,抽调专门的技术、管理人员专司其职。为

了进一步加强脆李产业发展的组织领导,巫山县于2017年底,组建成立"果品产业局",整合原来分散在各部门的基础设施建设、技术培训服务、产品质量管理、公共品牌运营、农村电子商务等多项职能,由果业局具体进行系统地规范管理。

2. 资金保障

2013—2018年间,巫山县政府累计投入财政资金、整合资金22918.5万元以上,用于脆李产业发展(见表1)。资金使用由相关部门根据年度工作目标,将投入需求细化到具体事项、具体金额,实行预算化管理,确保资金投入发挥应有效益。

表1 2013—2018年巫山脆李产业资金投入统计表(万元)

年度	市级财政资金	县级财政资金	渠道整合资金
2013	0	95.5	2200
2014	0	100	500
2015	0	150	3715
2016	1409	1400	2000
2017	300	1500	6549
2018	248	2027	725
小计	1957	5272.5	15689

数据来源:巫山县人民政府特色效益农业资金安排文件;2016年之前,因巫山脆李是非市政府备案特色产业,故不能使用市级资金

3. 政策保障

巫山县政府安排专门团队,就巫山脆李产业发展做系统性的调查研究,提交县委、县政府调研报告20余篇。结合现有各类支农惠农政策,确定了巫山脆李产业政策体系:脆李规划种植区域的脆李种苗供应由政府集中采购,免费发放给农户种植;采用社会化服务的方式进行脆李基地管护,政府进行部分补贴;创建"三品一标"的新型农业经营主体可按照1-10万元的标准获得资金奖励;从事脆李营销的农产品经纪人可免费接受县工商局组织的相关培训;建设气调冷藏设施的新型农业经营主体,可获得项目支持。

4. 科技保障

农业技术保障与推广应用是提升农业产业效益的重要手段,然而,我国大部分地区尤其是偏远山区的农业技术保障与推广应用体系与实际需求存在差距。鉴于此,巫山县与中国农业大学、辽宁省果树研究所、重庆市农科院果研所、西南大学等科研院所开展科技合作,成立巫山脆李研发中心,在为巫山脆李产业提供基础技术保障的同时,结合巫山脆

李产业全产业链进行系统性的创新研究。制定巫山脆李地方标准，并通过市级质监部门认证发布；举办第十六次全国李杏学术交流会暨第四次全国优质李鉴评会；举办全国李产业高峰论坛等等。

5. 人才保障

农业综合生产能力的提高，既需要人才去推动，也需要人才去实践，加快推进农业人才队伍建设已成为提高农业综合生产能力内在的、迫切的要求[③]。今年来，巫山县招聘引进高层次专业技术人员10名，每年培训新型职业农民100余人，培养脆李种植技术能手20人，在每个种植脆李的村选择培养1名脆李种植管护技术骨干。2017年，县政府公开招投标确定1家科技化服务公司，围绕巫山脆李等三大特色果业专门开展技术支撑，为脆李种植区域提供"随叫随到"的培训服务，从而完成县有专业技术团队、乡有专门技术组织、村有技术骨干的三级管护技术人才体系。

(二)科学选择并培育区域特色生态产业

1.选择产业的根本原则和政治方向

巫山县委、县政府紧紧围绕习近平总书记对重庆提出的"两点"定位、"两地""两高"目标和"四个扎实"要求，坚持生态优先绿色发展，以营造大生态、深化大扶贫、打造大旅游、构建大交通、建设大家园为重点，加快建设内陆开放高地向东桥头堡、山清水秀美丽之地，推动高质量发展、创造高品质生活。

2.立足本土资源优势确立主导产业

三峡库区蓄水后，因为移民搬迁，部分沿江农户就地后靠安置，面对瘠薄的石漠化土地，如何在求生存的基础上，实现搬得出、稳得住、逐步能致富，是当时地方政府与当地农户最为关注的问题。经过多方调研，发现生长在巫山县曲尺乡柑园村的脆李树，个大皮薄、颜色青绿、果形端庄、质地脆嫩、汁多味香，很受市场欢迎。调研同时发现，脆李树生长适应能力极强，像极巫山库区移民坚忍顽强的性格品质，只要有薄薄的一层土，脆李树就能很好地生长，并开花结果。后来，经过重庆市果树研究的专家组考证，证实巫山脆李是由曲尺乡柑园村江安李的一个芽变单枝变异而来，而这个自然变异的过程，是经过数千年自然选择、优胜劣汰而形成的，既保留了适生性强、生长速度快的营养生长特点，又获得了适应长江低山河谷地带早春回温快、光照积温多而形成的看似没熟却清脆汁甜的生殖生长特性。2014年，巫山县委、县政府将脆李产业作为全县重要的特色主导产业之一，纳入全县"1+3+2"（100万只山羊+20万担烤烟+20万亩脆李+20万亩中药材+15万亩柑橘+15万亩干果）特色主导产业体系。

3.科学规划并照图施工

巫山县邀请西南大学组织专家团队,与当地农业技术队伍实地调研分析,高水平编制《巫山脆李产业发展规划》。《规划》客观分析了国际国内李产业的发展现状和趋势,确立了发展思路和目标,科学划定了脆李适宜种植范围,为脆李产业后续产业链延伸确定了方向。结合规划,巫山县组织专业技术队伍,将脆李种植规划落实到具体田块,绘制完成"小班图",实施挂图作战。经过实践探索,巫山县总结提出"规模化发展、科技化服务、品牌化打造、商品化运作、工业化加工、组织化改革"发展思路,覆盖脆李产业发展链条的各个环节。

(三)保证产品特色生态

1.资源品种化

巫山县脆李发源于20世纪70—80年代定植于巫山县曲尺乡柑园村江安李芽变单枝,因巫山县独特的地理气候条件逐步表现出优良的地方品种特性。从2007年开始,依托科研院所,巫山大力开展品种提纯选优及优质丰产栽培技术试验示范工作,采用DNA条形码分子鉴定的方法进行地方李良种特征序列分析,于2016年通过了重庆市农作物品种审定委员会果树专业委员会的品种鉴定。2018年,"巫山脆李"正式获得农业部授予品种权保护。

2.种源唯一化

对巫山脆李母树实行挂牌保护,建立母本园及采穗圃60亩,确保所采集穗条具备种质资源的唯一性。配套建设脆李苗圃基地,年育苗600万株,同步加强苗圃管理,严格管理树苗外输。

3.建园标准化

对脆李种植规划区域的群众进行反复宣传动员,由当地政府组织群众先行完成标准化清园、开挖定植穴、施足有机肥等环节后,政府再进行种苗供应,为后续丰产奠定基础。

4.管护社会化

完善农业社会化服务体系,推动农民合作社联合组织成长,通盘考虑农村金融发展框架,推动财政支农体系和农业社会化服务体系有机融合,有针对性破解农业产业发展过程中缺资金、缺技术、缺劳力的问题[④]。采用政府补助一点、农户自筹一点的方式,组织具备专业管护技术的队伍开展集中管护,对脆李果树按照苗龄、长势、操作难易程度等进行多个等级划分,农户可以自主选择由专业化队伍进行管护的环节,极大地减轻农户劳动强度,更有效地提高了管护水平。

5.投入精量化

建成农业投入品管理平台,将全县化肥、农药经营主体全部纳入平台实现无死角监管,严防违禁农业投入品进行脆李产业。巫山县农业执法局不定期组织开展农业投入品使用情况检查,确保农产品质量安全。

6.质量数据化

支持有条件的区域及新型经营主体,建设巫山脆李质量体系追溯平台,完整记录脆李生产全过程的相关数据,消费者只需扫描产品二维码,即可获知该批脆李的产地、生产者、生产管理过程、质量检测等相关信息。

主体组织化针对农村青壮年劳动力相对匮乏的现状,引导各脆李产区就地组织成立各类新型农业经营主体,引导脆李种植户自愿选择加入,构建4种类型的利益联结关系,最大限度地优化社会分工合作,实现互利共赢。

(四)系统打造和精准营销区域公共品牌

2014年5月,"巫山脆李"被中国果品流通协会授予"中华名果"称号;

2014年6月,重庆市巫山县被授予"中国脆李之乡"称号;

2015年9月,巫山脆李在国家工商总局成功注册为地理标志商标;

2016年6月,"李行天下—巫山脆李推介(品鉴)会"在中央电视台成功举办;

2016年7月,《"没熟"的李子缘何畅销》节目登陆央视每日农经栏目;

2017年6月,在京东总部举行"李行天下"中国特产·巫山馆开馆仪式,巫山脆李亮相京东商城;

2017年7月,巫山获评"中国优质李生产基地县"荣誉称号;

2017年8月,"巫山脆李"品牌价值估值达到9.46亿元;

2017年12月,"巫山脆李"获评重庆十大农产品区域公共品牌;

2018年4月,重庆市委、市政府专题研究巫山脆李等3个特色果品;

2018年6月,巫山脆李被纳入国家品牌计划,央视8个频道每天16次滚动播出脆李广告;

2018年9月,巫山脆李品牌价值达到13.34亿元,全国李类产品品牌中位居第一。

三、借鉴意义及启示

"巫山脆李"产业在地域经济发展水平不占优、区位条件不占优、耕地生产水平不占优、农村人才年龄结构不占优等诸多不利因素背景下,克服单位产量不高、技术人才匮乏、资金投入有限、物流成本极高等困难,通过6—7年的时间,在时令水果行业实现"弯道超车",对于秦巴山区计划通过发展特色生态产业推动区域经济增长的地区来说,具有较为显著的借鉴意义:必须高效整合行政资源,将干部意识、行业资金、尖端科技、优秀人才等优质要素高度集聚,并持续保持投入强度;品质优良的特色生态产品是核心竞争力,必须按照标准化生产、科技化管护、工业化加工、品牌化打造、商品化营销的全产业链思路,形成系列拳头产品;科技支撑或外部信息是关键,与各类科技支撑单位、社会团体、行政部门开展良性合作,不仅提升自身行业水平,更可为封闭落后的山区带来领先信息、市场资源、先进理念,推动自身产业发展水平从根本上提档升级。

参考文献

[1]张丽,韦光,左停.农业产业集群的形成与政府的发展干预——京郊平谷区大桃产业集群的个案分析[J].中国农业大学学报(社会科学版),2005(04):12-16.

[2]李博,左停,王琳瑛.农业技术推广的实践逻辑与功能定位:以陕西关中地区农业技术推广为例[J].中国科技论坛,2016(01):150-153+160.

[3]向朝阳.关于加快推进农业人才队伍建设的思考[J].中国农学通报,2006,22(03):435.

[4]仝志辉,侯宏伟.农业社会化服务体系:对象选择与构建策略[J].改革,2015(01):132-139.

文双全
男,中共巫山县农委农艺师。

夏国情
男,中共巫山县农委助理农艺师。

毛玮
男,中共巫山县农委调研员。

黄明
女,中共巫山县农委研究员。

重庆云阳县特色产业发展现状及对策探讨

刘元园

摘　要：以产业振兴助力经济发展，地区发展特色产业是提高经济效益，增加产品市场竞争力的有效手段。本文主要以云阳县发展旅游产业为例，论述云阳特色产业发展的现状以及存在的问题，并提出相关对策建议，以期对重庆秦巴山地区的特色产业的发展提供一点参考。

关键词：特色产业；基本特征；发展意义；存在问题；发展对策；重庆云阳县

位于重庆市东北部的长江两岸的云阳县，是三峡库区腹地，是沿江经济走廊的重要节点之一。东连奉节，西与万州相接，南邻利川，北与巫溪、开州临界。地貌特征以山地为主，山高谷深，幅员辽阔，森林覆盖率高，人口密度为369人/km^2，地区自然资源丰富，因此发展特色产业是顺应现实发展的要求。并且在目前的产品市场上产品同质化现象严重，市场仍然处于低级的价格竞争阶段，集中力量发展一个或者几个特色产业，比广撒网的分散投入更能形成规模效应，促进经济发展。发展特色产业能够有效地避开这种竞争，提高生产效率，能够使产品的生产者、加工者与经营者获得较高的经济收益，也能够让消费者获得更好的产品和服务。本文重点探讨云阳县发展特色产业的发展情况，以期对其他类似地区的发展提供参考。

一、特色产业及基本特征

（一）特色产业内涵

关于特色产业，刘鸿渊等（2015）认为特色产业是以特定的资源为前提，以区域特色生产技术和工艺水平为基础，是对区域内的特色资源或特色产品进行产业化开发而形成的，具有地方特色和技术特色的产业部门或行业。王岱等（2013）认为每一个区域都能基于其自然条件、资源禀赋、历史背景、文化传统、生活习惯形成具有一定特色的产业结构，并且已初具规模且产生了一定的影响力[②]。孔祥智等(2003)认为特色产业是充分利用一定区域内独特的优势资源,开发和生产出品质优、价值高、市场竞争力强的产品的产业集群。

对于特色产业的概念界定,目前尚无定论。本文主要采用的是戴宾的定义:特色产业是以追求经济效益、生态效益和社会效益最大化,提高产品市场竞争力为目的,在政府主导下将区域内整体资源整合开发,重点突出地域特色,高效配置各种生产要素,形成规模适度、特色突出、效益良好和产品具有较强市场竞争力的非均衡生产体系。

(二)特色产业的基本特征

1. 地域性

特色产业的发展总是以现实的地域空间发展为准,它发展的基础是产品或为当地特有,或是得益于当地得天独厚的自然条件而优于其他地区类似的产品。也就是说特色产业发展的客观条件是当地的自然资源。也正是资源的优势和专属,引致和强化区域经济活动的专业分工与地域分工,促进生产部门的形成。相对于其他产业,特色产业离开特定区域,产业就失去特色。

2. 优势性

产品是产业面向市场的优势性是特色产业得以发展的重要保证。作为面向市场的产业,产品缺乏优势性,市场竞争中容易被淘汰。而发展特色产业,就是以地区独有的资源、生产加工体系,制造的产品具有同类产品无法比拟的差异性和不可替代性,能满足消费者的需求,具有很强的市场独占性和竞争性。只有在以当地优势资源为基础,技术创新为保障,不断提高地域产品的优势性,才能更好地实现地区经济效益的增长。

3. 高效性

发展特色产业对投入资金和技术需求都很高。与传统的产业相比,特色产业更是追求高的生产效率,为的是增加相关经营者的收入。这就使得特色产业既要高效利用所拥有的资源,又要能在经济收入上有高的回报率。而追求较高的经济效益既是特色产业的自身特点,也是产业的发展目标。同时,特色产业的高经济效益,也吸引更多的生产经营者将资金投入到特色产业的生产发展过程中,促使当地的特色产业进一步发展壮大。

4. 生态性

各地区在发展的过程中所面临的环境资源禀赋、经济发展规模、工业化程度、城镇化情况不同,受到的环境资源约束也不同。环境问题的根本在于人,人类的日常活动对于自然环境有非常大的影响。而特色产业是依托于当地的自然资源情况,整合利用资源,发展经济。它在发展的过程中坚持人与自然整体和谐、生产活动循环再生以及保持对于生命的敬畏,能够更深层次体现了生态文明的核心理念与可持续发展的价值观。

二、云阳县发展特色产业的意义

(一)有利于促进一、二、三产业的融合发展

坚持以第一产业为主,二、三产业为辅,第一产业为其他生产部门提供生产资料,一、二、三产业融合发展。建设充分发挥区域优势的第一产业,这样在对外竞争中区域占据着极大的优势。在政府主导下,吸引大量的资本投入,产业链条延伸,产业相关的加工产业开始扩大发展,建立健全产品加工质量标准,第二产业发展加快,进一步吸引大宗投资的进驻,龙头企业的进驻带来大量的劳动力的同时,相应的服务业也应运而生。三次产业融合发展,带来的好处不仅仅是"1+1>2",而且是成倍数增长的态势。

(二)有利于促进劳动力就业

一是种养殖技术的更新换代,让政府有针对性地培训技术人员,让农民有意识地去学习,能够在一定程度上促进第一产业的分工,将农村富余劳动力分层次地吸纳,充分开发农村的人力资本,提高农民的收入。二是特色产业的发展很大程度上有利于区域经济的发展,对于产品的要求越来越高,入场的轻型加工企业增加,劳动力需求大,就业岗位增加,就业水平提高。三是,随着第一、二产业的发展,大量的劳动力集聚区域内,对第三产业的需求增加,既能促进经济的发展,又吸纳了大量的劳动力就业,缓解了就业压力。所以,从长期来看,发展特色产业对于地区的经济发展具有很好的促进作用,而且能促进当地的就业水平,吸引外出务工人员的返乡就业。

(三)有利于促进产业结构的优化

特色产业发展有利于直接或间接的优化地区产业结构。地区因地制宜地选择产业发展,促进劳动力和资本在产业间的合理流动,有针对性地培养劳动力,提高人力资源素质,增加人力资本的有效利用率,有效调整产业结构的优化升级。

(四)有利于提高产品的市场竞争力

现在市场上产品同质化情况严重,产品的可替代性强,发展特色产业,有利于提高产品品质,增加产品市场竞争力。首先,发展特色产业有利于企业专业分工,形成劳动力的规模效应,提高生产率,降低企业生产成本。其次,政府的政策优势有利于吸引强大的资本集聚,产生正的外部性,使资源充分发挥作用。最后,技术创新是发展特色产业的基础,而且产品独具特色,在同质产品中具有优势性。

(五)有利于打造县域特色的市场品牌

发展特色产业是山地区域的产业发展方向。地区依靠自身优势,在适应市场的同时挖掘市场的潜在需求,既有利于产品品牌的建立,也有利于自身发展。而品牌的建立,能扩大县域在全国乃至国际的知名度,对地区经济的增长有良好的规模递增效应。

而且品牌的宣传效应强,能加强县域的对外交流,提高县域经济发展能力,如云阳的油桐,奉节的脐橙,巫山的脆李。

三、云阳县特色产业发展现状

云阳县一直致力于寻找适合自己发展的特色产业之路,现在形成了主要以"3+2+X"[①]重点产业体系和"两廊三带"[②]区域发展格局为主体的发展体系,为产业发展明确了方向,创造了良好的政策和体制环境。在政府和市场的推动下,加强农业社会化服务体系,扶持服务业龙头企业的建立和发展,促进三次产业融合发展,实现三次产业的相互扶持、相互促进。全县产业发展充满了较强的活力,县以旅游业为主的服务业等经济发展战略的实施,使得全县产业结构和产业内部结构得到逐步调整,适应市场经济能力增强,经济质量逐步提高,效益趋好。财政收入虽然受近年来市场波动的影响有些起伏,但总体增幅保持稳定,仍呈上升趋势,发展具有良好的后劲。

云阳发展势头旺盛,相比同层级的区县发展较好,而旅游业属于云阳发展的特色产业之一,能给云阳的经济发展带来了很大的收益,因此这里主要阐述云阳的旅游产业的发展情况。

云阳县旅游资源丰富,景观资源和文化资源相互交错。县内列入《全国文物分布图》的古建筑、古遗址等文物145出,普安恐龙化石群被鉴定为世界级恐龙化石群,先后获得"中国优秀旅游城区""中国最具幸福感城市""中国人居环境范例将奖"等。

表1 云阳旅游资源概况

分类		名称
景点	5A景区	云阳龙缸
	4A景区	张飞庙、三峡梯城
	森林公园	四十八槽森林公园
	乡村旅游景点	花千谷、玫瑰庄园、农耕故土园、彭氏宗祠、栖霞宫、锣鼓宕等
活动		云安梨花节、栖霞油菜花节、双土映山红节、巴阳枇杷节、人和红糖节等

云阳县在统揽经济社会发展的同时,主要突出"大扶贫、大生态、大旅游、大健康、大数据"五个重点,抓好大旅游产业、大健康产业等产业发展,围绕"景区景点、全域全季",集中打造"天下龙缸""千年张飞庙""三峡梯城""世界级侏罗纪主题公园"4张旅游名片,力争成为国家全域旅游示范区。2017年接待游客1508万人次,实现综合旅游收入61亿元,2018年国庆期间接待游客82.9万人次,实现旅游收入6.2亿元。

四、云阳县发展特色产业发展存在的问题

(一)基础设施建设滞后,资源限制突出

旅游产业的特性决定了其发展的过程对于道路和公共服务的要求更高。然而受经济发展水平和地方财政收入的影响,云阳的交通建设亟待完善。

云阳县在2016年建设有等级公路4336千米,高速公路仅73千米,使得云阳与周边城市相连的主干交通线网不完善,地区发展合力不足。从过去的经济发展可知,交通不便对于地区的经济发展有极大的阻碍,常言道:"要想富先修路"。但由于县级财政困难,政府财政支出和收入严重不对等,难以投入大量资金开展基础设施建设。修建资金短缺,导致了云阳县的主要干道修建不完全,非常影响消费者的消费体验,阻碍地区旅游业的发展。而交通条件的落后,也会影响投资者的投资意愿,使得县内丰富的旅游资源大多只停留在宣传手册上。对比万盛黑山谷景区,云阳龙缸景区的开发程度较低,自身发展动力滞后。

(二)产品产业特色欠缺,规模效应不明显

云阳旅游收益主要来源于主要是龙缸景区、张飞庙和三峡梯城门票等收入,龙缸景区收益占80%,而其他景点和相关产业的收益占比较少。原因之一是旅游线路规划存在问题,龙缸景区的设计规划旅游时间是两天,在平时的旅游接待中对其他景点的发展是不利的。而且旅游产业和其他产业合力较小,也就是旅游业对农业、手工业等的带动力不足,旅游产业特色不明显,可替代性强,周边服务的开发建设跟不上步伐,景区内功能区域建设不完善,配套服务设施不能形成网络,比较分散。而且因为吸引力度不够,存在只做一棒子买卖的现象,无法吸引回头客。

(三)品牌标准建设弱化,市场拓展能力不足

现在消费者旅游出行,主要依靠网络的推送和建议。但云阳的旅游业利用互联网的进行宣传程度不高,导致了消费者熟知情况的较少。因此消费者在同等条件下,选择其他

旅游地的可能性比较大。又因为旅游业对景观文化和历史文化的挖掘不足,对外信息交流没有重点突出,消费者在比较旅游产品的时候容易被其他同等产品吸引过去。对本地的旅游产品广告营销力度不够,产品销售收入比较少。进而造成了景区发展失衡,旅游品牌建立缓慢。而且辖区内乡镇在对特色农产品的宣传上,不太重视网络交流平台,对于政府要求的平台建设,临时凑数的情况比较多。

(四)环境污染现象明显,产业发展潜力欠佳

一是生态问题。保护生态是经济发展的前提,云阳县本身肩负着三峡库区生态涵养的重任。因此发展的同时应该兼顾环境问题,但实际上,旅游景区开发之后,游客量成倍数的增长,让污水处理厂原有的处理能力已不能满足场镇的污水排放量,水流污染现象严重。二是违法违规行为存在。云阳县林业资源丰富,尽管政策不允许,但是仍存在非法占地开发旅游地产,毁林开垦,在景区内盗伐,滥伐林木的现象。三是宣传教育工作做得还不够,景区内未迁出的居民环保意识不强,而且政府部门专业环保力量薄弱,执法基础设施较差,影响环保工作顺利开展。

五、促进云阳县产业发展的对策建议

(一)政府增加基础设施建设投入,做大做强优势项

首先政府部门需要强化片区特色旅游产业规划,有针对性地增加基础设施建设的投入。政府政策对于特色产业发展给予理论和资金的支持,持续强化产业的内生动力,确保产业发展的各项任务落到实处,确保区县有实实在在的变化和收益。依托长江水运,以及公路交通网的建设,促进区域内资源整合,助力"两廊三带"的完善,带动区域社会经济发展。通过政府建设引领,推进城镇化进程,带动片区整体发展。结合"面上发展、点上开发"方针以及全片区差异化战略性资源分布特征,构建县域生态工业、旅游及特色产业发展区。片区各乡镇构建以中心城镇为核心,辐射带动辖区内城乡统筹均衡发展,努力成为全市重要节点区域和重要的产业配套基地。

(二)合理规划突出特色,提升旅游产业带动力

完善乡村旅游线路规划问题,打造多条旅游线路。努力建设全域旅游示范区,加快督导景区内配套设施的建立。结合"旅游+"产业发展,引导发展农特产品、礼品、手工艺品、农家乐等旅游相关产业,帮助培育新型农业经营主体,发展特色优势产业。以"优服"为要求,普及相关产品质量标准,大力开展农民技能培训,着力提高农民素质和技能,提升产品

质量和附加值。发展旅游业的同时,注意结合自身的优劣势,做到扬长避短,打造自己独特的生态发展理念,并且能带动当地其他产业发展,促进产业结构的优化调整,实现城乡统筹和区域协调发展,逐步形成特色产业区域品牌。而且旅游业与其他产业融合发展,有助于进一步延长产业生产链,能解决农村劳动力固定就业和收入的稳定增长。

(三)重视宣传连锁效应

宣传是进行对外的信息交流。重视产品的宣传,合理有效地利用现实资源进行宣传,能增加消费者的熟悉感,有利于在未来的市场竞争中占据一席之地;加大宣传投入,吸引消费者的消费,形成独属于县域的旅游产品品牌,进而增加经济效益,有利于形成经济的循环发展;通过宣传刺激县域品牌的加速建立,加快建立独特的旅游名片,有利于提升产品知名度和市场竞争力;有利于全县对外沟通与合作,促进进一步区外的区域合作,合理有效地利用双方优势实现互利共赢,避免发展前景的误判以及分割发展的局面。

(四)坚持可持续发展理念,注重生态文明建设

严格执行区内环境保护政策,加强政府和社会的环境保护力度,严惩违法行为,宣传落实到位。区内生态自然资源和旅游资源丰富,打造高品质的第一产业和第三产业,坚持发展低碳、生态、绿色的产业在面临消费者日益变化的消费需求具有比较优势和自生能力,有利于培育具有区域资源禀赋优势的特色产业集群,形成区域可持续发展,解决当地居民的就业和增加居民收入,从根源上改变过度依赖土地等自然资源所造成的掠夺性开发,缓解土地、森林等生态资源的过度使用,保护生态环境,响应国家环保号召。因此片区应以生态农业、生态旅游为特色产业发展的基础,重视生态产业链的培育,实现经济发展的良性循环。

【注】

①"3+2+X":即粮油、畜牧、柑橘、蔬菜、特色产业和其他产业。

②"两廊三带":即为盘龙至龙缸景区生态休闲观光农业走廊、一江四河沿岸优质晚熟柑橘为主的优质经济果林走廊、云巫路特色生态畜禽养殖产业带、云奉路特色生态优质粮油蔬菜产业带、云开路特色生态水产养殖产业带。

参考文献

[1]刘鸿渊,柳秋红.欠发达地区农村特色产业发展困境与策略探析[J].农村经济,2015(12):57-61.

[2]王岱,蔺雪芹,司月芳,余建辉.县域特色产业形成和演化机理研究进展[J].地理科学进展,2013,32(07):1113-1122.

［3］孔祥智,关付新.特色农业:西部农业的优势选择和发展对策[J].农业技术经济,2003(03):34-39.

［4］戴宾,杨建.特色产业的内涵及其特征[J].农村经济,2003(08):1-3.

［5］王瑞,孙芸,栾敬东.大别山区农业特色产业发展优势和问题及对策[J].农业现代化研究,2013,34(03):313-317.

［6］张红与,张海阳,李伟毅,李冠佑.中国特色农业现代化:目标定位与改革创新[J].中国农村经济,2015(01):4-13.

刘元园

女,重庆师范大学经济与管理学院区域经济学专业研究生。

乡村振兴战略下乡村旅游产业供给侧结构性改革的思考
——以重庆市城口县为例

杨雪娇

摘 要:秦巴山区乡村凭借优美自然风光和返璞归真人文气息,大力发展乡村旅游。城口县乡村旅游发展的同时却面临诸多问题,特别是供给侧结构性问题日益突出,严重制约乡村旅游产业可持续健康发展。笔者立足城口县乡村旅游产业实际进行深入分析,提出通过供给侧结构性改革,打造城口乡村旅游产业升级版,助力贫困山区乡村振兴的建议。

关键词:乡村振兴;乡村旅游产业;供给侧结构性改革实施路径;重庆城口县

一、城口县乡村旅游产业供给侧结构性改革的现实意义

党的十八大以来,以习近平同志为核心的党中央高度重视旅游产业发展,对重庆提出了建设内陆开放高地,成为山清水秀美丽之地的新要求。而集革命老区、边远山区、贫困地区为一体的城口县,要在新时代的发展进程中,要实现乡村振兴目标,又要守住青山绿水,则需在发展现有旅游产业基础上,以供给侧改革助推乡村旅游转型升级,实现绿色发展的"弯道超车"。

(一)决战决胜脱贫攻坚战的必然需求

贫穷是纠缠着祖祖辈辈城口人民的噩梦,摆脱贫穷是一代一代城口儿女孜孜追寻的永恒主题。习近平总书记在十九大报告中提出:让贫困人口和贫困地区同全国一道进入全面小康社会。作为国家级贫困县的城口县,因地理劣势、交通制约、经济基础薄弱等原因,在全市脱贫攻坚战中,堪称"最难啃的硬骨头"。在脱贫攻坚号角吹响前,城口全县共

有90个贫困村、37567名贫困人口。经过三年奋战,截至目前,全县仍有2327户、8262名贫困人口尚未脱贫致富。这些贫困人口的生存门路主要有两条:一是从事传统农业。因产量低、效益差,只能自给自足,无法脱贫致富。二是靠外出务工。由于文化水平低,大多只能从事重体力劳动,不少人因常年从事高危行业,身体拖垮、常年患病。

近年来,城口县深入落实乡村旅游扶贫行动计划,通过推进乡村旅游扶贫示范村、大巴山森林人家集群片区建设等多种方式,吸引部分贫困返乡人员从事乡村旅游,但因交通制约、旅游产品吸引力不够等原因,无法吸引充足客源。同时,贫困户也因自身缺少技术、管理能力和营销手段,供给态势无法满足消费者的多样化、个性化要求,造成旅游需求者产生较大心理落差。

因此,推动乡村旅游的供给侧结构性改革,对改变当前城口乡村旅游产品结构单一、服务低下的局面有重要意义,也是带动贫困户从事乡村旅游行业,将家门的青山绿水转变为金山银山,改变世世代代城口人贫困落后的命运的必然需求。

(二)实现绿色发展的必然举措

城口县久困深山,"九山半水半分田"的地理环境制约第一产业发展。近三十年来,城口分别以锰钡煤、房地产开发作为拉动经济增长的方式,但这些开发存在着环境污染严重、经济结构单一、开发空间有限、需求空间有限等弊端。旅游业作为举世公认的绿色产业,消耗低、污染少、可循环,对生态环境最具"亲和力"。根据"生态优先、绿色发展"理念的指引,当前各地发展旅游呈现出百舸争流、千帆竞发态势。周边的巫溪、开州、宣汉、万源等地,均搞得热火朝天、风生水起,对城口形成"不进则退、慢进也是退"的压力。近年来城口旅游业虽取得较大进步,但在旅游供需方面仍面临着巨大压力和矛盾,只有不断加大乡村旅游供给侧结构性改革力度,提升产品供给质量,转型产业结构,才能有效应对市场需求,进而助推城口实现绿色发展。

(三)实现乡村振兴的必然选择

发展旅游业是推动开放发展的重要内容。由于地处大巴山腹地,交通不便、经济起步较晚等原因,城口县经济发展水平相对滞后。随着开城高速、渝西高铁的相继落地,原本闭塞、无法发挥重庆北大门作用的城口即将形成东进西出、南上北下的对外交通格局,由此迎来前所未有的发展机遇。推动城口打开山门、广迎宾客,实现经济发展新突破。

纵观全国,乡村旅游产业均存在着供给结构失衡、供需错位、有效供给不足等问题,城口亦然。据中国旅游研究院(文化和旅游部数据中心)对2018年国庆假期全国旅游市场的测算,"十一"长假期间,全国共接待国内游客7.26亿人次,其中红色旅游、乡村旅游等受到众多游客的青睐。这一发展态势,对拥有厚重红色历史和秀美绿水青山的城口乡村旅游发展有巨大的前景支撑。有效调整乡村旅游供给结构,补齐乡村旅游短板,提升乡村旅游供给质量和效率,方能提供适合市场需求和引领市场需求的旅游产品,推动城口乡村旅游供需向更高水平健康发展。从而不断促进乡村生态环境改造,推动乡村整体建设发展,不断加快乡村现代化步伐,最终实现农民致富、农村变样、乡村振兴。

二、城口县乡村旅游产业供给侧存在的主要问题

(一)消费需求缺乏研判,旅游供给不合理

新形势下城口要靠旅游产业富民兴邦,只有将自己打造为山地休闲度假旅游目的地。如何打造旅游目的地,不能只依据"我有什么""我觉得能吸引哪些消费群体"进行产业布局,必须针对"到底能吸引哪些消费群体?",消费者在城口"想看什么?想玩什么?想买什么?",进行深入调查分析后,再根据游客的消费层次、消费需求制订旅游发展规划。当前城口虽然对旅游产业发展确定了"把城口建设成全市特色旅游基地、自驾游旅游目的地、全国知名山地休闲度假旅游目的地"的战略定位。但如何在全市众多区县已在乡村旅游发展方面取得成绩的竞争下脱颖而出?城口乡村旅游发展规划的"六张牌",即巴山牌、生态牌、康养牌、原乡牌、人文牌、红色牌,要通过何种方式与其他区县的旅游产品竞争,让城口成为消费者心中非去不可的旅游胜地?都需要在旅游产业升级规划前,对全市及市外周边区县的消费人群、消费能力、消费需求及旅游产业发展状况进行详细勘察分析,从而再针对需求进行供给侧结构性改革。

(二)区域发展不均衡,产品同质化严重

城口本是一个多山多水的地方,地理条件复杂多变,为开展全方位、多样化的乡村旅游提供了良好的物质基础。然而笔者调研发现,目前城口县的大部分乡村旅游项目多以森林人家为主,开发档次不高,产品挖掘深度和创新力不够,最能吸引县外游客的无非仅为夏季凉爽气候和山间清澈的溪流,很多游客反映,在城口旅游多是在山间河沟欣赏景色、戏水游玩,且各个乡镇的游玩体验都差不多,能让游客眼前一亮、能吸引游客体验的旅游项目十分有限,个性不足。

同时,面对乡村旅游的快速发展及经济效益的诱惑,各乡镇纷纷进行旅游开发,但由于多以当地乡镇工作人员为主,缺乏专业的市场眼光、技术支持,缺乏前期调研、中期规划

及后期设计,大多是简单地互相模仿。在旅游产品的设计上,也多为果蔬采摘、简单且不固定的民俗表演、亲子活动等简单的旅游活动。东部片区,如东安镇、高观镇、河鱼乡、修齐镇、岚天乡等发展势头较好,而南部片区,如咸宜镇、明通镇、周溪乡等发展缓慢。

(三)产业结构简单,优质产品供给不足

在经济发展带动下,我国居民消费迈上新台阶,游客新的消费需求也与日俱增。但就城口县而言,乡村旅游与农业、文化等产业的融合程度仍处于初级阶段。

乡村旅游仍延续着较为低层次的森林人家休闲旅游模式,即简单地游览田园风光、品尝农家菜品、居住农家房。同时,由于缺乏高水平的旅游专业人才和管理人才,对消费者心理把握不精准,导致旅游产品结构单一,缺乏创新意识,难以满足消费者多层次和个性化的需求,无法实现农业、文化与旅游的深度融合,缺乏旅游拳头产品。

(四)旅游产业收入水平低,供给效率不高

城口县乡村旅游总体规模呈不断壮大趋势,但旅游产品单一、服务质量不高、缺乏特色等问题亦十分严重,导致乡村旅游的经济附加值偏低。仅以2018年国庆长假为例,重庆天气雨多晴少,而城口天气晴朗的气候优势下,县旅游局数据显示,国庆长假城口县旅游收入为1288.65万元,累计接待游客9万余人次,人均旅游消费仅143.18元,远远低于全国1051元的平均水平。可见,城口县乡村旅游表面上看去总量在不断扩大,但背后却是收入水平在较低水平上徘徊的尴尬。

(五)地区吸引力不够,产业人才供给乏力

乡村旅游对人才综合素质要求较高,需要既懂旅游与经营知识,又要懂得农业与当地文化等知识的复合型人才。城口由于经济条件落后、交通不便、工资待遇较低等综合因素,很难吸引旅游专业人才前来工作,从业人员多为没有任何旅游学基础和经验的当地村民,且文化层次不高,人才供给乏力成为制约城口县乡村旅游发展的重大阻碍。

(六)缺乏长远宣传规划,产品营销落后

旅游产品在销售过程中受多种因素制约,在时间和空间上都存在一定的时效性和差异性。目前,城口由于宣传经费不足、宣传方式单一等因素,导致其乡村旅游产品营销上缺乏长远、有效的宣传规划,导致其旅游宣传渠道不多、方式单调,多为临时、短期且小范围的广告宣传、网络平台宣传,旅游品牌知名度不高,现有乡村旅游群体多来自县内或邻近区县,而无法吸引更多外地游客。

三、城口县乡村旅游产业供给侧结构性改革的实施路径

(一)广泛走访调研,研判消费需求

旅游活动只有准确把握自身旅游资源和消费者心理,方能赢得发展。在笔者调研中,很多游客反映城口最能吸引他们的便是夏季凉爽气候和原生态的山水。针对避暑游而言,邻近主城的武隆、酉阳等地,邻近"万、开、云经济带"的利川苏马荡,早已通过避暑旅游地产的方式套牢大部分客源;就山水休闲旅游而言,邻近的巫溪、云阳等地也已在游客心中占领了一席之地。鉴于此,笔者认为城口县需成立或聘请专业调研团队,对全市区县及城口邻近的市外区县的旅游发展进行调研,做到差异化发展,力争"人无我有、人有我精、人精我特";针对近年游客的主要出发地及出发目的进行调研,了解游客消费层次和旅游需求,分析出近一时期,城口乡村旅游需争取的主要消费阶层、游客主要来源地、游客主要需求,有的放矢地发展、宣传城口乡村旅游。

(二)深挖文化内涵,打造特色产品

目前旅游竞争态势明显,城口旅游如果继续沿袭粗放低质、模仿雷同的老路,让游客简单地看山玩水,只能湮没于旅游发展的潮流之中。因此,必须尽快树立以旅游者体验为开发导向的思路。一是深入挖掘城口红色文化、民俗文化、养生文化、山寨文化、盐井文化等资源,通过融合文学、影视、叙事等技巧让游客体验情景化、故事化,从文化体验的角度丰富旅游内涵、提高旅游产品品质。如双河乡、坪坝镇等拥有红色资源的乡镇,可通过编排红歌舞台剧、红色微视频等方式,提升红色文化的生动性和参与性。二是通过降低参与难度吸引游客参与,如明通镇可围绕盐井文化,让游客参与制盐过程。高楠镇可围绕传统民居瓦板岩房屋的建设,设计环节让游客参与建造过程。高观镇可围绕袁氏"铁桶坟"的传说,复原宗族祠堂祭祖流程,让游客了解、学习传统礼仪。

(三)完善产业结构,补齐发展短板

乡村旅游产业既是由若干乡村旅游要素组成的,也是由完整的产业链组成的。因此,乡村旅游的供给侧结构性改革,一是要健全乡村旅游要素,形成要素完整且互相配套的乡村旅游体系。在发展景区时,注重周边配套产业的发展。二是要做好游购产品的开发与深加工。将创新思维贯穿旅游产品设计、营销、管理等各个环节,借题发挥、小题大做。城口物产丰富,蜂蜜、茶叶、核桃、板栗、岩耳、天麻、党参、山地鸡、老腊肉、香肠等土特产品品种繁多,但多以原始状态出售,产品附加值不高。仅以蜂蜜为例,城口的蜂蜜品质上乘,但产业收入较低。主要原因则是缺乏精深加工、创意包装,若能既能让游客参与用蜂蜜自制

蜂蜜柚子茶、蜂蜜果酱、桂花蜜糖等精细产品,或延伸产业链,研发加工保健蜂胶、蜂蜜香皂、蜂蜜面膜等,便可提升商品档次和价值。三是丰富旅游产业结构。旅游产品不仅仅是"吃、住、游、购"等,可充分利用城口独特的气候、资源等优势,发展生态养老产业,通过建设生态休闲养老园区吸引固定客源,并进行医药食品保健产品的研发和生产,形成拳头保健产业,叫响城口保健品牌,同时依托城口林业及劳动力优势,开发轮椅、拐杖等辅助康复用具的生产,丰富产业结构。

(四)强化品牌创建,提升旅游档次

品牌化是乡村旅游升级的重要环节,城口县乡村旅游供给侧结构性改革即需通过改革提升乡村旅游档次,产生一批有影响力的乡村旅游产品品牌。可从以下几个方面着手:

一是重点打好"红色"牌,吸引大众目光。城口是红色革命老区,红色历史是城口的"根"和"魂",也是人们净化心灵的源头活水。当前红色旅游备受人们青睐,城口依托市委组织部、市委党校批准的红色革命历史现场教学基地,吸引重庆市委党校主体班次到城口开展实岗锻炼,使其走近城口、了解城口、爱上城口、推介和支持城口。另外再通过对红色旅游精品路线和精品景区进行打造升级,吸引更多县外、省外游客赴城口感受红色激情。二是主要打好"巴山"牌。历代文人墨客均将"大巴山"作为创作诗词歌赋的重要元素,留下了"巴山楚水""巴山夜雨"等脍炙人口的名言佳句。苍莽神秘的大巴山便是城口最好的品牌,而我们要做的便是激活大巴山的旅游元素,丰富其旅游内涵,将城口打造成为"寻梦巴山而来、圆梦巴山而归"的旅游胜地。

(五)积极引导培育,打造人才队伍

人才是乡村旅游供给侧结构性改革的关键因素,鉴于城口实际,可通过以下几种方式加强人才队伍建设。一是针对体制内的干部而言,将提高旅游行业干部、基层干部的旅游业务素质,在规划建设、宣传营销、景区管理、导游解说等方面开展多层次、多渠道的培训,打造一支爱旅游、懂规划、会宣传、善管理的干部队伍。二是针对乡土旅游人才而言,大力培育一批能工巧匠传承人、乡土文化讲解员、传统文化表演者,积极选送旅游经营者、从业人员分类参加市内外旅游专题培训班,提升从业素质。三是针对各类专业人才而言,加大对大学毕业生、专业志愿者、艺术、创意设计等各类专业人才的引导,吸引其为城口旅游提供智力支持。四是吸引文创人才,加大对文创产业的支持优惠力度,吸引更多的文创人才在城口创业。

(六)创新营销内容,升级营销模式

当前城口乡村旅游的迅猛发展势头与旅游营销力度极不匹配,有必要创新乡村旅游营销模式,可从短期和长期两种营销模式入手。短期营销模式,可以通过微信、微博、网站、电视广告、地铁及公交车身广告等进行宣传;长远营销模式则需要通过整合宣传、旅游、文化等资源,建立完善旅游宣传的推广策划团队、撰稿人团队、影视创作团队等机制,对城口旅游进行内容策划;通过推广文案、网络小说、影视旅游宣传等方式,促进城口乡村旅游提档升级。

参考文献

[1]陶基磊,成海,李小龙,杨君杰,沈超,邱守明.国内旅游供给侧改革研究综述[J].旅游纵览(下半月),2018(08):42-43.

[2]李凤霞,荀志欣.供给侧改革背景下保定旅游产业结构提升的路径[J].旅游纵览(下半月),2018(08):159.

[3]申桂娟.供给侧改革背景下开封旅游业"品质革命"探析[J].河北农机,2018(08):47-48.

[4]张静,桂琳,张启森,尤泽凯.供给侧改革背景下北京乡村旅游产品供给现状及对策建议[J].安徽农业科学,2018,46(17):125-128.

[5]冯国治.供给侧改革下的中国乡村旅游发展探析[J].商场现代化,2017(10):106-107.

[6]潘小慈.供给侧改革背景下浙江省乡村旅游转型升级研究[J].广西社会科学,2017(05):80-82.

[7]苑雅文,时会芳.实施乡村振兴战略 拓展天津休闲农业发展新空间[J].天津经济,2018(03):19-23.

[8]宋瑞.旅游助力乡村振兴需要关注五个问题[N].中国旅游报,2018-09-24(003).

[9]张高军,姜秋妍.乡村旅游对乡村振兴的促进作用——以川北醉美玉湖—七彩长滩乡村旅游区为例[J].陕西师范大学学报(自然科学版),2019,47(02):76-83.

[10]银元.助力乡村振兴战略乡村旅游亟须转型[N].中国旅游报,2018-09-12(003).

杨雪娇

女,中共城口县委党校讲师,办公室主任。

城口山地鸡地理标志农产品区域公用品牌塑造初探

陈太红

摘　要：欧洲将乡土特色的农产品视为文化遗产，并通过农产品地理标志塑造区域公用品牌，强调农产品的本真性是和当地高品质的品种遗传要素与人为的传统技术经验密不可分，而实现本真性的主要有效措施是生产规格化和做好生产履历管控。但城口山地鸡地理标志农产品区域公用品牌塑造时，在核心价值、发展模式和产业生态圈这三方面出现了问题，建议应以"本真性"为核心价值，以"知识经济"作为发展模式，围绕山地鸡产业构建具有竞争优势的产业生态圈。

关键词：城口山地鸡；区域公用品牌；现状；塑造

2018年，我国启动的乡村振兴战略提出保护地理标志农产品培育农产品品牌，打造一村一品、一县一业发展新格局，并通过农产品地理标志登记、证明商标注册和保护构建农产品品牌保护体系。从全国范围来看，即使我们有平谷大桃、盐城龙虾、镇江香醋等部分农产品在欧盟成功注册地理标志保护，但在农产品区域公用品牌塑造方面尚存在诸多不足，这种不足在城口县的地理标志农产品区域公用品牌塑造上也有不同程度表现。目前，城口县有城口山地鸡、老腊肉、蜂蜜、核桃和太白贝母分别获得农业农村部农产品地理标志登记和国家商标局农产品证明商标注册。因手头掌握的资料较为完整的是城口县畜牧技术推广站提供的城口山地鸡区域公用品牌塑造的相关资料。因此，本文拟以城口山地鸡为例，在借鉴欧盟经验基础上，分析城口山地鸡区域公用品牌塑造存在的问题，并提出城口山地鸡区域公用品牌塑造的具体策略。

一、农产品地理标志区域公用品牌塑造的欧洲经验

农产品地理标志区域公用品牌塑造首推法国，早在1905年法国颁布《防止伪造法》要求农畜产品制定产地标志，1935年制订葡萄酒原产地控制制度（AOC），1990年代立法扩

大原产地控制制度适用范围,从葡萄酒产品扩大到所有产品。法国通过农产品地理标志来塑造区域公用品牌的做法,逐渐影响并扩及欧洲各国。1992年,欧盟推出模仿AOC的"原产地命名保护制度"(PDO, Protected Designation of Origin)与"受保护地理标志制度"(PCI, Protected Geographical Indication)两种地理标志规定,PDO大致承袭AOC,强调从原料生产到产品完成都须在某种特定地域完成,PCI则只需某部分制造在当地完成且产品具有高度市场评价即可。

法国作为欧洲的最大农业国,无论是波尔多地区与勃根地区生产的高级葡萄酒,还是法国中部与南部所生产的起司与鹅肝酱等高品质产品,在区域公用品牌塑造过程中,为了回应消费者购买"真品"的要求,法国人非常强调传统特色乡土产品的本真性、殊异性以及与自然家畜农作物相关的传统经验与地方知识,提出所谓的"风土"(terroir)概念。法国国立农业研究所与原产地名称管理局指出,风土是在特定地理空间所形成,由居民共同体在漫长历史中建立起的生产模式。这些生产模式综合掌握了物理与生物学环境以及其他各种人为的要素,并形成了集中生产的地区。因为不论是在社会技术与地理空间都具有特色,让这些特定产品产生了殊异性以及高品质。因此,法国人将这些具有乡土特色的农产品视为文化遗产,通过地理标志塑造区域公用品牌,关注的重点是乡土特色农产品的本真性,并且强调农产品的本真性是和当地高品质的品种遗传要素与人为的传统技术经验密不可分的,实现本真性的主要有效措施是生产规格化并做好生产履历管控。而消费者在了解农产品本真性时,该农产品品种以及遗传因子是否具有独特性是最重要因素。近年,法国在强化地方风土确保本真性时,生产者与产品关系出现了微妙变化,比如经营布列斯鸡的公司负责人与客户一同造访农家时,从以前草地养鸡时关注鸡的状况与草地品质,在现在规格化养鸡情况下强调饲养密度、鸡笼大小等是否符合规格样书的规定。

二、城口山地鸡区域公用品牌塑造的现状、问题及原因

(一)城口山地鸡区域公用品牌塑造的现状

目前,城口县畜牧技术推广站于2008年12月获得重庆市无公害山地鸡产地县;2009年9月获得农业部城口山地鸡农产品地理标志登记证书(登记证书编号:AG100176),登记的年产品生产总规模100万羽;2009年10月农业部正式第1278号公告正式成为国家级畜禽遗传资源;2011年1月重庆市质量技术监督局发布城口山地鸡重庆市地方标准,该标准适用于城口山地鸡的品种鉴定、保种选育、等级评定和种鸡(种苗、种蛋)出售;2012年3月重庆市质量技术监督局发布城口山地鸡生产技术规范,该规范规定了城口山地鸡生产

过程中的产地选址、鸡舍布局、环境条件、引种要求、饲养管理、兽医防疫、环境控制、出栏检疫、养殖档案管理等内容,规范适用于城口山地鸡养殖场的生产管理;2015年2月国家商标局核准了城口山地鸡地理标志证明商标;还推行了《无公害城口山地鸡生产操作规程》,城口山地鸡育雏期、育成育肥期饲养管理、饲料营养、疫病防治、出栏和运输等均按此规程操作。2011年,城口山地鸡饲养量达600万只,年出栏500万只,而且市场平均价格在60元/只左右,实现产值3亿元的目标。到2015年,城口山地鸡将实现出栏5000万只,产值30亿元的目标,建成全国最大的天然生态城口山地鸡养殖场。

(二)城口山地鸡区域公用品牌塑造中存在的问题

由于没有深入现场调研,现根据城口县畜牧技术推广站提供的城口县农业局杨忠诚老师撰写的《城口山地鸡养殖技术(初稿)》,就城口山地鸡地理标志区域公用品牌塑造方面存在的问题陈述如下:第一,土鸡品种类型众多,通常未经系统选育,并且各地的生态环境和养殖方式也不尽相同;第二,市场上种鸡来源混杂,群体整齐度较差,表现在羽色、外貌、生产性能和体重大小不够整齐,均不利于规模化饲养管理;第三,土鸡的生产性能专门化程度低,多为肉蛋兼用型品种,生产效率不高,存在产蛋少和蛋重量轻;第四,不少农户往往图便宜购买品质次、来源不可靠的雏鸡,结果生产性能低,多病难养,效益差;第五,不少农户为了降低饲料成本,大量使用价格低、质量差的饲料或原料,不按营养标准配制,或者是混合不均,导致性能下降。或者不按饲养标准,盲目更改配方,凭感觉随意改变营养水平,企图提高蛋白质和维生素含量,导致饲料浪费,造成营养失调;第六,设施设备不健全,无法满足土鸡生产的正常要求;第七,养殖者缺乏全面的饲养管理技术,盲目扩大生产规模,饲养管理措施不到位,甚至出现管理失误;第八,土鸡养殖户通常养殖规模小,未形成产、加、销一条龙,产品销售往往仅限于当地市场,并且以初级产品形式销售,市场波动起伏大,在本地有限的市场上往往供过于求,竞相压价造成亏损。

(三)城口山地鸡区域公用品牌塑造存在问题的原因分析

根据城口山地鸡区域公用品牌塑造的现状和问题,参考欧洲的成功经验,城口县在山地鸡区域公用品牌塑造上出现的问题,究其原因和重庆其他地区一样,主要表现在核心价值、发展模式和产业生态圈这三方面出现了问题。

首要问题是城口山地鸡区域公用品牌塑造应坚持的核心价值认识不到位。从欧洲经验看,农产品区域公用品牌塑造以"本真性"作为核心价值,强调农产品的本真性是和当地高品质的品种遗传要素与人为的传统技术经验密不可分,并且将农产品品种以及遗传因子作为独创性的最重要因素;而确保"本真性"的有效措施是生产规格化和生产履历管控。

但城口山地鸡不论是制度建设方面(如重庆市地方标准、生产技术规范、生产操作规程),还是实际操作层面(如保种选育、饲养管理等),对城口山地鸡"本真性"的认识尚未到位,以至于生产者在保种选育、饲养管理、出栏运输等生产规格化和生产履历管控环节出现这样或那样的问题。

其次,城口山地鸡公用品牌塑造尚未走出传统的以"增产"为目标的"数量经济"发展模式。2009年9月农业部在城口山地鸡农产品地理标志登记证书载明,养殖范在城口的任河、前河流域的高、中、低山区的东安、河鱼、高观、岚天、厚坪、治坪、周溪、明中、双河、蓼子、北屏等24个乡镇,年产山地鸡产总规模100万羽,但受传统数量经济的惯性思维影响,强调规模经济,注重不断增加产量,曾经在2011年城口山地鸡出栏500万只基础上,要求到2015年山地鸡出栏总数提升到5000万只,5年之内实现出栏量增长10倍。现在因未形成产、加、销一条龙,加之没有认真贯彻城口山地鸡"本真性"核心价值,对外销售局面未打开,绝大多山地鸡以初级产品形式在城口、周边区县和主城销售,市场波动起伏大,在城口有限的市场上往往供过于求出现竞相压价的现象,在周边区县和主城难以和其他地区养鸡场的圈养土鸡形成价格优势。

最后,围绕城口山地鸡区域公用品牌塑造未构建起产业生态圈。未来农业的竞争不再是产品对产品、企业对企业的竞争,在全球范围内或者像中国这样市场规模庞大的国家内部将会出现产业生态圈对产业生态圈的竞争,围绕公用品牌塑造构建产业生态圈势在必行。反观围绕城口山地鸡区域公用品牌塑造在产业生态圈构建方面尚有许多工作等待我们去开拓,如城口山地鸡饲养方面缺乏可以体现山地鸡饲养特色的人物和故事,看不到特色品牌;在服务方面,特别缺乏扎根田间地头、大山深处专门提升饲养户饲养能力的辅导人员,促进饲养户按照地方标准、生产技术规范、生产操作规程开展养殖活动;在城口山地鸡主导产业可持续发展方面,缺乏鼓励城口学子回乡创业的政策体系,等等。

三、城口山地鸡地理标志农产品区域公用品牌塑造策略探究

(一)应充分认识"本真性"是城口山地鸡的核心价值

就城口山地鸡而言,"本真性"的最重要因素是山地鸡品种以及遗传因子的独特性,这种独特性是源于城口的任河、前河流域的高、中、低山区的东安、河鱼、高观、岚天、厚坪、治坪、周溪、明中、双河、蓼子、北屏等24个乡镇独特的地理环境和自然生态,而且这种独特性是大自然赐予的、具有遗传基因的延续性特征,同时,在此特定地理环境和自然生态条件下散养的山地鸡有着和其他地区散养土鸡的差异性特征。

为了让"本真性"在城口山地鸡地理标志农产品区域公用品牌塑造过程中落到实处，应采取生产规格化和做好生产履历管控这两项国际通行的做法。在生产规格化方面，就是保种选育和饲养管理等环节必须要有严格确保"本真性"的标准、规范和操作规程，同时生产者在生产各环节严格执行标准、规范和操作规程；在生产履历管控方面，就是控制好从保种选育、饲养管理、出栏运输等各环节，并按照过程具有可追溯性的要求做好生产履历记录。

（二）应以"知识经济"作为城口山地鸡的发展模式

用地理标志来证明特定商品或者服务的原产地、原料、制造方法、质量或者其他特定品质，塑造区域内特定商品或服务的公用品牌过程中，必须走出传统农产品以"增产"为目标的"数量经济"发展模式，而转向以"增值"为主轴的"知识经济"发展模式，将过去以"提升生产力"为核心的农业政策，转变为"提升竞争力"为主的发展策略。

因此，在经济层面，城口人应通过文化遗产保护+现代科技提升路径创造符合消费者需求的山地鸡，以此实现24个乡镇的产业振兴，让农民获得收益；在文化层面，城口人应通过把农产品地理标志塑造成区域公用品牌，让24个乡镇完整地、真实地延续农业文化遗产，确保山地鸡品种、遗传因子的独特性，从而按照文化遗产产业化的思路实现城口的文化振兴；在生态方面，山地鸡的品种及遗传因子与24个乡镇特定地域的地理环境和自然生态息息相关，只有保护好自然生态与维护好环境品质才能确保山地鸡产业的永续发展，从而通过自然生态保护实现城口的生态振兴。

（三）应围绕山地鸡产业构建具有竞争优势的产业生态圈

城口人要在重庆、全国甚至全球范围内构建山地鸡的竞争优势，必须在城口县内围绕山地鸡产业的市场竞争力和可持续发展要求构建多维度的产业生态圈，具体包括生产、科技、专业服务、公共服务等维度。

生产维度。在城口县应聚集有众多的相互依存、相互协作的山地鸡饲养及其横向和纵向配套、协作的企业和饲养户。建议在24个乡镇寻找世代饲养山地鸡的能人，挖掘饲养能人有价值的故事，使之成为当地人和外地人参观学习的标杆性人物，将饲养能人的故事和山地鸡保种选育、饲养育成、加工食用等环节进行文创开发，通过外来客商的参观考察让生产者与消费者拉近距离，增强外来客商对城口山地鸡"本真性"的认知。

科技维度。城口人在坚持山地鸡"本真性"核心价值时，应建立理论研究、实验研究、技术创新和技术推广体系，通过现代科技确保山地鸡的品种和遗传因子的独特性。为此，建议建立辅导师制度，聘请畜禽产业、休闲农业、文化创意产业中具有实务经验的专业人士提升山地鸡产业的人力素养,并期望在辅导师的辅导与协助下,在推动山地鸡产业发展过程中,完成短、中、长期行动方案的规划、执行,落实乡村振兴政策,实现24个乡镇的永续发展。

专业服务维度。在城口县内应有各种各样的专业服务型组织,为山地鸡产业提供方便快捷的市场、信息、运销、防疫等服务。其中,连接消费和生产两端的信息服务尤为关键,网站主要内容不仅应涵盖饲养场景、田园风光、自然风景、地方文化、餐饮住宿、交通、天气资讯,还应涵盖线上活动发起、线上技术交流、线上意见建议、饲养户自我推销等互动功能。

公共服务维度。除交通、通讯、产业政策、财政金融政策等公共产品和服务外,应以上下结合为原则,在县、乡镇和村三级建立城口山地鸡地理标志农产品区域公用品牌塑造组织,由饲养户、居民、辅导专家、县乡镇党政领导、村居委会工作人员等组成管理委员会,以区域整体发展的理念,凝聚地方共识,整合与分配养殖区内及政府的各项资源,同时协调各种公共事务,促进区域公用品牌塑造。

参考文献

[1]凸显商标品牌新价值,培育农业发展新动能——全国地理标志商标精准扶贫典型地市巡礼[EB/OL].国家知识产权局商标局,中国商标网,2018-04-26.

[2]柳沄俊子,谷口吉光,立川雅司.食农社会学[M].萧志强,钟怡婷,林朝成,译.台北:开学文化事业股份有限公司,2016.

[3]杨忠诚,陈狄.城口县山地鸡的养殖现状与发展思考[J].畜牧市场,2008(08):133-135.

陈太红

男,副教授,重庆师范大学历史与社会学院副院长。

做强做实三产融合　助力山地区县乡村振兴

熊纯华

摘　要：实施乡村振兴战略,重点是促进乡村产业兴旺。农业龙头企业应发挥自身优势,加大扶贫产业投资、扩大扶贫产业规模、提升扶贫产业层级,既促进农民致富奔小康,又推动乡村实现全面振兴。

关键词：乡村振兴战略；产业兴旺；农业龙头企业；重要作用

一、公司基本情况

四川省鹰歌葡萄酒业有限公司地处四川省巴中市通江县民胜镇鹦鸽嘴村。民胜镇鹦鸽嘴村自然生态良好,距离县城10公里,且紧临通巴路,交通便利,很适合发展休闲观光农业。2011年通江县打造杨柏——大兴——民胜乡村旅游环线,民胜镇鹦鸽嘴村作为"巴山新居"建设范围,进行土地整理,规划重点发展葡萄产业,公司作为引进企业,入驻民胜镇鹦鸽嘴村。为了更好地发展葡萄产业,公司从山东高薪请专家进行技术指导,并组织技术骨干赴成都、双流、广元、双流等地观摩学习,逐渐建立起葡萄种植园。

2012年以公司为基础,成立了健森葡萄种植专业合作社。合作社采取"专业合作社+公司+大户+农户"模式,实行栽植、技术、品牌、销售、物资"五统一"管理。合作社实行高中低档、早中晚熟品种科学搭配,推行绿色生态种植,保证葡萄有机天然品质,并打造统一的"鹰歌葡萄"品牌。这样,通江县民胜镇鹦鸽嘴村依托"巴山新居"和葡萄产业,乡村旅游发展起来了。

2015年公司为了让更多村民通过葡萄种植脱贫致富,积极延伸产业链条,又成立四川省鹰歌葡萄酒业有限公司,专注研发葡萄酒生产。2016年公司建成川东北首条葡萄酒生产线,注册商标"秦巴鹰歌葡萄酒"。随着产业链条的延伸,公司又积极发展农产品电子商务,成功在四川天虎云商电子商务平台及淘宝网等建立了销售点。产业链从葡萄种植,延伸到葡萄产品加工,再延伸到线下线上销售,使葡萄种植面积扩大到10000亩,辐射带动2000户村民发展葡萄产业,促进了农业发展,农民增收致富。2018年10月16日公司被全国工商联、国务院扶贫办表彰为"全国'万企帮万村'精准扶贫行动先进民营企业"。

公司在关注葡萄酒文化传承的基础上,更多地注重葡萄酒对人们健康生活需求价值开发,致力于食用葡萄酿制葡萄酒的技术开发创新运用,走出了一条技术、产品、市场都具有创新型的葡萄酒发展之路。2017年国家杨凌农业高新区把鹰歌葡萄酒业纳入了农业科技推广示范基地,西北农林科技大学葡萄酒学院与公司达成了校企战略合作,秦巴鹰歌葡萄酒品质也得到了消费者广泛认可。

目前,公司自有葡萄种植园区600余亩,辐射周边农户种植葡萄3000余亩。葡萄品种以鲜食葡萄为主,全程采用有机生态种植模式。通过葡萄种植与乡村旅游带动,园区农户年收入达10万元以上有6户,葡萄种植户户均年增收15000元,已经带动了38户贫困户实现脱贫。公司流转土地季节性务工2000余人次,劳务支出近400万元;公司投资建设了巴中市首家五星级乡村酒店"鹰歌葡萄庄园",该庄园是集葡萄体验式采摘、餐饮住宿、茶坊会务、健康养老、自酿葡萄酒于一体的乡村旅游度假区,为当地村民提供50多个就业岗位,也带动村里近20家农家乐发展,实现第一、二、三产业的协调融合发展。

二、公司产业扶贫价值方向及目标

习近平总书记在海南视察时明确指出:乡村振兴的关键是产业兴旺。产业发展了才能带动乡亲可持续增收致富,老百姓有了稳定的收入才会扎根乡村发展,乡村振兴也才有生气和人气。助力产业扶贫是公司成立初心,时常深感巴中市葡萄种植户脱贫增收责任在肩。

巴中市属于四川秦巴山区五市(绵阳、广元、南充、巴中、达州)之一,地处大巴山系米仓山南麓,中国秦岭—淮河南北分界线南,山地占90%,丘陵、平坝为10%,地势北高南低,由北向南倾斜,多窄谷、峡谷,多"V"形谷、平底谷,是典型的贫困山地区域。巴中市辖2区(巴州区、恩阳区)、3县(平昌县、通江县、南江县),其中素有"一府三乡"即"川陕苏区首府""中国红军之乡""中国银耳之乡""中国溶洞之乡"之称的南江县是公司所在地,是我返乡创业的家乡,是国家集中连片扶贫开发区,脱贫攻坚任务艰巨,产业扶贫是巴中市、通江县精准扶贫重要方式。

近年来,巴中市部分贫困村脱贫摘帽整村发展葡萄产业,且全部种植食用葡萄,种植面积已逾万亩,全部投产后鲜果销售压力巨大甚至完全不可能实现。如何让贫困户种植葡萄能完全实现销售,避免"丰收成灾""果贱伤农"的局面发生,真正让贫困户通过葡萄种植实现可持续的脱贫奔康。公司主动作为,担当起时代责任,聘请优秀的技术团队,充分利用现有的葡萄原料资源,创新地研发食用葡萄酿酒技术工艺。公司在关注葡萄酒文化传承的基础上,更多地注重葡萄酒对人们健康生活需求价值开发,致力于食用葡萄酿制葡萄酒的技术开发创新运用,走出一条技术、产品、市场都具有创新型的葡萄酒发展之路。每销售一瓶秦巴鹰歌葡萄酒就为贫困户销售了五斤葡萄,这就是公司每一个员工朴素而坚定的责任。

未来随着秦巴鹰歌葡萄酒品牌知名度提升及销售渠道的建立,公司必将对通江县2016年脱贫村民胜镇黎明村、民扬村、湾柏树村等村贫困户种植的葡萄2018年投产提供销售保障,巴中市近3000余户葡萄种植农户也可以通过葡萄种植实现可持续脱贫致富。

三、政府扶持,政策助力产业兴旺

"绿水青山就是金山银山"。但绿水青山怎么才能有效地转化为金山银山?这是实现乡村振兴战略必须回答的现实问题。近年来,通江县在实施脱贫攻坚战略中把产业扶贫作为最重要的方式来推动,在回乡创业激励、农业融资担保、龙头企业人才引进等方面出台了很多切实有效的文件政策,让农业产业化企业更加坚定了发展的方向,也更有信心为实现巴中市乡村振兴战略贡献力量。

1.中国人民银行扶贫支农再贷款政策即2015年(中发34号)《中共中央国务院关于打赢脱贫攻坚战的决定》提出的"设立扶贫再贷款并实行比支农再贷款更优惠的利率,重点支持贫困地区发展特色产业和贫困人口就业创业"政策;四川省、巴中市财政贷款贴息政策,有效地降低了农业产业企业融资成本,支持了产业生产性投入。

2.巴中市、通江县两级政府财政都成立了农业融资担保公司,创新了资产抵押方式,有效地克服了前期农业投入因国家土地政策导致的资产难以盘活的难题,为后续的支农资金投入提供了一定的保障。

3.巴中市、通江县两级政府以公开的文件形式出台了支持返乡创业及支持农业产业化龙头企业的相关政策,坚持公开、公正、透明原则,并严格地予以兑现。让企业主更加信任现在的"亲""清"型政府。

4.乡村振兴的关键是产业兴旺,但产业兴旺又必须有相应的人才支撑。人才振兴是乡村振兴的必要条件。通江县委组织部创新人才引进模式,为企业人才需求量身定制人才引进计划,给予一定数量的编制,对企业核心岗位人才的稳定起到了非常重要的作用。

各级政府及相关职能部门为企业出台的每个优惠政策,企业不仅感念于心,而且会直接地转化为创造就业,助农增收,产业的发展上来。企业有了获得感,干劲也就更足,创新能力也才更强,产业也就必定会兴旺,乡村振兴也就一定会实现。

四、多年发展山地农业的三点建议

1.探索土地合作利用形式,让老百姓实实在在能从产业发展中获得可持续的收益。乡村振兴的终极目标是让农村更美、农民更富、农业更强,但各地现在推行的土地流转模式不能解决企业生产效率的问题同时,更不能让农户从产业发展中获取利益。产业要发展必须坚持让农户生产,他们才是专家。企业把有限的人力、财力集中于建设示范基地,制定技术标准,抓市场开发,延伸产业链条,树品牌形象。既要保障土地承包者的眼前利益,又要引导其着眼长远利益。

2.人才是农业产业企业都最急迫需要的,但也是非常无奈的,优秀的人才不愿意到偏远的县城或者农村去。在此,特别地建议政府能对年龄临近退休的中高级技术人才,在相关单位没有发挥主要作用的情况(近乎没有上班)可以直接委派到相关企业工作,企业再支付一定的补助或者待遇以发挥余热,实现双赢,能极大地解决企业人才问题。

3.政府引导消费地方农产品品牌,做强农业产业化龙头企业。农业产业前端附加值低,因物流运输、包装以及秦巴山区山地地形条件决定了出产的任何农产品成本高于平原地区,进入大流通销售完全没有价格优势。如何延伸产业链条,塑造品牌,提升其附加值就是农业产业发展的唯一路径。农业品牌建设需要念兹在兹,久久为功,更需要包括政府在内的社会力量共同宣介推动。如何实现各级政府及职能部门、学校以及市民餐桌消费都能优先选用地方农产品,那么当地的产业也一定能兴旺起来。

参考文献

[1]朱启臻.关于乡村产业兴旺问题的探讨[J].行政管理改革,2018(08):39-44.

[2]张天佐.农村一二三产业融合发展(中央一号文件解读)[J].中国果业信息,2016,33(02):3.

熊纯华

男,四川省鹰歌葡萄酒业有限公司董事长。

农旅融合发展,促进乡村产业振兴

李志国

摘　要：乡村振兴的关键是乡村产业兴旺,乡村产业兴旺的最佳途径是农旅融合发展。农旅融合发展需要发挥涉农龙头企业带动作用。本文以四川省南江县柏山旅游发展有限公司为例,阐述了农旅融合在乡村产业发展中的作用,分析了农旅融合发展存在的主要问题,并相应提出促进农旅融合发展的对策建议。

关键词：乡村产业振兴;农旅融合;存在问题;对策建议

一、公司投资方向与发展定位

(一)公司投资方向的选择

四川省南江县柏山旅游发展有限公司地处四川省巴中市南江县东临玉湖、西接杜家沟、山清水秀、风景秀丽的红光镇柏山村二社,成立于2017年3月7日,注册资金2000万元(自然人投资)。公司成立前,在全国各地进行广泛调研深入考察后发现,我国农业与旅游业融合具有优越的条件、巨大的潜力以及广阔的前景,于是决定2016年底,带着多年在外做工程的积蓄、怀揣热情和家乡带动家乡发展的愿景,返回离别多年的四川省巴中市南江县老家,投资发展农旅融合产业。

巴中市属于四川秦巴山区五市(绵阳、广元、南充、巴中、达州)之一,地处大巴山系米仓山南麓,中国秦岭——淮河南北分界线南,山地占90%,丘陵、平坝为10%,地势北高南低,由北向南倾斜,多窄谷、峡谷,多"V"形谷、平底谷,是典型的贫困山地区域,属于国家11个集中连片特困地区之一。巴中市辖2区(巴州区、恩阳区)、3县(平昌县、通江县、南江县),其中素有"一府三乡"即"川陕苏区首府""中国红军之乡""中国银耳之乡""中国溶洞之乡"之称的南江县,溪沟纵横、山水相依,历史悠久,资源富集,生态优良,风景秀丽,名胜古迹众多,是国家首批生态旅游示范区。在脱贫攻坚任务艰巨的南江县,产业扶贫是精准扶贫的重要方式,农旅融合是公司支持家乡产业发展、促进乡村振兴的必然选择。公司在南江县投资发展农旅融合产业的出于三方面思考:

一是农旅融合可以带动家乡农民就业、帮助农民增收、促进农村经济发展,也能够保护和传承乡土文化,改善农村的生态环境。因农旅融合发展,农业可以向旅游业提供如田园景观、乡村风貌、乡土味道、农事活动等特色鲜明且独具魅力的各种旅游资源,旅游业可以利用农业民俗节日为消费者提供如旅游节庆、农事体验游等各种服务。农旅融合发展是农村产业融合的重要路径,也是实现乡村振兴的重要突破口。

二是在南江县投资农旅融合产业,既有市县政府优惠政策支持,又有顶层规划引领,还基础设施和旅游节庆活动支持。从政策层面看,在南江县红光镇投资发展农旅融合产业,具有巴中市、南江县两级政府以公开的文件形式出台的支持返乡创业及支持农业产业化龙头企业的众多相关优惠政策,如财政贷款贴息政策,有效地降低了农业产业企业融资成本,支持了产业生产性投入;两级政府财政都成立了农业融资担保公司,创新了资产抵押方式,有效地克服了前期农业投入因国家土地政策导致的资产难以盘活的难题,为后续的支农资金投入提供了一定的保障。从规划引领看,南江县委政府、红光镇党委政府高度重视,着力农旅融合,制定了农旅融合发展的"一心两线多点"全域旅游顶层规划。红光镇及柏山村二社还建成8个"设施农业+特色产业+扶贫产业"基地,每年举办杨梅采摘节、葡萄采摘节、茭白品鉴节、抢鱼节、龙舟赛、钓鱼赛、祈福节等8个旅游节庆活动,助推农旅融合发展。

三是南江县资源条件优越和公司自身优势明显。从资源条件看,南江县资源丰富、种类齐全、独具特色,是拥有四个"国"字号品牌(即光雾山国家级风景名胜区、米仓山国家森林公园、光雾山国家地质公园、光雾山国家4A级旅游景区)的风景名胜区,是中国最具原生态旅游大县,农旅融合发展条件十分优越。从公司自身优势看,可以依托公司资金实力和人才资源优势,还可以进一步挖掘自身发展潜力,充分挖掘南江县历史文化资源,打造农旅、文旅结合的地方特色鲜明的乡村旅游业,助推农旅融合发展。

(二)公司发展定位的思考

南江县柏山旅游发展有限公司占地面积二千多亩,预计投入二千万元打造玉堂山景区,现已投入860万元,有员工22人。景区重点以打造玉堂山为主,现已修建好办公写字楼、广场舞台、餐饮大厅、宿舍大楼、千米栈道等设施。公司着力打造红色革命教育基地培训学院、佛学培训学院、中医养生大讲堂、红色与宗教分项陈列欣赏馆(红军纪念馆)、柏山村夜明珠景观带与夜观激光场景、新颖时尚的各类接待服务中心及独具匠心的新型农家居室等。同时着力打造柏山村与扩建玉堂山明镇寺,要将柏山村推到世界级的以采摘、赏花、体验种植、瓜果观赏、休闲体验、与度假矢放、静心垂钓、荷塘留影、香客佛度、休闲观光度假品味时尚开心园区(绿色环保农园),以中医养生、庭院小憩、湖水漫游观景、巴山民俗风情、农事传统、地方小唱等特色为一体的农家乐的体系规模,思想观念先进化、规范化、文明化、服务标准化,打造一批具有思想特色、智商致富、行为文明与观念创新的名镇、名村、名农,达到有效的多赢面。

公司将秉承"以科技发展旅游,以旅游带动经济"的发展战略,把改善生态,美化自然,造就人与自然和谐的生产发展环境作为自身发展的目标。坚持可持续发展的原则,充分利用自然环境形成现代化的农业观光旅游的自然景观,形成"可览、可游、可居"的人文景观,集"自然、观赏、休闲、康乐"于一体的景观综合体,提供钓鱼、采摘、观赏、健身、娱乐、特色餐饮等服务。

二、公司产业扶贫的初步成效

脱贫攻坚,产业扶贫是关键;乡村振兴,产业兴旺是重点。只有乡村产业发展了,才能带动乡亲可持续增收致富,老百姓有了稳定的收入才会扎根乡村发展,乡村振兴也才有生气和人气,助力产业扶贫是公司成立的初心。

公司现有产业园区面积达到三千多亩,覆盖了南江县红光镇的柏山村、大柿村、茨竹村和长赤镇的青岗村。目前已种植茶树一千亩,雷竹一千亩,葡萄一千亩。让技术为农服务,把产业用活,以便带来乡村旅游的发展。公司产业园区的发展已经带动了60户贫困户实现脱贫,茶树、雷竹、葡萄的种植让贫困户及农户均年增收15000元,为当地村民提供了30多个就业岗位,也带动了村里发展农家乐的前景,实现了农户可以不用外出也能务工的愿望,推动了乡村的就业工作。

近年来,南江县部分贫困村脱贫摘帽整村发展种植产业,红光镇全面打造"花果红光"之乡来实现产业脱贫的目标。种植青脆李、红脆李、核桃、金丝菊、杨梅、茭白、茶叶、葡萄、雷竹等产业上万亩,外商引进技术全面以农业产业为主要发展目标。全部投产后鲜果销售压力巨大甚至完全不可能实现。如何让贫困户种植的水果能完全实现销售,避免"丰收成灾""果贱伤农"的局面发生,真正让贫困户通过发展种植水果实现可持续的脱贫奔康。公司主动作为,担当起时代责任,聘请优秀的技术团队,充分利用现有的资源,深度发掘文化内涵,丰富文化旅游节庆品牌,"节庆+旅游"带来巨大客流量,扩大了水果销售数量。同时,公司主还创新地在不同的季节举办"葡萄节""杨梅节""品菊节",促成水果能吸引游客在现场购买、现场采摘,批发水果市场等销路,让水果走出红光镇,走向四川秦巴山区,甚至走向全国。以后随着"花果红光"及南江县柏山旅游发展有限公司的知名度提升及销售渠道的建立,公司必将对南江县实现全面脱贫提供支持。

三、制约农旅融合产业发展的主要问题及建议

乡村振兴,产业必须先行。乡村产业兴旺,农旅融合发展是关键。乡村农旅融合产业发展,需要加快解决的土地、人才、资金、政策问题。农村土地流转是基础,人才培育是根本,金融支持是外在动力,政策支撑是关键。

(一)现行农村土地流转存在问题及建议

农村土地流转是在家庭联产承包责任制基础上推行的一种农村土地制度改革,是关系农村农业发展的关键性问题,促进土地流转能够加速农业规模化与现代化进程,促进乡村振兴。然而目前山区县土地流转存在诸多问题,如农村土地流转形式单一,只有土地出租形式,缺乏土地互换、土地入股、股份合作等形式,导致土地流转规模较小,土地难以实现规模化经营;农民对土地的依赖性较强,甚至将土地作为自己基本的生存保障,不流转自己的土地;土地流转行为不规范,农村土地流转手续不完备、不配套,从而诱发如转包转让型纠纷、代耕代种型纠纷等频频发生。

为此,建议国家加快完善农村社会保障制度,减少农民对于土地的依赖性,给予农民更多的安全感,以增强农民土地流转的意愿;地方各级政府应充分发挥在农村土地流转的关键作用,向农民宣传国家的承包地"三权"分置制度,引导帮助农民承包地有序流转,并对农村土地流转市场进行统筹管理。特别建议巴中市、南江县及其基层乡镇探索试点土地入股合作形式(即在坚持承包户自愿的基础上,将承包土地经营权作价入股,建立股份公司),让农民群众实实在在能从产业发展中获得可持续的收益。乡村产业要发展必须坚持让农户生产,他们才是真正的农业生产专家。让农旅融合企业把有限的人力、财力集中于建设示范基地,制定技术标准,抓市场开发,延伸产业链条,树品牌形象。这样才能既保障土地承包者的眼前利益,又要引导其着眼于乡村长远发展。

(二)现行乡村人才存在问题及建议

乡村产业发展的关键在于要有人才,既包括土生土长的乡土人才,也离不开四面八方的返乡人才;既包括科技人才、管理人才,也离不开能工巧匠、乡土文人等。人才振兴是乡

村产业振兴的根本前提,是驱动乡村发展的最重要的内生动力。然而目前非常无奈的是乡村产业发展严重缺乏人才支撑,种植业、园林业、养殖业和农村机电等乡村专业技术人员总量不足且流失严重;缺少与市场经济发展要求相适应的经营管理、乡村旅游、电商服务、合作社组织等管理人才,也缺少与乡村产业发展相契合的本土实用技能人才。农村本地青壮年人才留不住、外地人才引不来,本土人才难培养、外地优秀人才难留住,从而导致乡村产业难以发展,甚至出现乡村大量土地荒芜,农村经济衰退。

在此,建议各级政府把人才振兴作为乡村振兴的重中之重,从思想上予以重视,政策上给予倾斜,组织上给予保障,资金上予以支持,为农村人才建设营造了较好的成长环境;建议扶持培养一批产业发展经营管理人才,农业职业经理人、经纪人、乡村工匠、新型经营主体带头人,使各类人才在乡村土地上施展才华,成为乡村产业振兴的生力军;特别建议巴中市、南江县两级政府能对年龄临近退休的中高级技术人才,在相关单位没有发挥主要作用的情况(近乎没有上班),可以直接委派到相关企业工作,企业再支付一定的补助或者待遇以发挥余热,实现双赢,能极大地解决企业中高级技术人才紧缺问题。

(三)现行乡村金融支持存在问题及建议

资金短缺仍然是制约乡村产业发展的重要因素,乡村产业发展需要长期大量的资金投入,资金在三五年内无法回笼,长期的投入使资金链断裂。目前因乡村产业稳定的资金投入机制尚未建立,金融服务仍明显不足,虽然从中央到地方都很重视农业投资,但在实践中涉及行业部门较多,外部涉及发改、财政、扶贫、农口等部门,农口部门内部涉及农业农村、林草、水务、水保、果业等部门,整合难度较大。加之监管部门对政府拨付资金监管力度不够,导致农业局、财政局、林业局等各局下拨的资金没有落实到企业和各项目上,许多中小企业和项目因资金拨付不到位而导致产业夭折,出现满地荒草的不良现象。

为此,建议监管部门严格执行政府补贴文件,让资金落到实处,做一点实事,为企业的产业振兴起到推波助澜的作用;建议建立以财政资金为基础、社会资本广泛参与、金融服务有效的投入保障机制,推动对农户和新型经营主体的授信评级,解决农村有效抵押担保物不足等问题;建议创新投融资机制,鼓励地方设立乡村产业发展基金,发展新型农村合作金融组织,促进农村商业银行回归服务农业农村本源,加大普惠型涉农贷款投放力度。

(四)现行乡村政策存在问题及建议

"三农"问题是长期困扰我国经济社会发展的瓶颈问题,解决"三农"问题关键靠政策。改革开放40多年来国家出台不少支农政策,调动了农民生产积极性,促进了农业发展,农村富裕幸福。但在我国14个集中连片特困地区,"三农"问题解决,仍需政策支持。目前我国贫困山区县农村生产发展中,还存在基础设施、土地、人才、资金等政策瓶颈制约,急需突破。

一是农村基础设施建设项目实施方面的政策瓶颈。表现在贫困山区县,国家下达的农村基础建设项目普遍规模较小,下拨资金有限,施工企业利润相对较低,项目工期、施工质量存在隐患,无法实现及时补足农村基础建设的短板。为此,建议优化农村基础建设项目流程,针对贫困山区项目建设工期长、任务紧、资金少的特殊情况,村级项目建设统一由村集体经营公司负责组织实施。

二是涉农企业用地审批方面的政策瓶颈。表现在贫困山区县,农旅融合龙头企业发展除需要使用较多的耕地、农民宅基地以外,扩大生产经营规模还将涉及使用国家限制开发的林业和生态用地。企业用地申报面临基本农田、生态林保护等多重生态红线的制约。为此,建议破除土地资源利用瓶颈,根据实际发展需要,重点清理闲置土地,盘活存量,对闲置两年以上的土地,坚决限期依法收回,供给急需用地、效益良好的项目,提高土地利用效率。

三是农村基层农技人才队伍建设的政策瓶颈。表现在贫困山区县进人难,造成农村基层农技人才队伍数量减少,青黄不接;晋升难,严重影响了基层农技服务人员的工作积极性;知识更新难,造成科技服务能力不足,难以满足贫困山区县产业发展对复合型人才的需要。为此,建议强化农村基层农技服务队伍建设,把乡镇农业技术推广中心定为公益性一类事业单位,每个乡镇特聘1名农技推广员,作为科技扶贫带头人,由市县人社管理部门核定编制,纳入农村局直管统管。

四是市场主体融资方面的政策瓶颈。表现一,贫困山区县涉农小微企业作为银行贷款的担保抵押物需求市场狭窄,难以处置变现,金融机构出于降低信贷风险的考虑,一般难以获得银行贷款。表现二,近年来国家出台的支持农村集体产权制度改革、林权制度改革,促进农业发展的土地经营权、林地经营权抵押贷款等金融产品单一,贷款门槛高,金融政策落地难,加剧了贫困山区县大量存在的规模小、风险大的农业小微企业融资难、贷款低问题。为此,建议对带动贫困乡镇发展种养业实现脱贫的市场主体,降低市场主体融资门,按照带动的贫困户户数,确定授信额度,在合作银行贷款允许参照扶贫小额信贷政策执行,即免担保、免抵押、全贴息。

参考文献

[1]冯建国.记山沟沟里的那片金[N].四川日报,2019-04-26.
[2]产业兴旺,乡村才能振兴[EB/OL].中国人大手机客户端,2018-06-02.
[3]李岩,谢铭松.突破贫困山区乡村振兴政策瓶颈[N].农民日报,2019-04-28.

李志国

男,四川省南江柏山旅游发展有限公司总经理。

山地农业的困境及出路
——以云阳县天岭村柑橘产业发展为例

谭伟

摘　要：云阳县渠马镇天岭村是典型的从事种植养殖业的山地农业村，该村自然条件优越，非常适宜柑橘生长。认真思考该村柑橘产业发展的有利条件，分析柑橘产业发展的困境，提出相应发展对策，对于促进天岭村产业的转型升级，农户收入增加，都具有十分重要的现实意义。

关键词：柑橘产业；有利条件；发展困境；发展思路；云阳县天岭村

天岭村是三峡工程移民搬迁村，位于云阳县渠马镇镇东北部，距政府所在地2千米、县城48千米，辖区面积3.9平方千米，耕地面积1533.55亩，其中田983.5亩，地550.05亩；森林面积2744亩。该村从优越自然条件和资源禀赋出发，根据因地制宜、比较优势原则，选择晚熟柑橘产业为村主导产业，目前柑橘园区种植面积超过1850亩。天岭村柑橘产业发展成效显著，但也存在不少问题，需进一步探讨柑橘产业发展对策。

一、云阳县天岭村柑橘产业发展的有利条件

1. 自然条件优越

该村拥有得天独厚的气候、土壤、水质等自然条件，非常适宜柑橘的生长，果实风味浓郁，且肉质脆嫩，含糖度极高，果形优美，称得上是柑橘中的珍品，市场前景广阔，近几年销售到全国各地，深受广大消费者喜爱。

2. 基础设施便利

该村作为脱贫村，政府对当地投入较大，基础设施发生翻天覆地的变化。三年来，硬化村组公路17.32千米，村通畅率达到100%、组通达率达到100%。新修人行便道10.2千

米、耕作便道6.5千米,到柑橘作业区的道路有较大改善,覆盖农户449户。整修山坪塘19口,整修渠堰2.168千米。

3.群众发展热情高

该村具有种植柑橘的传统,部分农户具有种植柑橘的技术,熟悉市场营销的方式,抵御风险的能力有所增强,能较好适应市场经济发展,发展柑橘产业的热情高,积极性较强,对于推动柑橘产业的发展具有一定的促进作用。

二、云阳县天岭村柑橘产业发展的困境

1.柑橘产业规划滞后

天岭村发展柑橘产业的热情很高,发展势头也不小,但在发展过程中,还处于分散发展阶段,村委且既没有制定统一的柑橘产业顶层设计,也没有编制柑橘产业发展的详细规划,对投入产出没有较为详细的控制,离柑橘产业专业化、合作化、精细化的管理还有较大差距。

2.柑橘组织化程度较低

天岭村成立了柑橘种植股份合作社,但效益不佳,村集体土地"三统一"(统一管理、统一规划、统一安排)管理模式的作用发挥不突出;群众在各自的承包地(少部分人适当承包邻居的土地)分散经营,大户示范带动作用很有限,没有形成抱团闯市场的合力,抵御柑橘价格周期波动能力弱,柑橘一、二、三产业的融合发展效果较差。

3.柑橘生产技术含量低

天岭村柑橘园的生产技术落后,缺乏先进的灌溉系统、水肥系统、病虫害防治系统、溯源系统、技术系统等综合技术支撑系统。发展弊端比较突出,一是过度施用化肥,造成土地板结、肥力下降;二是对农药依赖较大,不同程度造成农药残余量超标;三是水源统一调度难度大。堰塘虽然不少,多由农户私人承包养鱼,不愿放水灌溉柑橘,导致柑橘有效灌溉面积较少。

4.柑橘管护水平较差

天岭村留守农民多为老弱妇孺,他们对柑橘管护随意性较大,没有完全按照季节、果树成长的生命周期进行精准的修剪、施肥、浇水、打药等,造成对果树管理不到位,柑橘病虫害防控压力大。先进设备、技术改良投入少,劳动消耗较大,发展前景堪忧。

5.柑橘质量水平不高

天岭村主要按传统柑橘品种、传统经验种植方式生产柑橘,至今没有生产出严格意义

上绿色、有机、无公害的品牌柑橘。据不完全统计,在销售的柑橘中,优质果大约占30%,中等果约占50%,次等果约占20%,与周边乡镇和发达柑橘产区相比有较大差距。

6. 柑橘的销售价格偏低

天岭村订单农业发展缓慢,2016年以前基本上是传统的客商收购,价格有高有低,多年平均价格1.5~1.9元。2017年少部分农户试水电商、微商营销,销售价格较好,但销售的总量不大,示范户的带动效果没达到预期。

7. 农户发展内生动力不足

天岭村农户对发展柑橘产业的内生动力不足。一是对柑橘树放任不管,部分农户举家外出务工,不能管护柑橘,但又不愿将承包地的果树转包他人,影响天岭村柑橘发展的整体效果;二是对上级投入的依赖性较大,一部分农户不愿过多投入劳动力和技术,寄托于政府的投入,等靠要的思想严重;三是对承包费用比较敏感,少部分在家农户,由于年龄较大,无法有效对柑橘进行管护,对转包要价较高,不利于集约化经营。

三、云阳县天岭村柑橘产业发展的基本思路

天岭村将按照"资源变资产、资金变股经、农民变股民"的发展思路,科学规划,合理布局柑橘产业,提高柑橘产业的综合效益,促进农业增产、农户增收。

1. 提高柑橘发展的组织化水平

制定该村发展规划、柑橘产业行动计划,发挥好"专业合作社+基地+农户"的示范作用,切实将农民组织起来,提高防范市场风险的能力。促进"资源变资产、资金变股经、农民变股民"有效落地,推动专业合作社规模化种植,科学化、专业化管护。

2. 提高柑橘发展的单位效益

一是更加注重技术在柑橘发展中的作用,在有条件的地方(专业合作社的基地,基地规模不宜过大过小、规模适中)率先推行先进设施、先进技术的应用,争取建立村柑橘大院、利用好科技特派员的作用,培训好、教育好果农,创建无公害、绿色有机品牌认证1~2个。

二是更多采用现代营销手段。运营好村级电商平台,支持农户更多使用电商、微商等销售渠道,鼓励订单农业、农超对接,利用好广告营销、媒体营销作用。

三是注重协同发展。优化村的发展形态,注重柑橘产业同其他产业和环境的融合发展,延长产业链。

四是进一步完善基础设施,加强断头路、机耕道、便民路、灌溉系统的完善,探索将堰塘收归集体管理,加强对基础设施的管护。

3.切实提高村集体资产的受益

村集体资产是全体村民的共有资产,为全体村民所享有,应充分利用好该村劳务公司,探索村级土地收储、交易制度,尝试碳排放交易,完善制定好集体资产规章制度,发挥好村民的监督作用;应建立健全村集体资产的登记、保管、使用和处置制度,加快村集体资产监管管理平台建设。

四、天岭村柑橘产业发展引起的思考

在我国发展的历史过程中,曾在很长的一段时间内都实行农村支持城市发展,牺牲农业发展的策略。很多地方政府也一味地追求政绩,忽视农业的发展。政府的不重视,也会使农民从意识上觉得农业被轻视,不好的预期就使更多人放弃农耕,大量的青壮年流入到城市或其他地区,这样荒地也会随之增加。因此,政府要落实各项惠农政策,不断为农业提供人力资本、货币资本、技术资本等。提供更多的优惠政策吸引外来资金投入到农业发展中去,不断地落实人才制度,让更多有知识的青年到农村去推动农业的发展。全方位重视农业的发展,保障粮食及农副产品数量的安全,保障人民的生活稳定。

山地的地形决定了不能大面积种植,加上固有的家庭联产承包制使耕地更加零散,不能形成规模效应。因此可以借鉴国外的一些农业合作的经验,将众多农户的土地联合起来,统一管理生产,并且随着时代的发展不断采用创新的制度来管理农业的生产。政府应该组织让懂农业技术、懂管理的人将零散的土地统一起来,进行专业化、规模化的生产,这会大大提高耕地的利用率、农业劳动的生产率和农业效益。

参考资料

[1]陈艮霞.重庆多举措发展现代山地特色农业[J].植物医生,2018,31(10):6-8.
[2]沈兆敏.柑橘果实外观质量不高的原因及其对策[J].科学种养,2014(08):33-34.

谭伟

男,中共云阳县委党校教师。

板块二 山地区域乡村人才振兴

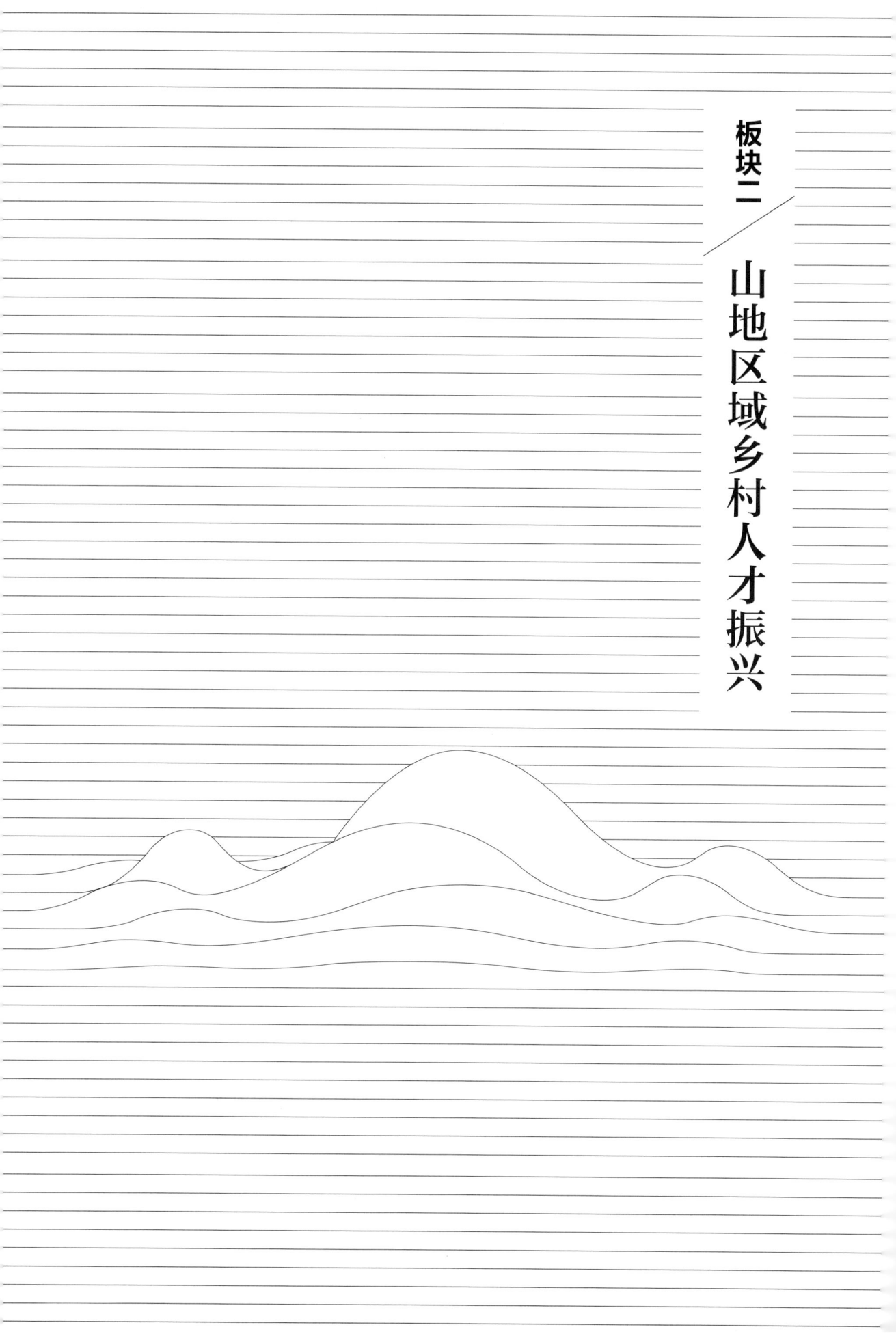

乡村振兴战略背景下的边远山区农村人力资源回流研究

——以重庆市城口县为例

陈学彬

摘　要：乡村振兴战略的实施，"人"是最大的资源，也是最重要的影响因素。不但要人才兴旺，还要人力资源兴旺，更要人气兴旺，才有人带领发展，有人跟着发展。但随着改革开放的不断深化和城镇化的推进，西部地区和边远山区大量的人才和人力资源流向了城市，难以为乡村振兴提供强大的建设队伍。因此，促进外出人员返乡创业就业、吸引外来人力资源进农村，增加乡村"人气"，是进行乡村振兴的重要一步。笔者认为，政府应该出台相关扶持政策，通过加强农村财政支持力度，改善农村基础设施建设，建立人力资源回流激励机制等一系列措施，在留人引人上下功夫，着力解决边远山区农村人力资源流失问题，促进乡村振兴战略的实施。

关键词：乡村振兴战略；边远山区；人力资源回流；城口县

党的十九大提出的乡村振兴战略，是我国全面建成小康社会和社会主义现代化强国的重大决策，也是顺应全国广大农民群众意愿而做出的重大部署。根据乡村振兴战略总要求，笔者认为，真正意义上的乡村振兴，应该是这样的：既能留得住在家的群众，也能唤得回外出的乡亲，还能引得来外地的人才。因此，实施乡村振兴战略，必须要乡村有"人"，既要"人才兴旺"，还要"人力资源兴旺"，更要"人气兴旺"。人才兴旺，才有人带领发展；人力资源兴旺，才有人跟着一起发展，才会产业兴旺；人气兴旺，才有大量的人共同享受发展成果，享受富裕的生活。在乡风文明上，更离不开人们共同引领和治理。所以，乡村振兴战略的实施首先离不开"人"这一至关重要的资源，整个乡村，不是冷冷清清，而是热热闹闹。但随着改革开放的不断深化和城镇化的推进，西部地区和边远山区的大量农民工流向了城市，这种城乡人口流动，不仅改变着中国社会结构，也导致农村人力资源的大量流失。于是空壳村、老人村、留守儿童村和贫困村等成为边远山区广大农村不争的客观事实。农村职业经理人、经纪人、乡村工匠、文化能人寥寥无几,高技术人才和产业化经营人才严重不足。这样,就导致乡村既缺人才,也缺人力资源,难以形成乡村振兴的强大智囊团,且难以为乡村振兴提供强大建设队伍。

一、城口县农村人力资源外流的现状

城口,地处重庆市最北端,位于重庆、四川和陕西三省市的交会处,全县辖区面积3292.4平方千米,总人口25万。城口县是典型的边远山区,集西部地区、革命老区、边远山区、贫困地区于一体,作为国家级贫困县,城口既有全国贫困地区的共性,也有自身贫困的个性。2015年8月,全县贫困村90个,占行政村总数的51%;建档立卡贫困人口3.8万,贫困发生率为14.3%,高于全国贫困发生率8.6个百分点。其中,大多数贫困人口居住在边远山区,生存环境恶劣,基础设施建设滞后,交通条件不便,医疗条件差,产业结构单一,贫困户增收难度大。因此,近年来,城口人力资源外流已成普遍现象。

(一)外出人员规模

2015年12月2日,由中国社会科学院人口与劳动经济研究所及社会科学文献出版社共同主办的《人口与劳动绿皮书:中国人口与劳动问题报告No.16》发布会在京举行。绿皮书指出,根据国家统计局的监测结果,2013年外出农民工达到1.66亿人。同样,近年来,城口县农民工外出总量规模持续增长,截至2017年8月底,全年外出农民工达2.8万人,增速达到5.52%。双河乡天星村是城口县90个贫困村之一,从2015年8月至2017年8月以来,笔者通过进村实地调查了解发现,天星村总的户籍人口1006人,但常年居住在村里的只有510人左右,除去在校学生外,常年在外的人员接近400人,占总人口的40%。

(二)外出人员结构

外出务工人员年龄基本在20~50岁之间,男性占65%,女性35%。其中以20~48岁的男性为主。他们受教育程度以小学和初中为主,高中以上学历(含高中)约占8%,受过专业技术培训的熟练技术工不到15%。从这些外出人员的分类情况看,青壮年成为外出人员的主体,通过笔者调查发现,留守天星村的,大多为60岁以上的老人,村里很少能见到20岁以上50岁以下的青壮年,以前的"三留守",现在逐渐变成以留守老人和留守儿童为主的"两留守",甚至很多家庭,只有留守老人这"一留守"。这些家庭基本上是夫妻外出务工,老人在家带孩子,或者将孩子送到务工地附近读书;另一种现象就是丈夫外出务工,妻子到县城或乡镇租房送孩子读书。除了青壮年大量外出,还有部分属于举家外出,在中国社会科学院 2015 年 12 月 2 日发布的《人口与劳动绿皮书：中国人口与劳动问题报告 No.16》中指出,举家外出农民工数量达到 3525 万人,增速从 2010 年的 3.54%上升至 2013 年的 4.44%,举家外出农民工占全部外出农民工的比例从 2010 年的 20.03%上升至 2013 年的 21.22%,农民工举家外出的趋势逐渐加强。就城口县天星村而言,举家外出为 240 人,占总人口的 24%,占外出人口的 60%。

(三)外出人员就业情况

从外出地域看,这些外出人员根据文化程度和个人意识及信息量的获取,选择外出就业地域也就不同,从近几年外出情况来看,女性大多选择广东、浙江、江苏和福建等地。男性大多选择河南、陕西、山西、甘肃、宁夏等矿产资源丰富的地方,随着近几年城镇建设力度的加大,建筑工地也成了外出务工人员的首选之地。从行业看,由于务工人员普遍知识水平不高,技能素质低,大多只能从事风险大、工作环境较差、技能技术要求不高的体力活,在外出务工人员中,近 70%的男性选择上矿山或井下作业,虽然易就业、工资高,但风险极高,对健康损害程度大,但这些外出人员大多只看重眼前的利益,而缺乏自身保护意识和法律常识,有的外出务工,因为矿难就再也没能回来,即便回来了,很多身体已严重遭受损害。2014 年,城口县外出矿山务工的人员,有 3053 名疑似尘肺病患者,确诊尘肺病的 2369 名,其中年龄最小的 22 岁,最大 73 岁。这是重庆直辖以来首次在一个区县短时间内确诊如此大数量的尘肺病人。

(四)外出人员时间

从外出时间看,在这些外出务工群体中,大多数属于常年在外,他们不愿失去已有的工作或者已经熟悉的环境,在他们看来,回乡即意味着失业。因此,一旦男性青壮年外出找到合适的岗位,大多会迁出自己的妻子和孩子,夫妻一起务工,孩子就近读书。从天星村的人员外流情况来看,举家外出中,一部分外迁至万源市白沙镇和八台乡一带,另一部分随迁至亲戚或家庭成员务工地点。其中,户籍随迁的占举家外出的 13%,户籍虽未迁走,但举家外出 10 年以上的占 5.8%,举家外出 5 年以上的占 15.5%。他们很多都是由单拼到共同奋斗,通过几年务工积攒,最后由打工者变成创业者。

二、城口县农村人力资源外流的影响及原因

农村人力资源外流,首先是导致劳动力流失,大量土地荒废。以城口县天星村为例,全村近年来一共累积的荒地达到数百亩。这些荒地大多数情况下基本都是因为村里的青

壮年外出打工,留在家里的已基本丧失劳动能力,不得不造成了耕地资源的浪费。其次是人才匮乏,由于留守人员一般观念比较保守,习惯采用传统的耕作方式,导致整个农村农业生产技术低、农业现代化生产水平难以提高,严重阻碍了农业现代化发展。另外,边远山区农村人力资源的大量外流,导致农村整体人口偏少,消费水平不断下降,资金流动逐步降低,经济越发萧条,最终形成"缺人消费"与"缺人销售"的恶性循环。根据实地抽样调查,笔者认为,造成这些人力资源大量外流的原因有以下几点:

(一)"一方水土养不活一方人"

俗话说,一方水土养一方人;但在某些地方,一方水土养不活一方人。一方面大多因为历史原因,发展滞后,起步较晚;另一方面是因为地理条件较差,深山、石山、高寒、荒漠化,生存环境差,地方病多发,不具备基本发展条件,生态环境脆弱。城口县,从地形地貌上讲,属于"九山半水半分田",土地大都呈碎片状,面积小,零散。许多农户居住在高寒深山地区,不仅是吃水难,出行、用电都是难题。加上地理条件较差,交通不便,就业渠道单一。从产业发展上看,普遍具有浓厚的传统农业特点,产业链短,附加值不高,增收难度大,一些资源没有得到合理开发利用,导致农村发展空间日益变窄,很多农户不得不选择离开家乡,外出寻求发展空间,导致城口县农村人力资源大量外流。

(二)城市虹吸效应

随着我国城镇化建设步伐加快,城市得到了快速的发展,城乡差距越来越大,在经济收入、教育资源、医疗服务、公共设施和消费领域等方面都存在一定的差距,从而产生城市优质生活的"虹吸效应"。"人往高处走,水往低处流",这从客观上揭露了人们跨岗位、跨地区的流动是因为对美好生活的向往和追求,为谋求更好的生活环境,追求更好的教育资源、获得更好的就业机会和更多的劳动报酬,这是人力资源流动的客观必然性。

(三)社会思潮影响

改革开放后,我国各个领域发生了深刻变革,经济社会得到了快速发展,各种社会思潮影响由城市逐步扩大到广大农村,群众就业观念随之变化。同时,从近年来边远山区农村人力资源整体的文化素质变化趋势来看,属于小学文化水平及其以下农村人口的比例正在逐渐减少,而相当一部分人已拥有初中及其以上文化水平。因此,随着经济社会发展、制度的不断完善、教育水平的提高,这些处于边远山区农村的群体,他们已不再安于现状,不再满足于"一日三餐能饱,一年四季有衣"的生活,而是希望走出去,到更利于自身发展、更利于提升自我的地方去,创造更美好的生活。

(四)经济利益驱使

市场经济条件下的利益驱使,是促进边远山区人力资源向外流动最直接的影响因素。人们纷纷外出务工,是因为能在短时间内获取高于农村种养殖的经济利益,特别是矿山、建筑和井下作业以及其他工作环境极差、对身体危害极大的高危行业,更是高于当地平均工资数倍甚至是数十倍。而在农村,特别是边远山区,传统农业无法在短时间见效,更不能产生较大的经济利益。以城口县天星村为例,据初步统计,约30%的贫困家庭,均是外出务工,收入达标而脱贫。

三、合理引导边远山区人力资源回流的几点建议

在边远山区,如何激励更多的外出人员返回农村?用什么来吸引他们留在农村?怎样才能让他们积极投身乡村建设,在村民自治中努力发挥自己的作用?这是边远山区农村人力资源回流研究的重点,也是乡村振兴战略实施背景下首要解决的难点。因此,开发农村人力资源,加大对农村人力资源投资,留住本土人,召回外出人,引进外地人,让农村真正热闹起来。

(一)强基础,缩小城乡差距

所谓的城乡差距,就是指在城乡居民收入、城乡政策、公共服务、基础设施投入以及社会保障制度等方面的差异。要消除城乡差异,关键在于资源和机会的配置,保证边远山区农民获得和城市居民同等的机会,享受实质性的平等的权利,进而提高他们在边远山区生存和发展的能力。因此,要实现农村人力资源回流,并能够吸纳高素质的人才真正留得住。首先,加大对农村公共基础设施和公共服务的投资倾斜力度,突出重点,将居住在高山边远高寒地区的人实行异地搬迁,并改善边远山区农村生产生活条件,着力抓好交通、饮水、电网、危旧房改造等基础设施建设。进而实现常住农民和返乡创业人员在农村能够享受与城市同等的公共产品和公共服务,为农村能够吸引到人才提供最基本的保障。其次,统筹规划布局农村基础教育学校,提高农村九年义务教育的标准化建设,特别是贫困地区义务教育基础设施和办学水平薄弱的学校,让农村孩子不用四处奔波求学,父母不用抛家弃业去陪读,在家门口就能享受到和城里学生一样的教育质量。同时,也能"引得来""留得住"更多有知识、有文化的教师到农村来教书,确保基础教育在本乡村完成,保障在乡村能听到琅琅读书声,避免因外出陪读,一个学生拖垮一个家庭的情况发生。另外,加大公共医疗卫生服务,提高村级卫生室的医疗条件和乡村医生的医疗水平,确保边远山区

农村"病有所医",促进城乡医疗、社会保障的有效衔接。

(二)兴产业,"一方水土养好一方人"

实施乡村振兴战略,要有效遏制边远山区农村人力资源外流现象,尽快吸引外流的人力资源回归故土,必须在如何让"一方水土养好一方人"上做文章,因地制宜,立足长远,狠抓产业发展,繁荣农村经济,解决农民增收难的问题。一是在新理念上下功夫。根据现代城乡居民的消费水平和消费趋势,利用边远山区农业农村的生态优势,在生态旅游、休闲娱乐、观光体验和健康养老上做文章。作为城口,应遵循"绿水青山就是金山银山"的发展理念,坚持生态产业化,产业生态化,推动乡村全域化旅游、多元化增值,实施休闲农业和乡村旅游精品工程,形成新的消费热点。二是在新产业上下功夫。补足过去边远山区信息闭塞的短板,加强农村电子商务和拓展网络营销,密切产销对接的新型流通业态。强化农业生产性服务业对现代农业产业链的引领支撑作用,构建新型农业社会化服务体系,在农村消费环境、消费结构、消费层次上提档升级。三是在新载体上做文章。利用农业科技园、农业产业园、农产品加工园等平台载体,培育新型产业链主体。同时,推进农业循环经济试点示范和田园综合体试点建设,努力培育特色小镇,推动农村产业发展与新型城镇化相结合。

(三)建机制,激励外出人员返乡创业

积极探索,建立一系列鼓励外出人员返乡创业的机制,在拴心留人上下功夫。一方面要采取有力措施,不断优化创业环境,营造良好氛围,对从本土走出去的企业家、经理人、先进技术人才要摸清底数,建好台账,有的放矢加以引导,搭建交流平台,引导他们返乡创业,让他们成为乡村振兴的"先头部队"和中坚力量。对于有意愿返乡的人,地方政府应切实解决实际困难,引导返乡创业人员往规模化、产业化和集约化方向发展,使创业项目得到可持续发展。同时,加大返乡人员相关政策措施的建立与落实,为创业者提供项目信息、创业指导、政策咨询等,帮助他们拓展创业思路,增强创业信心,积累创业经验,为返乡创业者保驾护航。另一方面,要把优秀的返乡人员吸纳到基层党组织中来,让他们参与村民自治和基层民主建设,提高返乡人员的地位。并鼓励常住农户加入本村供销合作社、农民专业合作社、涉农协会、村集体经济组织等农村合作经济组织,使小农户与大市场有效衔接,壮大农村经济实力,从而有效地留住村民。最后,基层政府应树立返乡创业典型,对在创业方面积极作为和有突出贡献的给予表彰和奖励,发挥创业先锋模范作用,鼓励更多的人返乡创业。

(四)促就业,务工就在家门口

充分发挥县域经济转化就业功能,发挥农村传统、地方特色的行业优势,积极扩大本地就业容量,引导扩大就近就地就业。让边远山区农村剩余劳动力不用外出奔波,在家门口就能就业。一是强化乡村就业服务体系。针对农村剩余劳动力情况,建立好农村人力资源信息库,并加强基层平台建设,努力扩大就业服务范围,提高就业服务质量,打造线上线下一体的服务模式。二是拓宽就业渠道,乡镇政府将一、二、三产业进行有效融合,如农产品的加工、大巴山森林人家的打造,努力在规模效应上下功夫。规模上去了,自然需要大量的人力资源。三是大力招商引资,引进更多的企业,将农产品深加工企业的发展重点放在农村,就近吸纳本地农民就业。四是在城镇化建设过程中,在人力资源的需求和利用上,尽量满足本地有就业需求的人员。五是就业创业融合发展,形成链式就业创业,鼓励创业者搭建就业平台,提供更多就业岗位。

参考文献

[1]尹虹潘,刘渝琳.城市化进程中农村劳动力的留守、进城与回流[J].中国人口科学,2016(04)

[2]李小静.乡村振兴战略视角下农村人力资源开发探析[J].农业经济,2018(07).

[3]贾海涛,王勇.加速边远山区农村人力资源开发的思考[N].中国人事报,2010.

[4]吕开明.探索农村经济人力资源开发与管理新模式[J].企业家天地(下半月刊),2014(01).

陈学彬

女,讲师,中共城口县委党校教务科长,研究方向:公共管理。

山地区域乡村教育人才培养实践性反思
——基于城口县中小学教研员缺失问题的思考

胡之骐

摘　要：我国西南地区的山地区域教育人才是人才振兴的基础，经研究者考察发现城口县中小学教研员缺失问题比较严重。主要原因是：中小学考核与师资的结构性缺编、中小学教研员特定选拔标准与片面的教研成果、政策导向与人才引进单位的矛盾、校长管理理念与学科失衡等。因此需要在中小学教研员的培养和选拔模式上进行创新。

关键词：中小学教研员；结构性缺编；山地区域

我国西南地区大多属于山地区域，因交通不便等现实原因社会领域各方面长年来都相对落后，突出表现为经济发展的缓慢、交流的滞后以及人才吸引力不足和人才流失严重。若是从影响的深度和广度来看，人才的匮乏应该是最基础的问题，因此山地区域经济要振兴首先必须在自身人才培养模式上进行创新，而教育人才又是所有其他领域内人才的根本。通过对城口县的实地考察发现，山地区域内教育人才也存在不均衡分布的情况，乡村地区的情况尤其严重。比如该县的教研员缺编问题。

该县目前按照国家规定的全县教师1%的标准配备，中小学教研员应为22~23人（全县现在编教师2226人），另加上管理岗人员应为36人，但当下该县全体中小学参与教研工作人员仅为26人，其中专职教研员仅有7人，又以中学教研员差额为甚。目前该县在编中学教研员有语文学科2人（汉语言专业毕业，其中一人为教研部主任，即将退休）、英语1人（英语专业毕业）、生物1人（非本专业毕业），其他学科均无专职教研员。该县小学教研员为数学2人（均为中师毕业）、生物1人。相对于中学来说，小学教研员可通过小学校内调整的途径来解决，因此中学教研员的缺编问题就显得更加突出。

一、中小学教研员对于边远地区教育的特殊意义

教研员的设置在我国有着较长的历史,其主要目的乃是为促进我国中小学教育教学水平和提高教育效能。按照卢乃桂的考证,在民国时代所设立的教研员制度下教研员的来源主要有三类:一是位于政府教育行政机关之下的教育研究、指导人员,视学即为其中一例;二是位于民间各个教育组织中的专业人员,教育家、师范教育学者为代表;三是位于学校或学区中的人员,以优秀教师为代表。他分析认为,这三个团体虽然都承担了研究教育教学、指导教师的职能,但由于侧重点不同,给予教师的支持程度也有所不同。其中"视学"主要承担教育检查、管理的职能,类似于当下督学的身份;教育家、师范教育学者研究教育的诸种问题,大到学制改革,小到教法实施,类似于当下教育研究者的身份。而优秀教师最接近于教学现场,更多从经验分享的层面指导教师教学。因此就教研员的定义而言,当下我国的中小学教研员更接近民国时代第三类群体,即作为中小学教研员的中小学优秀教师。对于边远区县中小学而言,因为交通上的阻碍,前两个群体到学校进行实地考察的机会较少,信息沟通也不十分便利,所以依靠中小学校内的优秀教师资源来产生专职教研员是非常重要的一个途径。同时相对于城市中小学的师资来源以及所能获得的教学科研资源而言,边远山区学校的教学科研也主要依靠专职教研员,其意义更加突出。

教研员在实际教育工作中起着"桥梁"作用,担任沟通上下级教育机构的"边界工作者"角色。如沈伟所认为的:对教育行政系统、教师学习群体而言,教研员既是"局内人"、又是"局外人"。从组织结构与职能安排来看,这并不影响教研员的桥梁作用。相反,同时具备两个组织所需的能力,有助于其迅速融入组织内部。也有学者指出"教研员的角色需要定位在专业的课程领导者,为政策执行者、课程设计者、发展服务者、专业指导者、质量促进者(让统考成为促进教与学的重要手段,以促进本地教学质量的持续提升)"。而事实上,城口县现有的7名专职教研员的确都是中小学在职在编人员,但由于学校本身条件所限,专职教研员并未能发挥出应有"桥梁"的作用,课程领导者等诸多角色定位也未能实现,仅体现出政策执行者的身份。就笔者观察和访谈结果来看,专职教研员虽名为"专职",但几乎都承担着教学或行政的工作,尤其以所承担的教学工作压力为大(其中某些教师还担任班主任工作,工作最长时限为早上七点半至晚上十点半),因此真正从事教研工作的时间和精力都极其有限。从访谈和考察的经验性材料来看,正是由于教研员研究功能的缺失,导致了该县教育质量提升的缓慢,至少这是其中重要一环。

二、城口县中小学教研员缺编问题原因分析

教研员研究功能的缺失主要来自考核、引进人次制度以及编制获得途径等几方面原因，在造成教研员队伍不足的同时也存在着结构性缺编的问题。

（一）中小学考核与师资的结构性缺编

目前城口县的中小学考核对象仅为毕业年级，考核标准范围主要为，以小学为例，语文、数学占70%，另从其他学科（科学、音乐、美术、体育等）抽取一科考核占30%。对于语文与数学两科考核的偏重造成了学校对这两科教师的畸形需求，亦即语文与数学两科教师编制已经饱和，而其他学科教师则极为缺乏，形成一种结构性缺编。结构性缺编是指组织成员总量达到或超过规定的编制规模，而起到实际作用的成员数量又不能满足组织行动目的的一种特殊的缺编现象。具体表现为语文与数学教师不得不兼任其他学科的教学工作，而课程安排上也冲击到了其他学科教学（意味着课表上所呈现的课程与实际授课课程不符）。

（二）中小学教研员特定选拔标准与片面的教研成果

根据重庆市教育科学研究院2016年发布的《重庆市中小学教研员专业标准（试行）》，重庆市中小学教研员必须达到职业理解、专业知识、专业能力三个维度的基本要求。其中职业理解维度又分为"职业认识"与"教研态度"两个二级维度；专业知识分为"教学研究知识""学科知识""教师专业发展知识"和"通识知识"四个知识板块；专业能力分为"研究""指导""服务"和"发展"四个能力板块。基于该县目前中小学师资来源，要严格依据此标准进行教研员的选拔是不合实际情况的，因此该县使用了一套比较实际的选拔标准：一、师德标准（占10%）：在从教过程中是否有违规行为，实行一票否决制，如考核无违规行为皆为满分。二、学识水平（占50%）：在学历上要求中学教研员全日制本科及以上，小学教研员则适当放宽；专业应与教研员专业、岗位相同；至少在研县级及以上课题1项。三、教学实绩（占40%）：毕业年级毕业成绩考核全县前三名，教委考核毕业年级毕业成绩为综合积分，包括巩固率、合格率、优生率、差生率四个维度。

这种考核标准固然符合实际情况，但却也造成了教研工作的片面化。例如，考核标准中"教学实绩"考核的主要维度往往针对的是语文、数学、外语这样的优势学科，而其他学科占比较弱，因此反映到教研项目上也体现为前三个学科的比例较大，其他学科较少。

(三)政策导向与人才引进单位的矛盾

目前城口县教育委员会在对待学校引进人才的需求上持支持态度,但是在用人单位编制的安排上只算学校总体所需编制,而非按照学科差额来考虑。结合学校考核的原因,教委和学校更多地考虑主科教师的需求,而对其他学科多有忽视。由此也影响到从在编教师中选拔教研员的可能性。

此外在用人单位引进所需人才方面除教委和学校自身的诉求有失偏颇外,政府编制办公室和人事部门也存在种种限制。具体表现为编制办审批时间过长以及人事部门权力过于集中,一定程度上教委和学校没有自主选择所需人才的权力,而人事部门又对具体学校所需学科教师缺乏实际了解的机会。在实际专业人才引进和招聘过程中也存在着领导干预等现象,这里不再赘述。

(四)校长管理理念与学科失衡

鉴于教委对学校的考核主要集中在毕业年级的主要学科毕业成绩之上,对科研并无硬性规定(在该县中小学中,科研的重要性主要体现在职称评定加分上),学校校长的管理价值倾向也聚焦在主要学科的毕业成绩上。从访谈资料上分析,该县中小学校长的一致性观点是学校主要业绩集中体现在主要科目上,所以在引进人才的诉求上应该向主要学科的教师倾斜,因此向上级有关部门报送用人编制时也多有侧重。长期以来这种需求的结果也非常明显,即主要学科教师超编,而其他学科教师编制不足,同样教研员方面也体现出这样的问题。这也是结构性缺编的一个主要原因,此外在人才引进中也时常有领导意志的干预在其中,这就导致了该县中小学学科教师比重失衡非常明显。

三、城口县中小学教研员培养与选拔模式的反思

师资的结构性缺编和教研员的缺失已经对该县当前教育科研和教学改革造成了阻碍,这是该县教育权力机构已经意识到的问题。根据具体情况,该县在应对这一问题时采用了"兼职教研员"的模式,通过这一模式既可以弥补专职教研员的不足,同时也可以发挥相关学科教师的积极作用来缓和师资结构性缺编。

为补充专职教研员之不足,现共任命17人为各学科兼职教研员,各中小学根据自身学科建设所需自行选择任命。这样的方法虽然一定程度上实现了各学校教研员的配置,但责权利不明、选拔标准不确定以及正式聘任程序缺失等问题长期以来都是各中小学教育科研工作进展缓慢的主要原因。

首先是兼职教研员责权利不明确的问题,由于相关教育主管机构并没有官方认可兼职教研员的身份,当前所有兼职教研员并没有相应的权利也没有明确的责任。他们最主要的教研工作是从各乡镇中小学获取各类数据并上报教育主管机构,但并没有硬性规定。所以目前的兼职教研员岗位更类似于一种"业余爱好"。

其次是教育主管机构对兼职教研员的任用并没有明确的选拔标准,一般的任命标准都根据教育主管机构或学校校长的经验判断,同时也因为没有兼职教研员的考核标准,因此这类任命显得较为随意。

第三是缺乏必要的正式聘任程序,这导致学校在职教师对获得兼职教研员的身份不积极也缺乏对此身份的认识。特别是缺乏职称晋升和职务晋级等方面的"物质刺激"且会无形中增加自身工作量,所以很多情况下在职教师都不太愿意获得兼职教研员的身份。

鉴于上述问题,在目前仍无法及时补充该县各级各类学校专职教研员的情况下,应该尽快对兼职教研员制定明确的选拔标准和考核标准,确定其权责利关系。

(一)兼职教研员的责权利关系

兼职教研员既然是教育主管机构为弥补专职教研员之不足而设置,那么相应的责权利关系就应该有明确的规定:

其一,兼职教研员的待遇问题应由教育主管机构承担,根据该县实际收入水平,每月应拨付专项经费补贴兼职教研员本职工作以外的教育科研工作。

其二,明确兼职教研员的职责范围。

1.兼职教研员应具备敏锐的观察力,积极发现本地教育实践第一线存在和可能存在的问题并收集相应数据,整理后提交教育主管机构;2.兼职教研员每年必须根据党和国家的教育方针政策带头主持、参与教育科研课题,收集和撰写与本地教育教学实践相关的学术论文或研究报告;3.兼职教研员应主动承担本地教学改革项目,组织和指导教师不断优化教学过程,提高课堂效率;4.协助教育主管机构完成各类学校课题评审、优质课评选以及各类教学竞赛活动的组织等活动;5.按照教育主管机构的安排对本地教师,尤其是新进师资进行在职或岗前培训,组织教师外出学习考察。

其三,明确兼职教研员的权利。

1.教育主管机构所辖各级各类学校应支持兼职教研员参加各类业务进修、培训和学科教研活动,对其本职教学工作量可以根据各校自身需要进行适当调整,并且保障其年度考核、评选以及职称晋升等切身利益;2.兼职教研员享受与专职教研员同等参与申报国家级、省部级以及县级课题的权利;3.兼职教研员享有与专职教研员同等参加教育主管机构定期组织的外出学习和考察的机会。

其四,教育主管机构每年对兼职教研员进行工作绩效考核,并根据其实际工作成绩颁发奖励。考核范围为本职工作成绩(该项工作可由其所在学校完成)和教研工作成绩(包括课题申报、参与和完成等各项指标)。

其五,对于选聘出的兼职教研员,教育主管机构应颁发正式聘任证书,且每年考核合格后应颁发续聘证书。

(二)兼职教研员的选聘标准

鉴于兼职教研员对于该县中小学教育科研工作的重要性,对其选聘应有严格的标准。一般而言,应为在职在编的中小学各科教师,应满足如下几点要求:1.具有大学本科学历,具有中级及以上专业技术职称,45周岁以下(如教学经验和思维能力突出的超年限教师可适当放宽标准);2.能主动参与教育科研活动,如已申报成功国家级、省部级科研课题者可优先考虑;3.具有较强的口头和书面表达能力,以及较强的组织管理和协调能力。

通过兼职教研员来弥补专职教研员之不足来提升偏远区县教科研工作的效率和质量,并最终提升该地区教育教学质量,是该县正在进行的一项重要教育工作。从逻辑上判断,该模式具有一定可行性;从经验上来看,仅有的两个专职教研员所在的学科在该县的确具有一定优势。那么当前需要考虑的问题即在于兼职教研员能否真正替代专职教研员的作用,当然按照该地区今后的发展前景而言,兼职教研员也存在逐渐转化为专职教研员的可能。

参考文献

[1]卢乃桂,沈伟.中国教研员职能的历史演变[J].全球教育展望,2010,39(07):66-70+88.

[2]沈伟.教研员作为边界工作者:意涵与能力建构[J].教育发展研究,2013,33(10):64-68.

[3]崔允漷.论教研室的定位与教研员的专业发展[J].上海教育科研,2009(08):4-8.

[4]钟启泉.基于核心素养的课程发展:挑战与课题[J].全球教育展望,2016,45(01):3-25.

[5]刘树仁.试论分层递进教学模式[J].课程.教材.教法,2002(07):32-35.

[6]毛景焕.谈针对学生个体差异的班内分组分层教学的优化策略[J].教育理论与实践,2000(09):40-45.

胡之骐

男,博士,副教授,重庆师范大学教育科学学院教师。

新时期我国新型职业农民培育模式研究

李楚楚

摘　要：我国农村地区当前正面临严重的人才问题，青壮年进城务工，妇女儿童及老人留守农村，农村实用劳动力严重匮乏，严重阻碍了我国农业现代化的发展。因此对农村人口进行知识和技能培训，培育出发展现代农业需要的新型职业农民，是当前的重要任务。本文分析我国已有的各种培育模式，探究其存在的问题，并结合国外的先进经验，对优选新型职业农民培育模式提出建议，为我国的新型职业农民培育工作提供理论参考。

关键词：新型职业农民；培育模式；存在问题；对策建议

一、新型职业农民概念界定

新型职业农民的概念与传统农民是相对立存在的。新型职业农民是在2012年中央一号文件中第一次被提到，它的概念界定，国内学术界目前还没有统一的说法。当前学术界比较认同的是朱启臻教授的观点：新型职业农民首要的前提是农民，即占有一定数量的生产性耕地，长期居住在农村，收入主要来源于农业生产和农业经营；其次，新型农民还必须是市场主体，具备强烈的社会责任感和现代观念，把农业作为终身职业。综合学者们对新型职业农民的概念研究，主要是从职业和素质这两个角度展开研究，从而对新型职业农民进行概念的界定。在职业角度上，新型职业农民要专注于农业生产经营活动；在素质要求方面，"有文化、懂技术、会经营"三者缺一不可。这些研究对传统农民和新型职业农民做出了明确的区分。

本文在研究后对新型职业农民的特征做出总结：第一，他们把农业作为职业，农业是他们的主要收入来源，通常收入比一般农民高，类似于经济学的理性人，是市场主体；第二，能够长期从事农业，把务农作为稳定职业；第三，文化素质较高，有一定农业技能，懂得经营管理，能够满足现代农业的市场化、规模化、集约化要求；第四，拥有和其他职业同等的职业保障和权益；第五、有高度的农业现代化观念和社会道德感。

二、我国当前新型职业农民培育模式存在的问题

(一)农民参与积极性不高

在现有的新型职业农民培育工作中,农民的参与积极性常常不高,有以下几个原因:第一,因为小农思想根深蒂固,部分农民因循守旧不愿意参与培育;第二,农民因为受到文化程度的限制,缺少对新技术的认识;第三,培育需要的时间投入较大,短时间内看不到成果,也会使农民的积极性降低。由于以上原因,在学习新技术的时候,农民的选择常常比较保守,同时又担心使用新技术无法及时得到指导,使得农民在学习新技术和依靠传统技术二者中,往往会选择后者。

(二)培育资金利用效率低及设施缺乏

国家近年来非常重视新型职业农民培育,对培育工作的经费投入也逐年增加,但是从培育的实际情况来看,存在资金利用率低的情况。有些地方盲目培育造成资金浪费,甚至出现了截留农民培育费用的现象。另一方面,目前我国职业农民培育缺乏基础设施和专业基地,往往要借用学校或其他机构来进行,也会降低农民培育的有效性。此外,由于缺乏专业的培训设施,培育的专业化程度不高,不能系统、全面地进行培训,难以从根本上提高农民的职业素质。

(三)培育管理机制不健全

主要表现在以下几个方面:首先,管理部门缺少协调合作。新型职业农民培育需要多个部门:农业、教育、科技、扶贫等都参与其中,如果各部门各自为政,会使培育工作陷入困境。其次,资格认证制度不完善。包括对培育机构和新型职业农民的认证。其一,没有统一的办学标准,对培育机构的资格审查不够严格。其二,由于我国面积广阔,农村的地区差异大,无法对新型职业农民制定统一的评价标准,也尚未建立科学的考核认证体系,同时制度建立如果缺乏农民的参与也会对培育工作产生负面影响。

三、我国当前新型职业农民培育的主要模式

自2012年中央一号文件首次提出"大力培育新型职业农民"开始,到2018年中央一号文件再次提出"大力培育新型职业农民,全面建立职业农民制度,完善配套政策体系,实施新型职业农民培育工程"。这期间,我国各地纷纷开展新型职业农民培育工作,取得了一定成绩。

(一)政府包办培育模式

政府包办培育模式,是由各级政府主持甚至是包办来开展新型职业农民培育工作。这种培育模式的目标是提高农民的综合素养,使他们掌握一定的农业技能、经营管理知识及农业科技知识。采用的主要方式有项目推动、创业扶持、院校培育等。该模式的优点有以下几点:具有资金及政策优势,能够为培育工作提供有力支持;能够协调各方力量,去除各类不利因素;培育效果显著,远高于其他模式。但该模式同时也有以下缺点:首先,监管不足,因为政府培育的作用范围广,影响力大,使得个别地区容易出现监管的疏忽;其次,项目的实施可能会不符合当地的具体情况,盲目地由政府包办,可能会对培育造成不利影响。

(二)校地合作培育模式

校地合作培育模式,是地方政府和农业职业院校合作办学,根据当地农业的主导产业需求,选择愿意长期从事农业的有初高中文化的学员,采取的方式有政校合作、定向招生、定制课程、定岗培养,使农民职业教育能够针对当地特色,做到和当地产业发展的有效融合,为地方农业发展培育本土化优质人才。江苏省太仓市在这种模式的实践上卓有成效,自2013年起的三年间该市投入资金1000万元,开展新型职业农民培育工程,培育了6500名新型职业农民。苏州农业职业技术学院和江苏农林职业技术学院等院校受到当地政府委托,实行了三年制的大专学历教育。在选择培育对象时,以承诺毕业后长期从事农业并且有太仓户口为基本要求;成立"太仓班",设计有针对性的培养方案;在教学上采用教学与实践结合的"一个院校+若干基地"模式。

(三)政企合作培育模式

政企合作培育模式,由政府和当地企业合作进行,企业在政府支持下为农民提供培育。这种模式下,由企业加入农业推广机构和农业科技园区,对本身有一定农业经验和专业技能的农民进行培育。有政府资金政策支持为保障,科研项目为支撑,政企合作模式具有强大的生命力。政企合作模式的优点包括:加快了传播推广的速度,加快了新技术的转化,使农民能够更快地学到科技知识;但同时也有一些缺点:首先,作用范围有限,只能作用于周边地区;其次,需要高水平的师资,培育对象也必须有一定的科学素养。

(四)龙头企业带动培育模式

龙头企业带动培育模式,是根据当地产业发展的具体情况,选择具有优势、特色的龙头企业为主体,按照龙头企业的用人要求来培育新型职业农民的一种模式。这种模式能够针对当地实践情况,可以让农民学到实用性技能,并且迅速运用到生产中,从而取得显著成效。但也有一些缺点,该模式对龙头企业依赖性可能过高,并且对当地的经济发展状况有一定要求,限制性较强,因此只能作用于运用在一定区域。

(五)信息化培育模式

信息化培育模式是当前新型职业农民培育的一种新的发展趋势,它主要是将"互联网+"和大数据运用在新型职业农民培育中。"互联网+"新型职业农民培育,包含新型职业农民提供在线教育培训、移动互联网服务、在线管理考核和政策配套等服务;而将大数据运用在新型职业农民培育中,是以农民使用信息化平台时形成的数据为支撑,来分析农民在政策、科技和培育方面的需求,从而对培育途径进行合理化和个性化的设计。随着当前我国信息化建设的发展,各地纷纷建立具有当地特色的新型职业农民培育信息平台。但在实施的过程中也存在一些问题,包括信息化基础设施尚不完善,信息平台的大数据利用率仍需提升,平台提供的服务无法完全满足农民需要等问题。

四、国外职业农民培育典型模式

(一)美国的职业农民培育模式

美国的职业农民培育模式是包括农业科技研究、农业教育培训及农业技术推广三部分的"三位一体"培育模式。美国职业农民培育的主体是公立大学、农业学院及社区大学,各地会依据当地的农业特征,利用农闲时间进行培育;培训的对象一般是正从事农业的农民和有意向从事农业的人群;理论学习和田间实践相结合,培育效果显著且具有较强的实用性。农业院校以及各级实验站需要依据当地的农业发展状况选择合适课题进行农业科研工作。农业合作推广局负责农业推广工作,地方各州、县则由推广服务中心和顾问服务中心负责具体推广工作。美国联邦政府为农业科研和推广提供了充足的资金支持,同时巨大的科研系统、优秀的科技团队都有助于美国职业农民培育,再有完善的农业推广机构直接面向农民,使农民能够迅速提高生产力。

(二)德国的职业农民培育模式

德国职业农民培育的核心是"双元制"培育模式。由企业和学校共同参与培育。农民首先在学校学习理论知识,接下来在企业进行专业技能培育,这种培育模式有效地结合了理论和实践。学校和企业一同制定培育内容并且共同承担培育费用。"双元制"模式有效结合需求和供给,既能提升农民的专业技能,又符合企业的用人需求,更加有利于开展实践,从而有利于德国农业的发展。德国制定了严格的持证上岗制度,规定必须通过专业技术培训且通过专业资格考试,得到农民从业资格证书才有资格从事农业工作。上岗以后农业从业者在为期3年的职业培训之后,考试合格授予"绿色证书"后才有资格独立经营农场。这种制度的落实提升了德国农民的职业素质。

(三)日本的职业农民培育模式

日本采用的是政府为主导,以不同培训主体为引导,多目标、方向和层次的农民培训模式。日本职业农民培育工作由国家统筹规划,分成文部科学省属及农林水产省属两类,由各类农业学校、农业改良普及中心、农协和其他民间组织共同开展。第一部分是文部科学省属的农民培育。主要由初等、中等、高等农业教育组成,其中初等农业教育属于大众化农业教育,贯穿培育工作始终,主要使国民具有基础农业素养;中等农业教育分为普通高中农业教育以及专业化农业教育两类;高等农业教育则分为本、硕、博几个层次,目的是为国家培育农业科研人才。第二部分是农林水产省属的农民培育,包括农业技术普及教育和农业协会教育。农业技术普及教育分正规和非正规两种,其中由农业学校和农业实践园进行的是正规培育,而由农业改良中心及农村青年俱乐部来开展是非正规培育,它们的目的都是提升农民的农业素养和实践能力;而农业协会教育形式则比较灵活,通常是讲座、交流和短期培训等。

五、优化我国新型职业农民培育模式的对策建议

(一)立足当地实际,选择合适模式

培育模式的选择首先要立足于当地实际情况,因地制宜,要适应当地经济社会的发展程度以及产业布局。例如,西部地区经济发展比较落后,同时生态环境非常脆弱,在发展经济的同时更需要保护生态环境。应突出生物多样性特征及农业的生态环境维护功能,积极发展特色农业,拓展农业的观光旅游功能,发展环境保护型农业。因此,西部地区应寻求国家力量支持,在培育模式的选择上以政府主导培育模式和校地结合培育模式为主。

(二)出台专项政策,形成保障机制

新型职业农民培育是事关我国农业发展的重要工作,应加快出台和完善政府的扶持政策,破解"谁来种地、如何种地"难题。当前农民普遍反映,存在信贷门槛高、土地流转难、农业风险大等问题。应该创造宽松环境,同时制定信贷支持、农业财政补贴、土地流转支持、税收减免补贴、保险保障等政策,并推动政策落实,提升农业对青年的吸引力,提升

他们参加培育的积极性。同时,政府应根据培育的具体情况提供担保贷款、贴息贷款,进入市场时有关部门应提供便捷服务,落实税费减免等政策。

(三)转变农民观念,加强思想教育

首先要促进农民转变农业生产观念,抛弃因循守旧的思想观念。农民要积极学习和推广先进技术,灵活进行农业生产,发展经济农业、科技农业、效益农业。农民还要转变读书无用论的观念,即便是务农,也要争当"有文化、懂技术、善经营"的新型职业农民。农民要对农村发展前景有信心,鼓励子女积极报考农业院校和农业专业,认识到在农村也能实现自己的价值。此外,还要加强对农民的思想教育。在一些农村,赌博、迷信的现象很普遍,部分农民主要靠打麻将、闲逛来消磨时间。在当今时代,这些行为极大阻碍了农业现代化和农民的自身发展,开展新型职业农民培育工作一定要加强思想教育,消除农民的陋习、恶习。

(四)完善新型职业农民培育管理

新型职业农民培育的管理工作不仅仅是政府的责任,更加需要社会多方主体一起承担,主要是由政府管理、培育机构管理和社会组织管理三大模块构成。政府是总舵手,主要负责培育工作的总体规划及具体实施,政府主要负责对新型职业农民培育进行宏观管理,为新型职业农民培育提供保障;培育机构管理主要指对具体承担新型职业农民培育工作的学校和相关单位的管理,对新型职业农民培育的效果和质量起到关键作用;社会组织管理是社会行业或单位如农业合作社、农业企业、龙头公司等对新型职业农民培育的管理。社会多方主体共同管理,既可以减轻政府负担,又可以完善新型职业农民培育运行机制,推进培育工作的规范化、科学化。

(五)加强考核评价,规范认证管理

加强对职业农民的考核评价,综合、全面地考核新型职业农民的综合素质。然后依照考核结果划分名次,选择高素质农民进行更高水平层次的培育。坚持严格管理、评价的原则,在进行调查的基础上,每人建档立卡,入库联网,实现动态管理。选择有意愿长期从事农业的对象进行培育,对不合条件的不予接受。

制定标准的评价认证制度才能提升新型职业农民培育的效果。对新型职业农民的培育情况进行登记,培育后考核合格者由各地政府实行统一的认证和管理,统一颁发证书,建立新型职业农民档案,建立跟踪服务制度和相应的信息管理系统。新型职业农民培育要和职业技能鉴定相联系,为农村培育实用型人才,提升新型职业农民的综合素质。

参考文献

[1]吕莉敏.新型职业农民培育的政策变迁与趋势——基于2012—2017年相关政策的分析[J].职教论坛,2017(16):26-31.

[2]付倩,胡建勇.美国和日本农民教育对我国新型农民培育的启示[J].现代化农业,2017(02):46-47.

[3]陈磊,钱星好,宋丹丹.我国新型职业农民培育模式研究[J].科技经济市场,2016(06):113-114.

[4]赵帮宏,张亮,张润清.我国新型职业农民培训模式的选择[J].高等农业教育,2013(04):107-112.

[5]蔡云凤,闫志刊.中外新型职业农民培育模式比较研究[J].教育探索,2014(03):154-157.

[6]黎春峰.城镇化进程中新型职业农民培育研究[D].湖南师范大学,2015.

[7]文承辉,魏亚萍,胡越.新型职业农民培育典型模式研究[J].中国农业教育,2016(06):35-39.

[8]赵宗峰.四川省崇州市新型职业农民培育模式研究[D].河北农业大学,2015.

[9]储诚炜,张波,许迪楼.双元制和资格证书制度:德国农民职业教育的制度驱动[J].世界农业,2013(03):132-133+141.

[10]中共中央 国务院关于实施乡村振兴战略的意见.农村工作通讯[J],2018(03).

李楚楚

女,重庆师范大学经济与管理学院研究生。

板块三 山地区域乡村文化振兴

乡村振兴需留住"形"守住"魂"吸引"人"
——石柱县冷水镇乡村建设之经验与启示

谭玲惠

摘　要：实施乡村振兴战略，关键要在"生态、风貌、文化"三个层面的建设上下功夫，突出乡土特色，展现乡村魅力。留住"形"、守住"魂"、吸引"人"，既是加强乡村建设和发展的内在要求，又是实现乡村振兴繁荣的现实需要。石柱县冷水镇在乡村建设中以"留住乡愁"为其显著特色，把"留住乡愁"与美丽乡村建设融为一体，相互促进，相得益彰，取得了前所未有的成效，留给了我们许多经验与启示。

关键词：乡村建设；主要经验；启示；建议；石柱县冷水镇

党的十九大报告明确了乡村振兴要实现产业兴旺、生态宜居、乡风文明、治理有效、生活富裕五大目标。要实现乡村振兴，就必须建设美丽乡村；要建设美丽乡村，就必须牢守生态红线，保护好山水格局和聚落形态，保持富有传统意境的乡村景观格局，即"望得见山、看得见水、记得住乡愁"。实施乡村振兴战略，需要在乡村风貌塑造上留住乡村的"形"，并注意内外兼修。因乡村文化是中国文化的标志，文化传承是乡村文化振兴的必然要求，所以乡村振兴还要在文化传承上守住乡村的"魂"。中国有句古话叫"十里不同音，百里不同俗"，在推进乡村振兴过程中，应突出地方特色，不能千篇一律，要充分发掘乡村的个性和特点，厚植乡贤文化，守望乡土情结，留住美丽乡愁。实现乡村振兴，只有在"生态、风貌、文化"三个层面上下功夫，展现乡村魅力，才能达到"乡风文明""生态宜居"，以宜居宜业的环境吸引更多的"人"，从而有效解决农村"空心化"的问题。石柱县冷水镇在乡村建设实践中探索出一条能留住"形"、守住"魂"、吸引"人"的乡村建设之路，值得我们学习和借鉴。

一、石柱县冷水镇乡村建设主要经验

石柱县冷水镇地处渝鄂交界边陲,是一个以土家族为主的民族乡村,该镇因地制宜,利用独特区位、便利交通、突出产业、丰富资源、良好生态、独特气候、迷人景观等优势,力促美丽乡村建设,成绩显著,2017年8月曾荣获重庆最美小镇参选推荐,其乡村建设有四点主要经验:

(一)主题:以"现代骨、传统魂、自然衣"方式展示乡愁文化

石柱县冷水镇以现代手段传承其历史古韵,并把这一传统文化精髓与大自然相融合,突出了"现代骨、传统魂、自然衣"这一主题,成为传授农耕文化的百科全书和大课堂,凸显了创业创新中的留住乡愁文化的旨归。例如,农耕文化中的黄连和莼菜是冷水镇的特色传统产业,该镇为弘扬这一文化,在八龙村兴建了莼菜博物馆,收集、陈列了莼菜种植、采摘、加工使用过的生产工具、生活用具、农产品手工工具。通过现代化媒体手段实景录制了莼菜生长、采摘的影像片段,更好地诠释了莼菜与良好生态环境的和谐共生。同时还收集、陈列了冷水镇千百年来农耕时代使用过的生产工具、生活用具等展品。再现了农耕文化的原貌。

(二)抓手:以不大拆大建,不套用城市建设标准,不统一建设"三不"为模式

为了体现以上"三不"模式,在开发乡村旅游过程中,冷水镇以"恢复乡村精华,重墨青山绿水,绘我故乡美画"为宗旨,围绕"乡村神韵、田园稻香、塘种莲藕、山间鹭翔、农家饭菜、湖边浴场"的建设思路,突出"青石路、碧绿水、满村树"的特色景观,在村容村貌和旅游景点的打造过程中,坚持因地制宜,不搞城市化格调。通过这些理念与思路的创新,不拘泥于统一模式,着力建设以绿色为主的乡村旅游,从而展现了深厚的乡土民俗文化。

(三)亮点:创新方式还原民俗文化、节庆文化,再现乡愁文脉

近年来,冷水镇开展了富有创意的民俗文化与节庆活动,如土家摆手舞、池塘捉鱼、百人摘莼菜比赛以及农家菜手艺比拼等活动。通过这一系列活动,吸引了大批游客参与其中,让广大参与者亲身体验乡情乡趣,以浓郁乡愁感染城市游客,使参与者与观光者牢牢记住了我们土家山寨的美丽乡愁。

(四)支点:以生态旅游为支点,在融景生情中勾勒起乡愁文化

冷水镇在乡间小道两旁栽植树木11万株,环绕莼菜观光园打造出桃花、梨花、李花、樱花、石榴五个主题花果大道,穿插培植了月季和金银花鲜花走廊,同时培育了万亩绿色

蔬菜瓜果,满足游客赏花栽果的田园情怀。以创业创新为契机,打造了云中花都、四季滑雪场等旅游景点。重点做好"山水化、田园化、农耕化、传统化"四篇文章,提升文化品位。同时,将特色生态旅游贯穿于旅游全过程,游客每到一处都能感受到当地风情的乡音乡情。比如,游客们只要一踏进旅游景点,就能看到村委会门前张贴的村史、村歌和村规民约,唤醒了他们对传统文化的记忆并受到教育。

二、石柱县冷水镇乡村建设经验带给我们的启示

(一)培育产业发展新业态,把产业发展与乡愁记忆融为一体

首先,冷水镇依托现有的山水脉络等独特风光就地取材,抓住大自然的禀赋,传承传统文化,鼓励广大村民参与土地流转,把空置的土地通过流转盘活土地。如,冷水镇云中花都现园区面积3000亩,规划"两园两区两基地,现已建成森林景观1700亩、果蔬采摘800亩、观赏花卉500亩,可谓漫山鲜花遍地,四季瓜果飘香。园区配套设施完善,同时可容纳1000余人就餐、800余人休闲、500余人露营、100余人住宿。旅游产业的蓬勃发展,为冷水镇美丽乡村建设增添了无限活力。

其次,看古村新貌,体验农家生活,是冷水镇在开展旅游活动中留住乡愁的一大看点。"吃农家饭、干农家活、体验农家生活",把旅游发展与乡愁记忆融为一体,让游客们在赏花、踏青、采摘中欣赏自然风光,在劳作中体验农耕文化与乡愁。

再次,组织开展丰富多彩的民俗文艺节目,如土家啰儿调、土家山歌、土家板凳龙、巴盐古道背盐民俗、玩车灯、篝火摆手舞等,使旅游活动与乡愁记忆融为一体,让游客们接受民俗文化的熏陶与洗礼,亲身感受美丽的土家民俗乡愁。

(二)着力抓好土家特色小镇建设,以生态旅游助推脱贫攻坚

冷水镇依托独特的土家文化、独有的农业资源和美丽的山水风光,加快建设全国著名康养特色小镇。规划核心景区建设6.5平方千米,其中建设用地3.8平方千米,现已建成了以"静养"为主题的西南地区最大的亚高原花海——云中花都·中国莼菜农业公园;以"动养"为主题的西南地区最大的高山滑雪场——Let's go游乐世界;中国高速第一自驾营地——冷水服务区生态旅游自驾营地等景区景点;以莼菜、山珍、森林食品、土家美食为主的"食养"系列康养产品。目前正着力打造以"住养"为主题的冷水康养特色小镇和以"疗养"为主题的雪原温泉康养度假区。通过几年的建设和发展,本地已创新建立起"春可品莼赏花、夏可避暑纳凉、秋可采风摘果、冬可滑雪泡泉"的生态旅游景区。全年30万余人

次的旅游规模,带动了该镇第三产业的快速发展,扩大了就业渠道,增加了农民收入,实现了乡村旅游与脱贫攻坚的深度融合,为实现乡村振兴奠定了产业基础。

(三)产业带动扶贫,企业帮助扶贫,实现乡村旧貌换新颜

在产业带动扶贫过程中,冷水镇通过大力调整产业结构,突出产业优势的价值理念,大力发展特色优势产业,并取得了显著成效。目前境内已种植黄连5000余亩、莼菜4500余亩、烤烟2800亩、错季节蔬菜3000亩,高山生态农业强势兴起渐成规模。

同时积极发展优质农家乐,今年该镇乡村旅游接待户已达155户,接待床位3800余张,年接待游客25万人次,实现乡村旅游接待收入1500万元。

在企业帮助扶贫过程中,云中花都通过基金收益扶贫带动贫困26户96人,2017年底户均分红2975元;股权收益扶贫带动贫困户33户133人,2017年底户均分红960元;信贷收益扶贫模式带动贫困户87户281人。解决周边群众160多人常年就近就业,四季滑雪场解决周边60人就近务工,其中贫困户21人,年平均增加家庭收入8000元,带动周边农家乐增加乡村旅游收入500多万元。建立了旅游收益扶贫带动贫困户利益连接机制,新发展乡村旅游55户,带动贫困户30户,其中贫困户直接参与乡村旅游接待6户,发放股权证30本,每年为贫困户户均分红2000元。同时建立了乡村旅游接待户对结帮扶贫困户利益共享机制,通过购买农产品、临时用工等多渠道帮助贫困户增收,带动贫困户45户,户均增收3000元以上,加快了本地的脱贫攻坚步伐。

三、对石柱县实施乡村振兴战略的几点建议

(一)创新思维,理顺关系,加强和改进对乡村建设工作的领导

乡村建设和开发是实施乡村振兴战略的重要任务之一。从我国大部分地区来看,乡村建设开发大都是由建设部门牵头和领导。但从国外建设经验来看,19世纪中叶,在法国巴黎推行的大都市计划中,实现新旧建筑的协调则是由文化部门牵头,即便经过两次世界大战的破坏,巴黎等欧洲历史名城仍在相当程度上保留其远古的风韵,很多城市都保留着自己独特的历史风貌。目前,石柱县的农村建设开发是由建设部门和文化部门两个不同的部门牵头,这在建设理念和效果上是完全不同的。从乡愁记忆与文化传创的角度看,笔者建议我县的乡村振兴特别是乡村建设开发工作,应由文化部门牵头和管理更为妥当,这样才能有效保护和传承我县的特色民俗文化,真正实现乡村振兴中的留住"形",守住"魂"。

(二)拓宽思路,加大投入,有效解决资金不足问题

当前,石柱乡村建设和发展的最大障碍是建设资金不足,如果把乡村建设中的旅游开发完全交由市场经营,那么,本土文化保护的分量将大大下降。因此,要坚持"政府主导、企业运作、村民参与"的原则,发挥好政府"看得见的手"与"市场看不见的手"的联动效应,特别是在建设初期要增加政府投入,多方筹措资金,做到"尽量往上贴,不从里面抽",立足长远,打好基础,增强"自我造血功能",同时注意防止过度商业开发而淡化乡村的文化含量。

(三)认真组织,强化管理,在保护传承中发展乡村文化

石柱县乡村文化建设必须尽快提高公共文化服务体系的效能,采用城市帮扶农村的方式,将城市优势文化资源转移到农村,激活农村本土文化氛围,带动农村文化水平的提升。因此,我县必须在加强基础文化设施建设的同时,积极培养乡村本土文化带头人和传播者,使向农村"送文化"变为在农村"种文化",让城市文化与农村本土文化实现"高位嫁接",并留住乡愁。比如,冷水镇巴蔓子将军的历史故事既是旅游的亮点,也可以是中小学生进行爱国主义教育的基地,冷水镇有待创新弘扬优秀传统文化新模式,把乡村古镇开发成中小学爱国主义教育实践基地,使思想教育与乡愁记忆交相辉映。

(四)科学规划,突出特色,满足游客个性化多元化需求

当前,石柱县乡村历史文化名村建设方兴未艾,尚处于起步阶段,很多历史文化名村的规划建设缺少科学性、全面性和长期性。北京古北水镇的建设经验值得借鉴,他们巧妙地将"长城+古镇+水库"等自然、文化景观融合在一起,构筑满足"北方游客看水镇,南方游客登长城"多种需求的特殊载体,成为京郊稀缺的北方旅游度假小镇,被称作"北方乌镇"。对乡村建设的整体规划,不仅仅是体现某个村内部各个要素的系统性与整体性,而且还要包括跨村、跨县的整体规划。用景观的概念建设名村,用旅游的理念经营产业,使每一个村都成为具有鲜明文化特色的旅游名片,以满足不同游客的个性化多元化需求。

综上所述,乡村文化是中国文化的标志,乡村振兴需要内外兼修,文化传承则是乡村文化振兴的必然要求。习近平总书记强调:乡土文化的根不能断,农村不能成为荒芜的农村、留守的农村、记忆中的故园。乡村振兴战略作为重要战略部署成为今后一段时期内"三农"工作的重头戏。如何打好乡村振兴这场硬战,把握好"留形、守魂、引人"三要素,不仅要在风貌塑造上留住乡村的"形",还要在文化传承上守住乡村的"魂",更要在宜居宜业上吸引乡村的"人",真正让乡愁留下来,让乡村美起来,让农民富起来。

参考文献

[1]徐航,朱铨.旅游型美丽乡村建设研究综述[J].建筑与文化,2017(11):79-81.

[2]廖树忠.偏远山区美丽乡村建设的思考[J].当代广西,2018(06):58.

[3]禤培浩.对山区县实施乡村振兴战略的思考[J].法制与社会,2018(13):132-133.

谭玲惠

女,中共石柱县委党校讲师。

秀山民俗文化旅游产业发展的思考

李伟丽

摘　要: 富有地方特色的民俗文化旅游不仅能够鲜明地展示区域文化,迅速提升城市形象,同时也会通过文化的市场化运作收获巨大的经济效益、社会效益和文化效益。本文在阐述了秀山县民俗文化旅游产业发展优势和重要性,分析其面临的困境,提出应在继承和保护文化遗产的基础上,植入现代科学规划设计及市场化运作,准确提炼独具秀山特色的民俗文化品牌,进而让民俗文化旅游成为秀山县经济发展的新契机,生态保护的新方法,脱贫攻坚的新举措。

关键词: 民俗文化旅游;发展优势;面临困境;发展思考;秀山县

秀山县襟黔带楚,是大武陵边区物资集散中心,有"小成都"之称,是重庆的东南门户,中国花灯歌舞之乡、中国民歌之乡、中国书法之乡、刘邓大军解放大西南第一站和土家文化发祥地。秀山文化源远流长,巴楚文明曾在这里循环往复,汇成鲜明的人文脉动。深厚、久远的文明之光,照耀着这片神奇的疆域,孕育了众多独具特色的非物质文化遗产。近年来,随着旅游产业的蓬勃发展,民俗文化旅游产业竞争也在不断升级,民俗文化旅游产业的特色日益成为影响旅游目的地、城市竞争力的主要因素。如何利用好民俗文化旅游形象传播聚焦效应、经济收益积聚效应、关联产业带动效应,对秀山发展民俗文化旅游产业具有重要意义。

一、秀山县民俗文化旅游产业发展优势

秀山县地处武陵山区少数民族聚居地,渝、鄂、湘、黔三省一市多元民族文化积淀深厚,具有十分鲜明的地域特色,民俗文化在重庆市乃至全国都有一定的知名度。丰富的文化"宝藏"为秀山民俗文化旅游产业,文化品牌打造发展提供了强大后劲和可靠保障。秀山的民俗文化是历代勤劳、善良的秀山人民,通过漫长历史演进,在这片区域内产生、发展

并传承下来的。它深刻、生动地记录着以土家族、苗族为代表的秀山人民的生活习俗、宗教信仰、精神追求、审美价值、节庆礼仪等。表现形式多种多样,大体分为物质的与非物质的两种。物质类中可分为建筑雕塑,自然地质,历史文物等;非物质类则可分为民间音乐,民间舞蹈,民间戏剧,花灯文化,民俗节庆,传统手工技艺,民间故事传说,典故,谚语,民间祭祀及非物质文化传承等,可谓名目繁多,形式、内容丰富多样。秀山的民俗文化具有独有或较少区域共有的特点,被模仿和可复制性难度大,具有浓烈的地方文化印痕,为秀山民俗文化旅游产业、本土文化品牌的发展提供文化历史底蕴的同时,很容易形成独具区域特色的民俗文化旅游品牌。

(一)襟黔带楚区位优势独特

秀山处于渝湘黔黄金旅游圈的中心,已成为成渝地区旅客进入湘、黔旅游的重要通道;秀山是三省一市接合部的重要交通枢纽,已形成以县城为中心的"一线两轴五射"铁路公路主骨架,并且周边3个机场为我所用,四通八达的交通网络让秀山成为呼南应北、承东接西的交通枢纽中心。同时,随着渝湘高速铁路的逐步开工建设,未来可实现1.5小时到达重庆主城、5小时直达"珠三角",秀山对外通道将进一步拓宽,旅游业还将迎来新一轮黄金期。

(二)民俗文化底蕴深厚

秀山建县于清乾隆元年(1736年),1983年成立土家族苗族自治县,辖区面积2462平方千米,辖4个街道、23个乡镇,总人口67万,其中土家、苗族等少数民族占总人口的52.8%。这里是沈从文笔下《边城》小说的原型地;是著名的红色革命老区,1934年贺龙元帅在此开辟革命根据地,留下了诸多红军战斗遗址,同时,境内洪安古城,就是刘邓大军解放大西南的第一站;这里深度融汇巴渝文化、湘楚文化、夜郎文化。同时,土家族和苗族同胞长期生息繁衍于斯,土司府邸见证了秀山历史沿革与变迁,苗王节以歌为媒、以舞会友,形成了独具特色的民俗风情画卷。这里还是中国书法之乡、中国楹联文化县、中国微电影创作培训基地,拥有"秀山花灯""秀山民歌"国家级非物质文化遗产,花灯民歌《一把菜籽》《黄杨扁担》等先后被李双江、郁钧剑等著名歌唱家传唱,风靡大江南北。

(三)自然风光心旷神怡

川河盖景区风景独特,春看映山红遍,夏可乘凉避暑,秋观芭毛飞雪,冬赏北国风情。太阳山秀美多姿,黑洞河神奇壮观,大溪酉水景色秀丽,酉水河穿乡而过,八面山相依相偎,重峦叠嶂、林荫蔽日、溪水潺潺,有"武陵玉带"美誉。

(四)生态产品绿色

秀山生态集萃,气候适宜,森林覆盖率达到52.1%,可以说是长江经济带上生态环境最好、生态资源最优的地方之一,符合现代人生活、休闲、养生的需要,适合开展多种康养旅游活动。秀山拥有类目众多的土特产,金银花、茶叶、土鸡、米豆腐、皮蛋、豆腐乳等特色食品备受欢迎,龙凤花烛、金珠苗绣、秀山竹编等传统工艺极具民族特色,为旅游业的发展提供了开发基础。

(五)周边客源丰富

秀山具有优越的旅游区位条件,东接凤凰古城、张家界风景区、梵净山国家自然保护区,北联长江三峡及乌江画廊等著名景区,毗邻酉阳、黔江、彭水等景区也正在崛起,这无疑为秀山提供了广阔的客源市场。

(六)发展态势良好

国务院大力实施"武陵山片区区域发展与扶贫攻坚规划",其定位之一是建成"国际知名生态文化旅游区",秀山正位于这一区域。目前,全县A级景区5个,其中4A级景区2个、3A级景区3个。按照旅游资源国家分类标准,有秀山花灯一级旅游资源1个;妙泉湖、苗王坟、客寨风雨桥、保安渔洞、九溪十八洞起义遗址等二级旅游资源14个;三级旅游资源24个;四级旅游资源43个。近年来,秀山充分发挥生态、古文化等众多的乡村旅游资源优势,不断完善旅游基础设施,积极培育乡村旅游亮点,努力打造旅游精品。初步形成了以洪安古镇、凤凰山森林公园、川河盖草场、龙凤花海等各具特色的乡村旅游产品。农旅、林旅、工旅、商旅、城旅等融合式产业全面启动,旅游开发投资逐年增长。自2015年开始,全县旅游投资、接待游客人数、旅游综合收入年均增速均保持在50%以上;2017年,全县接待游客数、旅游综合收入分别达643万人次、32.1亿元,分别增长58.4%、70.5%;2018年1—5月,全县接待游客数、旅游综合收入分别达431.88万人次、21.4亿元,分别增长63.97%、56.12%。

二、秀山县发展民俗文化旅游产业的重要性

(一)优化产业结构促发展

民俗文化旅游业是以民间风俗习惯、民间文化为内容的旅游产业,其涉及面极广,不仅涉及吃、住、行、游等方面,还与饮食服饰、民族工艺、建筑形式、待客礼仪、婚葬嫁娶等密切相关联。再加之,其内容丰富、地方色彩浓厚、民族特点鲜明,地域性极强,极具旅游吸

引力。因此,发展民俗文化旅游,不仅可以带动当地交通运输业、餐饮服务业和商品贸易业等发展,而且可以通过生产要素的合理流动,推动产业结构优化升级,促进地方经济发展。

(二)多元助力农村经济

民俗文化旅游具有投资少、风险小、经营灵活等特点,有利于农民开发经营。游客来到乡村,欣赏自然风光,吃农家饭、住农家房、做农家事,在"望得见山,看得见水,记得住乡愁"的同时,把农民带上致富之路,有效地调整了农村产业结构,促进了农村地区经济社会的全面发展。

(三)树好秀山外宣形象

民俗文化旅游业是对外展示形象的窗口、传播文明的载体。发展民俗文化旅游业,让本土群众在交流交融中,树立开放进取、开拓创新、包容多样的理念。让游客在领略秀山民俗文化、生态风光的同时,充分感受到秀山经济发展、环境优化、社会进步、安定祥和、人民幸福的崭新变化,为重庆面向中部、东部沿海地区树立重要门户形象。

三、秀山县民俗文化旅游产业发展面临的困境

(一)推进速度与景区质量有待提高

秀山虽编制完成了县2014—2025年旅游业发展规划,但对具体旅游景区(点)的规划重视不够,打造的旅游产品质量不高,品位一般,缺乏档次,在一定程度上削弱了旅游业的发展。开发建设项目推进多以投资方个人主观意见为决策。如龙凤花海,从目前情况看,极少有当地群众参与经营,没能为当地经济繁荣产生影响。同时,整个景区功能布局不尽合理,河道没有花草树木衬托,经营和娱乐区没有严格分开,无安全设施,配套功能不全,缺乏休闲的座椅及遮风避雨的设施,脏乱差现象比较严重。虽然有大量的人流,可都是所谓的走马观花,造成旅游质量不高。

(二)有同质化倾向,缺乏拳头景点

秀山在民俗生态旅游开发时没有很好地扬长避短、错位发展、找准差异性,没有充分挖掘独特性,树立人无我有,人有我特,不求第一,但求唯一的发展理念。在软环境方面,没有深入挖掘秀山独特的花灯文化、边城文化,土苗文化,挖掘与湘西相比明显滞后;在硬环境方面,西街、川河盖原生态高山草场、洪安边城等景区没有突出特色,官庄街道、梅江

镇、中平乡均以荷花观赏发展文旅融合,物流园区花灯美食街与滨江公园美食街,主体布局和功能设计存在同质化、雷同化。

(三)管理体制不顺,宏观调控不力

旅游局、边城文化旅游管委会,物流园区、文化委等均涉及民俗文化旅游开发,多头开发造成重复开发,多头管理形成无人管理的现象仍存在。从业人员管理经验不足,创收能力不强,"守株待兔""愿者上钩"的懒惰思想严重,主动营销意识淡薄,影响综合效益的提高。

四、秀山县发展民俗文化旅游产业的对策

(一)保护物质载体,整合现有景区资源

坚持把传承传统文化与发展现代文明统一起来,实施文化精品战略,探索民俗文化与景区深度融合的切入点。依托凤凰山、梅江河、百年西街"一山一水一街",统筹好公共空间、产业布局、人口规模和环境容量,优化提升西街民俗文化景区,加快建设凤凰山旅游景区,将县城建设成为消费集中地、游客驻留地、价值释放地和会展旅游中心、旅游集散中心,打造成为"显山露水"的宜居之城以及"宜业宜游"的文创之城、旅游之城。以边城文化为灵魂,以民族风情为底色,突出"情感"主题,立足"边"、玩透"水"、做大"情",全力建设"古边城""水边城""情边城",打造成为东方爱情圣地、国际旅游名镇;在川河盖要围绕盖岭山原景观基底,以高山台地、观光产品、四季度假为核心,以专项旅游为特色,打造成为国家级山地公园、中华旅游第一盖,让川河盖成为"避暑休闲胜地,户外运动天堂";最终通过3至5年努力,实现"人文在边城、自然在川河",形成世界知名、国内唯一武陵山区旅游新地标,打造成为国家级旅游度假区和国家5A级旅游景区。同时,以其他景区景点和乡村旅游为补充,突出"旅游+"发展思路,坚持错位发展、互补发展,依托大溪酉水、清溪龙凤花海、兴隆坳现代农业园区、少数民族历史遗迹、传统特色村寨等旅游资源,实现农旅、商旅、林旅等深度融合,打造一批集观光体验、农事采摘、康体养身等于一体的乡村旅游示范基地,加速形成重点镇、特色村、乡村旅游点连线成片的发展格局。

(二)以花灯文化为主轴,提炼文化精髓

在历史的演绎中,秀山花灯、土家摆手舞、苗族民歌、山歌、民间戏剧、民间工艺、书法、风味小吃等相互融合、繁衍生息,早已形成了以秀山花灯为主、独具特色的花灯文化体系。这是秀山文化的亮点,也是我县民俗文化旅游的看点。一方面,应加大对花灯文化精品的

挖掘与创新。如：邀请专家大师级人物进一步挖掘、打造一台"花灯歌舞"，编制一台"花灯戏"，创新一批文艺精品，让秀山花灯歌舞走上央视，走出深闺众人识；编制一本《秀山花灯表演教材》，使花灯歌舞得以传承。另一方面，加快对花灯文化的运用。充分发挥花灯博物馆的"展柜"作用，让游客欣赏花灯歌舞、感受民俗风情；举办一年一度的花灯艺术节，形成"文化搭台、旅游牵手、经济唱戏"的成熟品牌活动。通过一系列的融合发展，使秀山形成强大的文化气场。同时，组织书法名家、乡村书法艺人，楹联爱好者，书画作家等，以书法切入，借书画造势，靠楹联发力，打造一个书法景观带，楹联、书画长廊，塑造城市形象，彰显城市魅力；将书法、楹联文化融入景区中，让景区中一草一木一石灵动，增添景区意韵，让游客游一次秀山，有如品一场民俗生态文化盛宴。

(三)服务民族发展，展示地方特色

发展民俗文化旅游业的着眼点必须放在民族特色、能发挥自身优势的旅游内容和景点上。梅江民族村（即金珠苗寨）苗家风情浓郁，民风民俗保存完整，清溪大寨土家文化浓厚、人文景观优越。通过将传统民居或小村寨连点成片，分别打造为苗家民风民俗体验区和土家田园牧歌活动区，让游客原汁原味领略土苗绚丽多姿的民族服饰，感受美不胜收的歌舞节庆，古朴多姿的民族习俗，神秘深邃的宗教文化，还有丰富独特的土家苗寨酒文化、茶文化等。大溪"打捞寨"依山傍水，景色宜人，"山""水""林""寨"俱全，人文与生态自然融合，可打造为苗寨养身体验区。让游客不仅在这里感受浓浓的苗家风情，更能沉浸到如画的山水之间，体验到天人合一、深度回归的感觉。

(四)延伸旅游产业链条，丰富旅游开发

旅游产业链条包括旅游产品设计、生产、销售、消费四个环节，再根据消费者的需要更新设计，开始新一轮的生产、销售、消费，从而形成旅游循环产业链条。旅游产业链条由"吃、住、行、游、购、娱、商、养、学、闲、情、奇"等要素，把这些要素有机整合起来，可以丰富产品供给，将传统文化、农耕文化和民俗文化自然真实地融会到旅游产品中去。秀山应鼓励县旅游部门和企业，开发各种旅游商品，加工经营旅游工艺品，提高产品附加值，延伸产业链；对传统工艺品进行更新换代，增全花色品种，提高设计、生产和包装水平，把各种有民族特色的服饰、器具、工艺品等可以作为商品开发。还应深度挖掘、推出一批到秀山非看不可、非吃不可、非买不可的"三非"项目和商品，真正地做到白天有看的、晚上有玩的、走时有带的。同时，充分利用"互联网+"，助力民俗文化旅游智慧升级，借助秀山电商"村头"平台影响力，通过 App 与游客进行在线互动，如特色民俗活动智能解说、智慧民俗住宿等，满足游客的个性化需求，增强游客的智慧化体验，并通过网上评价或投诉，提高民俗文化旅游的服务质量。

参考文献

[1]黄立群.浅论贵州民俗文化产业集群发展[J].新闻研究导刊,2017,8(15):63-64.

[3]潘芬萍,蔡娇玲,王慧琴.大湘西文化旅游产业融合发展研究[J].中国名城,2017(07):48-55.

[3]重庆市秀山县着力发展民俗生态文化旅游成效明显[EB/OL].重庆市政府网站,2018-06-20.

李伟丽

女,中共秀山土家族苗族自治县委党校讲师。

秦巴山区乡村文化与旅游发展研究
——以城口县为例

罗丽莎

摘　要：独特的乡村文化本身就是一种旅游资源，加以利用开发，既可促进旅游业的可持续发展，又有利于乡村文化的保护和传承。城口县地处秦巴山区腹地，乡村文化资源丰富，以乡村文化的开发和保护为基点，促进乡村旅游的持续发展，必将达到双赢的效果。

关键词：乡村文化；旅游发展；秦巴山区城口县

秦巴山区西起青藏高原东缘，东至华北平原西南部，跨秦岭、大巴山，地貌类型以山地丘陵为主，间有众多的小盆地和山间谷地。秦巴山区横跨陕川渝鄂等省市，群山莽莽，千崖万壑，古人曾发出"蜀道之难，难于上青天"的感叹，恶劣的自然条件以及深度的贫困，使其成为中国14个集中连片特困地区之一。同时，秦巴山区气候类型多样，垂直变化显著，水系发达，径流资源丰富，山水相融，旅游资源极其丰富，拥有得天独厚的开发潜力。城口县位于大巴山南麓，属大巴山弧形断褶带的南缘部分，处于秦巴山区腹地，作为国家扶贫攻坚的主战场之一，在扶贫政策、资金方面备受照顾。城口县应以乡村振兴战略为契机，以乡村文化的开发和保护为基点，促进乡村旅游的持续发展，必将达到双赢的效果。

一、城口县乡村文化资源概述

乡村文化是传统文化的家园，是乡民在农业生产与生活实践中逐步形成并发展起来的道德情感、社会心理、风俗习惯、是非标准、行为方式、理想追求等，表现为传统的精神和价值观念、民俗礼仪、风土人情、生活方式等。城口县有以主要的乡村文化资源。

（一）乡村物质文化资源

乡村物质文化是乡村人集体或个体智慧的外在显现部分，具有可视性、可触性特点。

包括乡村建筑、乡村服饰、乡村乡土纪念品及工艺品,及乡村的特殊地域田园风光等。城口县藏于大巴山深处,风格独特的森林人家、山清水秀的乡野村落和浓郁地方特色的农家小院随处可寻;农耕文化独具一格,在河鱼乡建有农耕博物馆、农耕体验场和农耕民俗文化广场等;还有丰富的乡村手工艺术,如雕刻、竹编和纳鞋底等。

(二)乡村民俗文化资源

乡村民俗文化即民间民众的风俗生活文化,也泛指一定地域的乡村人群所创造、共享、传承的风俗生活习惯,一般体现在乡村礼仪规范和乡村节庆程序等方面。城口县踞渝川陕鄂交界处,秉承巴蜀文化传统,受三秦文化、楚天文化熏陶,逐步形成了乡土气息浓郁、地方特色鲜明、风情多姿多彩的民俗文化。如山歌、民间故事、花鼓、狮子舞、钱棍舞、彩船舞、锣鼓、孝歌、"搭红"、土地会、祭猪神、祈雨仪式和刨猪文化节等。

(三)乡村精神文化资源

乡村精神文化资源即潜存于物质文化资源与制度文化资源里面,经过长期社会实践所形成的乡村人共同的性格、价值观、心理结构与情感反应。包括村落的选址布局艺术、朴实的生活习俗、丰富的乡村口头艺术等。背负大巴山的艰辛与沉重,面对险恶的自然环境求生存谋发展,这就铸造了巴人的剽勇之慨、苦斗之志和达观之风。作为巴人的一部分,城口的乡民具有吃苦耐劳、坚忍不拔、乐观豁达、率性耿直、善良淳朴、热情好客的人文品格。

二、乡村文化与旅游发展的关系

文化与旅游关系密切,良性互动的关系可以促进他们之间的融合和发展。旅游其实也是一种文化的学习和交流,而以乡村文化为载体的旅游项目已经成为当下热门的项目之一。独特的乡村文化本身就是一种旅游资源,加以利用开发不但可以促进对外的文化交流,而且可以发展地方经济,扩大就业,扶贫致富;充分挖掘乡村文化资源,既促进了旅游业的可持续发展,又有利于乡村文化的保护和传承。

(一)乡村文化对西部旅游发展的作用独特而重要

在我国,西部欠发达地区生产力发展水平较低,但是具有独特的乡村文化资源和得天独厚的自然资源,这些优势资源的利用和开发对当地产业结构的优化升级以及促进地方经济的可持续发展都有着重要的作用。在这些地区,虽然旅游业的发展水平还不是十分发达,却是我国旅游业发展的后劲所在,充分依托乡村文化资源,结合丰富的自然资源,在开拓适宜当地的文化旅游发展的道路上,乡村文化的独特性和多样性将发挥巨大的作用,助推旅游业向更高层次发展。

(二)乡村文化提升旅游的核心竞争力

乡村文化是构成旅游的核心内容之一,关系到旅游产品的竞争力。文化给旅游注入了灵魂,旅游更是以文化发展为依托,旅游产品的竞争最终也体现在文化的竞争上。乡村文化的历史性、地域性和群体性,决定了其不可再造也不可复制,具有垄断性和不可移动性,因而使得其在竞争中更易创造特色、体现效益,形成核心竞争力。因此,只有把旅游与文化紧密结合起来,才能使旅游产品具有强大持久的生命力。这个基本规律对于乡村文化资源的旅游开发,更是表现得极为突出和典型,对于西部地区来说,只有对乡村文化充分理解和挖掘运用,大力开发乡村文化类旅游资源,才能突出自身旅游业的市场竞争力。

(三)旅游开发是乡村文化保护和传承的重要途径

随着经济的发展和交流融合的加速,乡村文化虽然受到日益严重的外部因素的冲击,但是其主要威胁还是来自内部,排外的保护和封闭的传承只会使其在时代的潮流中逐渐地销声匿迹。因此,要更好地保护和传承乡村文化,就必须在发展中寻找出路,只有向内唤醒对本地区乡村文化重要性的认识,向外充分利用自身资源走出去,才能够取得好的效果,而旅游开发无疑为此提供了一条重要的途径。一方面,乡村文化旅游带来的经济和社会效益能够增强乡土意识,让人们自觉地去保护、传承和弘扬乡村文化;另一方面,旅游开发对乡村文化走出去起到了很好的宣传和推动作用,使其内在的价值得到充分的挖掘和释放,进一步焕发新的生命力。

三、城口县乡村文化旅游开发的建议

城口县的乡村文化是在农耕文明的基础上产生和发展起来的,承载着中国古老的传统文化负重前行,各种物质文化遗产和非物质文化遗产非常丰富。但是,随着城镇化浪潮的加剧,人口向大中城市迁徙,农业人口的减少,导致部分偏远农村出现凋敝、衰败的现象,对传统文化的传承造成了一定的冲击,致使中华民族的传统文化基因在一些乡村有逐渐流失的趋向。为此,要让城口乡村文化的保护与旅游开发协调可持续发展,必须在寻找突破口、寻求新对策,探索两者互动发展、互融共赢共进的新模式上下功夫。

(一)加大对乡村文化的挖掘和保护

包括对乡村文化遗存的如老宅子、庙宇、祠堂、戏楼、书院等的挖掘;对农耕文明中劳动工具如马车、水磨、犁铧等,生活用具如马灯、风箱、轱辘、碾盘、拴马桩等和古老的风俗习惯,如婚丧礼俗仪式等的保护。要让农村"看得见青山绿水,记得住乡愁"。"记得住乡愁"就是要保存好乡村的文化记忆。对这些乡村文化的挖掘和保护应该树立强烈的忧患意识和紧迫感,首先要高度重视,加大投入力度,应当以前瞻性的思维和务实的行动来对待乡村文化的传承和保护;进一步提高认识,克难求实,从人力、财力、物力等方面给予支持。其次要继续加强调查挖掘,认真做好乡村文化资源调查的基础性工作,特别是要加大对县境偏远乡村的调查研究,充分挖掘潜在的文化资源。再次是要促进多方合作,提升研究水平,特别是与各种媒体进行合作来进一步推广和宣传乡村文化,还有要加强与高校研究院所的合作及交流,让乡村文化在研究层面上迈上更高台阶,拓展其研究的广度和深度。

(二)建立健全乡村文化与旅游融合发展的体制和机制

要建立健全乡村文化旅游开发的协调机制,形成良好的运行机制,主要是要在制定行业发展规划、帮扶机制研究、招商引资和人才引进等方面下功夫,使得乡村文化与旅游发展的相互促进,协调同步。具体来说,一是要建立文化部门与旅游部门以及各乡镇协作配合的长效工作机制;二是要加大引导性资金的注入,鼓励多元化经营与多元化资金的投入,建立财政投入、社会资本、民营资本等多渠道投融资乡村文化旅游开发机制;三是要大力引进专业人才,特别是文化与旅游相结合的复合型人才,并形成专业人才管理的长效机制;四是在实施乡村文化与旅游融合发展的过程中,还应出台对自然生态环境、非物质文化遗产、重点文物的保护机制,严禁无序开发和低水平开发。

(三)充分挖掘乡村文化内涵,打造特色景点景区

城口县除了独特的乡村文化资源,还有丰富的自然资源,在旅游开发上应该注重其二者的结合,在景区景点的设计和打造上,始终要注重其乡村文化内涵的重要作用。例如,应选择地方特色鲜明的古村落进行整体的保留、保护和维修利用,保护古村落要处理好保护与旅游开发的关系。特色小镇的建筑规划和城镇建设要有文化特色,要能体现出地方风情、风俗和当地历史文化。非物质文化遗产的保护和开发与旅游有效结合可成为地方绿色经济的重要增长点,比如在城口极具当地特色的"搭红"的开发上,可以依托本县的国家级自然保护区,划定旅游核心景区,打造具有积极意义的、富于原生态内涵的"山神文化",并收集当地山神传说和民间故事,挖掘其新的文化内涵,打造大型神话歌舞文艺演出。另外,在民俗文化的旅游开发上要注重民俗活动内涵的创新,比如选择性地继承钱棍舞内在积极、优秀的传统文化内涵,摒弃其封建迷信的观念,在表演中呈现出神韵高雅、意

新形美的特点,把它推广为一项全民参与的健身娱乐项目,成为城口特色的乡村文化旅游品牌。

(四)创新乡村文化与旅游联合宣传推介模式

一是通过政府主导,并引入市场运作,积极打造城口乡村文化旅游节等品牌,如河鱼农耕文化旅游节、彩叶旅游文化旅游节等,充分利用乡村文化资源,不断提升文化旅游的软实力,打造具有特色的,有影响力的品牌。二是建立城口乡村文化旅游论坛,深入探讨研究乡村文化与旅游发展融合协调的机制、经验和对策,充分展现城口厚重的历史、浓郁的山水风情和深厚的文化底蕴,扩大城口在国内外的影响。三是加大影视演艺和文学艺术作品的创作力度,增强乡村文化和旅游产业的品牌形象和市场地位,比如创作一系列反映城口自然风光、乡土风情、历史文化的文艺作品。四是加强媒体宣传,特别是新媒体的推介力度,创新文化旅游的互联网+模式,打造城口县乡村文化旅游线上线下全方位展示平台。

(五)大力培养本土乡村文化旅游服务人才

作为城口乡村文化资源的主角,大巴山民们不仅给旅游者带来内容丰富的文化体验,还是乡村文化世代传承的主要载体和守护者,是乡村文化的生命线,是旅游开发的主人,保证他们的服务质量就是保证了文化旅游的质量。因此,对本地乡村文化旅游服务人才的挖掘和培养显得尤为重要,应该在服务形式、服务标准的设计、服务过程、服饰的选择、服务语言的运用及文化活动组织策划等各个环节加强培养,并且始终要注重乡村文化在旅游开发中的融合和体现,以此在提升整体从业素质的同时也增强他们的乡村文化认同感和自豪感,进一步激发服务活力和热情。

参考文献

[1]张鸿霞.加强特色文化与旅游融合促进城口全域旅游发展[J].现代商贸工业,2016,37(11):21-22.

[2]邓晓,陈太红.环三峡地区民间"搭红"现象的巫文化解读——以大巴山城口县为例[J].重庆师范大学学报(社会科学版),2017(06):44-49.

[3]朱沛琳.浅析城口县民俗民间文化——钱棍舞传承与发展现状[J].科学咨询(科技·管理),2012(12):36.

罗丽莎

女,中共石柱土家族自治县委党校讲师。

板块四　山地区域乡村生态振兴

发展生态产业，实现乡村振兴

——对陕西省岚皋县发展生态产业的调研与思考

王道志　苏世广

摘　要：党的十九大把乡村振兴提到战略高度，清晰勾画出我国农村发展的宏伟蓝图。为进一步探讨秦巴山区农村的绿色发展之路，本文选取具有代表性的秦巴山区国家扶贫工作重点县——岚皋县为实例开展调查研究，通过走访实际与数据查阅，从资源、市场、环境三个方面分析陕西省岚皋县大力发展生态产业的广阔前景，从而有针对性地提出该县生态产业发展的有效途径，围绕打造生态产业品牌化、培育市场新型主体、深化农村供给侧结构性改革和秦巴区域协同发展四个层次，提出发展生态产业，实现乡村振兴的对策和建议，为秦巴山区广大农村推进乡村振兴提供了可行性依据。

关键词：生态产业；富硒农业；生态旅游；品牌化；陕西省岚皋县

产业兴旺是乡村振兴的核心和关键。地处秦岭南部、大巴山北麓的岚皋县，下辖12个镇125个行政村，国土面积1956平方千米，总人口17.2万人，其中农业人口14.4万人，境内山高地碎、土壤贫瘠富硒、生物资源多样、生态景点众多，是全国秦巴山区集中连片特困山区县、国家南水北调中线工程重点水源涵养区、国家主体功能限制开发区和秦巴生物多样性生态功能区。要在这样一个欠发达的山区农业县推进乡村振兴，必须充分发挥得天独厚的生态资源禀赋，坚持走质量兴农、绿色兴农之路，大力发展生态产业，建立健全现代农业生产体系，实现乡村振兴产业先行目标。

一、陕西省岚皋县生态产业发展现状

（一）富硒农业方兴未艾

近年来，岚皋县始终坚持把富硒特色农业作为产业发展主攻方向，出台了加快推进《巴山画廊硒有岚皋建设的实施意见》，建立了魔芋、茶叶、畜牧三大传统产业及猕猴桃、烤烟、林下经济等特色增收项目的系列奖励扶持办法,推动形成了以魔芋、茶叶为主导,以猕猴桃、中药材、畜牧、特色林果为补充的富硒特色产业布局。目前,全县累计发展魔芋9.4万亩、茶叶7.4万亩,建设猕猴桃、核桃等特色经济林果15万亩,新发展中药材3万亩、林下养蜂6万桶,年出栏猪羊禽9.97万头、3.88万只、65.78万羽。建成了现代农业园区40个,其中省级园区2个、市级园区7个、市级以上农业产业化重点龙头企业5户,累计培育农村经济合作组织315个、农林场主141个。岚皋先后被认定为国家林下经济示范基地县、全省第二批山林经济发展示范县,省级农产品质量安全县;岚皋魔芋先后获得国家地理标志保护产品、国家商标局注册商标、国家农业标准化示范区3个国家级称号,蔺河镇蒋家关村被农业部评为全国魔芋"一村一品"示范村。2017年,全县农林牧渔业总产值达到12.4万元,同比增长5.2%,农民人均可支配收入达到9099元,较上年增长8.7%。

(二)生态旅游蓬勃发展

持续推进"旅游县城提升、乡村旅游精品、重点景点开发、旅游服务规范、旅游宣传促销、旅游文化融合、标识体系建设、岚皋美食开发、智慧旅游建设、旅游惠民普及"等十大工程,南宫山创建AAAAA景区大雄宝殿和自驾游营地、西部水宇水上乐园、巴山珍稀植物园、杨家院子乡村旅游提升改造等重大旅游项目建成投运,全胜寨景区开发顺利跟进,乡村旅游蓬勃发展,主要景区通信信号全面覆盖,道路、供水、供电等基础设施得到升级完善,旅游吃住行游购娱要素体系基本形成。研发富硒饮品、魔芋食品、苦荞商品和藤编刺绣、根雕石砚等系列以"土"和"手工生产"见长,绿色无公害的旅游商品50余种,共发展农家乐、农家宾馆、农家超市600余家,吸纳就业人员1.3万余人。形成了以全域旅游示范区创建为统领,南宫山、神河源、千层河、岚河漂流四大景区为核心,杨家院子、宏大新村、花里田园、横溪古镇、巴人部落等乡村游为支撑的良性发展格局。2017年,旅游接待486万人次,实现旅游业综合收入31.31亿元。

(三)循环工业稳中向好

以安康飞地经济园区和六口工业园区为承载,持续开展优化营商环境十大行动,工业质量和效益稳步提高,硒宝富硒水、御口韵茶叶、惠宇建材等一批重大工业项目投产运营,全县规模以上企业达到39家,形成了以水电开发、包装饮用水、绿色食品、烟花爆竹和新型建材为主导的发展格局。2017年,实现工业总产值803578万元、工业增加值240999万元。工业对县域经济的支撑作用日益增强,在县域经济中的比重达到58.6%。循环工业的快速发展,增强了工业反哺农业、城市支持农村的能力,促进了城镇化和农民市民化,每年有3万余农业劳动力转移到工业和城镇就业,为乡村振兴提供了强大的经济支撑。

二、陕西省岚皋县生态产业发展前景分析

(一)崇尚绿色消费理念为生态产业发展提供了广阔的市场空间

随着生活水平的提高、消费方式的升级换代,安全绿色有机无公害的消费理念深入人心,绿色生态产品在市场大受欢迎。我县森林覆盖率达78.8%,主要河流水质常年保持在国家饮用水源标准之上,大气优良天数常年保持在300天以上,素有"绿色岚皋、天然氧吧"之称。境内生物资源丰富,被称为"天然生物基因库和南北植物荟萃地",更是国内外少有的富硒资源区。县内生产的生态产品为广大消费者喜爱和接受,富硒魔芋、茶叶、林果等特色产品供不应求,具有较为广阔的市场前景。

(二)不断优化的软硬环境使生态产业发展插上了腾飞的双翼

随着脱贫攻坚的深入实施,基础条件得到不断改善,县境内水电路设施齐全,移动通信和宽带网络覆盖全县所有镇村,安康—岚皋—城口高速公路的修建,使得制约岚皋发展的大交通瓶颈迎刃而解。通过持续开展"优化营商环境十大行动",投资环境得到极大改善,市场主体在岚投资发展的信心显著增强。所有这一切,都为引进资金、技术、项目,激发大众创业创新,加快生态产品开发,提供了更加优良的发展条件。

(三)较为落后的发展方式是生态产业发展必须破解的瓶颈

由于历史和自然的原因,我县经济社会发展一直处于欠发达状态,生态产业的组织业态、生产方式、经营模式、运营管理都还存在很多问题。在富硒农业发展上小农生产仍占主导地位,新型经营主体市场份额不足,经营的规模、效益和质量不高,农业发展的规模化、品牌化、组织化程度急需提高。生态旅游发展核心竞争力不足,与全国其他旅游地同质化现象突出,乡村旅游仍处于吃喝玩的低层次阶段,缺乏文化内涵和游客参与体验项目,与全域旅游示范区建设还有很大差距。循环工业缺少亿元和十亿元产能的大中型骨干企业,技术含量不足,附加值低,驰名省内外的知名企业和品牌少,经营管理粗放,资源能源消耗比例高,企业运行效益和质量难以适应现代经济社会发展需要。

(四)残酷激烈的市场竞争对生态产业发展带来极大的挑战。

一方面,随着经济全球化的推进和新技术革命的兴起,竞争愈演愈烈。而岚皋县由于区位条件不利,在交通运输、产品配套、生产效率、市场销售上都处于不利地位,很难通过价格成本优势占领市场。另一方面,像岚皋这样生态良好、有条件发展生态产业的地区在全国很多,特别在秦巴山区就有很多县区雷同,产业产品的同质化现象非常严重,没有不可替代性,差异化、特色化很难体现,优质未必能够实现优价。

三、陕西省岚皋县生态产业发展对策及建议

(一)把发展生态产业作为乡村振兴的当务之急

"靠山吃山,靠水吃水。"秦巴山区特性决定了唯有大力发展山地经济、壮大生态产业,才能实现乡村振兴产业兴旺。要统一思想、凝聚共识,将生态产业建设作为乡村振兴的重点和核心,制定鼓励支持生态产业发展的一揽子政策措施,在全县形成"发展生态产业、实现乡村振兴"的共识。要搞好规划发展,科学合理地制定生态产业中长期发展规划和年度建设任务,分区域定品种、逐年度有计划地推进,切忌好高骛远、脱离实际。要强化扶持引导,整合各类发展资金,筹措建立一个亿资金规模的生态产业发展基金,从园区建设、龙头企业发展、特色品牌培育、产业科技创新等方面进行奖励扶持,支持优势产业做大做强。要深入推进产、学、研深度融合,加强与中国科学院、西北农林科技大学等科研机构、高等院校技术合作,研发推广新产品新技术,向科技要效益、用高端产品引领市场。要鼓励支持各类人才特别是科技人才回乡创业,健全县镇村三级技术推广平台,充分发挥人才在发展生态产业中的领军作用。

(二)坚持走特色化、差异化、品牌化发展之路

坚持"人无我有、人有我优、人优我特"的发展思路,立足资源禀赋,精选产业项目,打造地域品牌,建设秦巴山腹地的璀璨明珠。要坚决杜绝盲目跟风、不切实际、不合时宜的产业发展项目和生产方式,要突出地域特色,大力发展传统优势产业,审慎引进舶来项目,科学选育新优品种,严格实行绿色生产。就岚皋实际来讲,应突出发展传统魔芋、富硒茶叶、地道中药材和林下经济,抓好富硒食品、富硒饮用水等特优农产品加工,加快推进巴文化与旅游业的深度融合,大力实施全域旅游示范县建设,着力发展医、旅、养一体化的健康养老产业。要坚持"政府树形象、企业出产品",统一品牌、包装、标准、宣传、监管,建立健全生态产业可追溯质量技术标准体系,强化品牌规划和育牌创牌服务,培育一批地理标志产品和中国驰名商标,打造具有自主品牌的核心产品,建成岚皋全国魔芋"一县一业"示范县、秦巴地道中药材基地县。

(三)着力培育市场新型经营主体

以建立现代农业生产经营体系为目标,大力培育新型经营主体,通过经营主体来调整顺应市场的产业结构,运用科技化手段进行生产加工销,实现资源、资金、技术、劳动力等生产要素的优化组合,促进小农户与现代农业的有机衔接。具体措施上,要加大招商引

资和全民创业力度,大力发展现代农业企业、新社区工厂和劳动密集型产业,着力推进电子商务和乡村旅游、休闲经济、康养庄园、创意空间、田园综合体等新产业新业态建设。要充分发挥新型农业经营主体推动农业高质量发展的牵引作用,深入实施"一十百千"培育工程(到2022年建成1个国家级龙头企业、10个省级龙头企业、100个市级龙头企业、1000名职业农民),每个村都有一个县级以上产业园区和合作组织。建立起龙头企业+合作社+基地的产业发展模式,促进一二三产融合发展。

(四)注重区域协同发展

秦巴山片区基础资源雷同、民俗文化相近、生态优势明显。各地在发展生态产业时,要跳出一个省一个市一个县的生态产业发展局限,以大区域为格局去协同规划、协作发展,这就需要本区域内三省一市兄弟县区加强横向联系,共谋发展。例如:在产业布局上,突破行政区域壁垒,按地域板块规划,建设秦巴山区特色林果大基地,打造绿色优质杂粮生产带,做强秦巴山地道中药材,连接生态旅游各节点;在交通物流上,省市之间协作共建互联互通的铁路公路干线,县乡之间开辟交通物流通道;在信息共享上,要互通有无,优势互补;在智库决策、舆论宣传上,各地研究机构、高等院校、各界媒体要加强交流,共同发声,争取高层关注,得到更多实质性政策和项目支持。

(五)强化改革创新增添发展活力

深化农村土地制度改革,建立健全三权分置的具体操作办法,规范推进土地经营权流转,发展产业适度规模经营。加快推进农村集体建设用地和宅基地使用权确权登记发证工作,适度放活宅基地和农民房屋使用权。抢抓被国家列入"全国集体产权制度改革试点县"的机遇,深化农村集体产权制度改革和农村"三变"改革,组建以股份合作经济为主的集体经济组织,实施集体经济三年清零行动计划,发展壮大集体经济。加快建设县级综合性产权交易平台,开展产权流转交易、资产评估、抵押贷款、信息发布等服务,实现农村土地、林地、宅基地、住房财产权等效益最大化。鼓励社会资本与农民合作,开发利用农村闲置建设用地发展乡村旅游、民俗体验和小型农产品加工业等农村新产业新业态,让农民得到更多的财产性收益,从而破解乡村振兴"钱从哪儿来、谁来抓发展"的问题。深化旅游管理体制改革,放开搞活景区经营权,创建南宫山国家AAAAA景区,打造一批地域文化深厚、特色鲜明的乡村旅游示范村,催生一批旅游经营企业,建设生态旅游主景区龙头带动、乡村休闲旅游遍地开花的国家级全域旅游示范县。

参考文献

[1]杨英姿.渝东南片区发展山地生态产业的对策研究[J].知行铜仁,2015(06):27-30.

[2]霍伟兵,刘伟,潘丽群.新型农业经营主体的发展研究[J].中国集体经济,2018(03):11-12.

[3]谢应梅,陈洪海,陈延安.强县底气是生态——岚皋县实施生态强县建设美好家园纪实[N].安康日报,2019-02-01.

王道志

男,中共陕西省岚皋县委农工部部长。

苏世广

男,中共陕西省岚皋县委农工部副部长。

十堰建设生态文明先行示范区发展战略研究

王梦雨　左金隆

摘　要：生态文明先行示范区的建设对发展秦巴山片区至关重要。本文研究的对象是位于湖北省秦巴山片区的十堰市，希望通过对十堰市建设生态文明先行示范区的战略研究，可以对秦巴山片区的其他城市建设生态文明先行示范区有借鉴作用。在SWOT分析法和层次分析法的基础上，利用专家意见法，构建SWOT-AHP战略模型，可以得到十堰市建设生态文明先行示范区的战略类型、战略强度和战略态度。得出的结论是十堰建设生态文明先行示范区应采取积极的机会开拓性战略。最后对比现实情况发现，十堰市的战略方向基本符合本文分析。

关键词：SWOT-AHP模型；生态文明先行示范区；发展战略；湖北省十堰市

一、引言

秦巴山地区涵盖河南、湖北、重庆、四川、陕西、甘肃六省市的18个地级市80个县市区，是我国大型水库区、生物多样性生态保护区，同时又是自然灾害易多发区，如何在发展片区经济的同时避免生物多样性受到破坏，成为当地政府的难题之一，生态文明先行示范区的提出为解决这上难题提供了解决的办法。同福建省、贵州省和江西省一样，湖北省十堰市也成功申报国家生态文明先行示范区，并在2014年颁布了《十堰市创建国家生态文明先行示范区三年行动计划(2015—2017)》(下文简称《三年行动计划》)，目标是通过三年努力，将十堰市的经济发展和生态保护有机地结合在一起，实现绿色发展。建设生态文明示范区对十堰市具有重要意义。首先，十堰市除主城区和襄阳市的保康县外，其他城区都被划入湖北秦巴山片区，所以十堰市是湖北秦巴山的主要区域；其次，丹江口水库是国家级的水源保护区，十堰市的生态安全问题尤为重要；最后，生态文明先行示范区的建设总体上可以推动试点经济的持续绿色发展，改善试点地区的生态环境，提高片区人民生活水平和生活质量。十堰市建设生态文明先行示范区可以为其他秦巴山片区的绿色可持续发展提供借鉴。

本文的结构安排为：第二部分是文献综述部分；第三部分介绍研究方法，包括SWOT分析法和层次分析法，将定性和定量结合起来分析十堰市建设生态文明先行示范区的战略选择；第四部分对《三年行动计划》的政策实施效果做一个简单的评价。

二、文献综述

自国家公布建设生态文明先行示范区的相关文件后，国内诸多学者关于此主题展开大量研究探索工作，主要包括实证分析和政策建议。在实证分析方面，大多数学者都是采用AHP测量生态文明先行示范区的建设水平，比如施生旭(2015)、周海涛和宁小莉等(2018)；也有胡卫卫、施生旭等(2017)采用DEA和Tobit模型的。在政策建议方面，大多数学者主张在某些宏观方面大致可以概括为生态经济、生态文化、生态环境、生态社会以及生态制度五方面的某一或某几方面建设生态文明先行示范区，包括张宜红(2015)、汪磊(2016)、张琳杰(2017)。

SWOT分析法是基于企业所处的内部条件和外部环境，通过列出影响企业决策目标的优势、劣势、机会和威胁因素，并以矩阵的方式排列，然后综合考虑各种因素并选择最优战略的过程。但是由于SWOT属于一种定性分析方法，所以得到的结论往往较为宏观和模糊，因此需要结合定量分析，使结果更加科学。层次分析法(AHP)是一种决策分析方法，多用于企业多目标决策。AHP将决策过程分为不同的层次结构，主要有目标层、准则层以及方案层，通过量化后的指标算出各层次间指标排序和总排序，通过判断方案的权重来确定最终方案。最初，AHP被引入森林认证的内外部环境因素分析(Kurttila等，2000)，此后，就形成了SWOT-AHP分析模型，并被运用到多个领域的决策研究中，比如林业(林文树、周沫、吴金卓，2014)、旅游业(杨晓霞、史珊、向旭，2016)、农业(王有志、宋阳，2009)、企业发展(郭云，高丽、冯南平，2011)、产业分析(周翔，2014；陈冠铭、林亚琼、汪李平，2014；张丽颖、李胜连，2011)。

在整理上述文献中发现，SWOT-AHP模型已经是一种较为成熟的战略研究方法，并且在多个领域得到应用。但是，目前尚无学者针对湖北省十堰市如何建设国家生态文明先行示范区展开探讨，所以，本研究在借鉴前人研究的基础上，利用SWOT-AHP模型分析十堰的内部环境和外部环境，确定十堰建设国家生态文明先行示范区的发展战略类型，并对十堰市政府的政策进行简单的评价。

三、研究方法

(一)确定十堰市建设生态文明先行示范区的SWOT战略模型要素

在构建SWOT-AHP模型之前,首先要确定十堰市建设生态文明先行示范区内外部因素,即优势因素(Si)、劣势因素(Wi)、机会因素(Oi)及威胁因素(Ti)。本文在施生旭学者的研究基础上,从五个一级指标方面,选取了十七个具体衡量指标,从中选出相对于除重庆市和西安市以外的其他秦巴山片区城市,十堰市拥有的相对优势、劣势、机会以及威胁,具体指标如表1所示:

表1 生态文明先行示范区建设水平

一级指标	二级指标	衡量指标	序号
生态经济A1	产业结构B1	第三产业增加值占地区GDP比重(%)	D1
	污染减排B2	单位地区GDP二氧化硫排放量(吨/万元)	D2
	节能降耗B3	工业固体废弃物综合利用率(%)	D3
生态社会A2	民生改善B4	万人拥有的医生数	D4
		医疗卫生机构(所)	D5
		城镇登记失业率(%)	D6
	社会发展B5	地区人均GDP(万元)	D7
		人口密度(人/平方千米)	D8
		财政性教育支出占地区GDP比重(%)	D9
生态环境A3	资源利用B6	人均水资源总量(立方米/人)	D10
	环境保护B7	森林覆盖率(%)	D11
		污水处理厂集中处理率(%)	D12
		生活垃圾无害化收集处理率(%)	D13
		建成区绿化覆盖率(%)	D14
生态文化A4	文化建设B8	普通高等学校数量(所)	D15
		普通高等学校在校人数(万人)	D16
生态制度A5	政策保障B9	工业污染治理完成投资(亿元)	D17

样本的选取及数据处理说明。秦巴山片区的划分是以县市区划分的,其中十堰市除了城区以外的其他县区都被划入秦巴山片区,所以本文的研究对象是整个十堰市,考虑到样本的可对比性,本文选取了除重庆市和西安市的十六个秦巴山片区的地级市。受数据可获得性的影响,本文缺少部分相关数据,具体有:南充市缺少序号为 D2、D3 的数据;达州市缺少序号为 D2、D3、D10、D11、D12、D13 的数据;巴中市缺少序号为 D3、D11、D12 的数据。各指标的具体数据,如表2所示:

表2 秦巴山片区十四个地级市生态文明先行示范区建设水平比较

	D1	D2	D3	D4	D5	D6	D7	D8	D9	D10	D11	D12	D13	D14	D15	D16	D17
洛阳市	59.26	0.0007	45.13	0.04	286	0.59	5.64	720.63	2.47	180.19	50.1	98.76	95.84	39.77	7	13.48	6.15
平顶山市	46.39	0.0010	98.14	0.05	218	2.77	3.67	129.16	2.77	207.95	34.1	99.94	100	40.97	5	5.79	2.94
三峡门市	48.64	0.0018	36.79	0.04	128	1.83	5.89	269.16	2.79	455.90	18.7	95.8	96.7	45.49	1	1.40	2.13
南阳市	56.06	0.0003	71.83	0.08	368	2.20	3.10	450.79	3.49	297.22	26.9	91.59	89.39	37.21	6	8.04	5.01
十堰市	39.14	0.0007	64.14	0.04	182	2.42	4.21	412.35	3.49	1923.18	15.2	96.94	94.55	38.03	8	5.25	1.61
襄阳市	33.86	0.0007	46.37	0.04	221	2.35	6.57	103.45	2.19	920.06	29.6	90.05	88.13	34.68	5	5.02	4.17
绵阳市	36.23	0.0005	87.4	0.05	363	3.21	3.82	411.64	3.04	1515.96	25.1	89.68	98.2	39.23	10	12.90	0.64
广元市	39.27	0.0009	90.87	0.07	329	3.80	2.51	593.89	5.66	1652.13	13.1	97.49	96.54	36.75	2	1.31	0.23
南充市	38.44	\	\	0.06	591	2.62	2.59	816.35	4.46	344.53	37.7	88.77	100	44.11	4	7.34	0.58
达州市	42.04	\	\	0.11	380	1.80	2.59	186.90	5.34	1001.75	\	\	\	\	2	2.36	0.51
巴中市	46.31	0.0004	\	0.06	296	3.45	1.64	305.05	8.56	1456.27	7.7	\	\	33.56	1	0.36	0.19
宝鸡市	29.6	0.0010	53.2	0.06	264	2.44	5.13	301.14	3.15	208.96	22.6	91.5	99.24	41.07	3	3.21	1.93
汉中市	48.45	0.0020	66.08	0.06	276	1.47	3.36	146.96	5.03	2853.39	5.4	94.61	100	32.4	3	4.20	1.16
安康市	47.03	0.0006	66.7	0.04	220	2.56	3.18	211.96	6.71	2667.11	7.1	91.76	100	40.44	2	2.10	0.84
商洛市	45.17	0.0010	61	0.07	167	2.13	2.96	131.14	5.61	1981.82	4.1	84.42	91.39	23.12	2	1.81	0.70
陇南市	69.23	0.0020	24.32	0.11	234	1.46	1.38	140.94	11.27	238.57	0.4	84.01	62.7	3.07	1	0.61	0.52

数据来源:《中国城市统计年鉴—2017》和国家统计局。

由于数据不完整,缺少数据的城市不参与建设水平的该项排名。关于工业污染治理完成投资(万元)即 D17 这个指标的衡量,只能得到省级数据,采用的处理方式是先计算各个市的 GDP 占省 GDP 的比重,然后用得到的比例乘以省工业污染治理完成投资额,得到的就是该市工业污染治理完成投资额。具体排名情况如表3所示:

表3 秦巴山片区十四个地级市生态文明先行示范区建设水平排名

	D1	D2	D3	D4	D5	D6	D7	D8	D9	D10	D11	D12	D13	D14	D15	D16	D17
洛阳市	2	7	11	13	7	1	3	2	15	15	1	1	9	6	3	1	1
平顶山市	7	11	1	10	13	13	7	15	14	14	3	3	1	4	5	4	4
三峡门市	4	12	12	14	16	5	2	9	13	13	8	8	7	1	14	13	5
南阳市	3	1	4	3	3	7	10	4	9	9	5	5	12	9	4	3	2
十堰市	12	5	7	16	14	9	5	5	10	4	9	9	10	8	2	6	7
襄阳市	15	6	10	12	11	8	1	16	16	16	4	4	13	11	6	7	3
绵阳市	14	3	3	11	4	14	6	6	12	6	6	6	7	1	2	11
广元市	11	8	2	4	5	16	14	3	4	4	10	10	8	10	10	14	15
南充市	13	\	\	7	1	12	13	1	8	8	2	2	2	2	7	5	12
达州市	10	\	\	1	2	4	12	6	6	\	\	\	11	10	14
巴中市	8	2	2	9	6	15	15	2	2	11	11	12	15	16	16
宝鸡市	16	10	9	6	9	10	4	8	11	11	7	7	5	3	8	9	6
汉中市	5	13	6	8	8	3	8	12	7	7	13	13	3	13	9	8	8
安康市	6	4	5	15	12	11	9	10	3	3	12	12	4	5	12	11	9
商洛市	9	9	8	5	15	6	11	14	5	5	14	14	11	14	13	12	10
陇南市	1	14	13	2	10	2	16	13	1	1	15	15	14	15	16	15	13

注：排名越靠前越好。

1.十堰市建设生态文明先行示范区的优势分析

一是D2（单位地区GDP二氧化硫排放量）。除南充市和达州市以外的其他城市，十堰市的单位地区GDP二氧化硫排放量按照从小到大排序，排名第五，约为0.0007吨/万元，低于平均值0.0009吨/万元。

二是D8（人口密度）。十堰市的人口密度为412.35人/平方千米，高于平均值335.22人/平方公里，相对于其他城市具有比较优势。

三是D10（人均水资源总量）。十堰市的人均水资源总量达到1923.18立方米/人，超出平均水平1119.01立方米/人，相对于其他城市（除去汉中市、安康市和商洛市）有绝对优势。

四是D12（污水处理厂集中处理率）。十堰市的污水处理厂集中处理率达到96.94%，高于平均水平92.52%。

五是D15(普通高等学校数量)。十六个城市的平均普通高等学校数量为3.85,而十堰市内普通高等学校数量达到8所,高出平均值。

2.十堰市建设生态文明先行示范区的劣势分析

一是D1(第三产业增加值占GDP比重)。十堰市第三产业占地区GDP的比重只有39.14%,远低于平均水平45.32%。

二是D4(万人拥有的医生数)。十堰市万人拥有的医生数(执业医师+执业助理医师)仅为0.04人,低于平均水平0.06人。

三是D5(医疗卫生机构数)。十堰市医疗卫生机构数有182个,远低于平均值282.69。

四是D11(森林覆盖率)。十堰市的森林覆盖率达到15.2%,低于平均水平19.85%。

3.十堰市建设生态文明先行示范区面临的机遇分析

一是D3(工业固体废弃物综合利用率)。十堰市的工业固体废弃物综合利用率达到64.14%,稍高于平均值62.46%。

二是D7(地区人均GDP)。十堰市的人均GDP达到4.21万元,虽然高于平均水平3.64万元,但是在十八个城市中还不够高。

三是D14(建成区绿化覆盖率)。十堰市的建成区绿化覆盖率虽然在十六个市当中排名较靠后,但是也达到了38.03%,略高于平均水平35.33%。

四是D16(普通高等学校在校人数)。十六个城市的平均普通高等学校在校人数为47004人,而十堰市内普通高等学校在校人数为52491人,略高于平均值。

五是D17(工业污染治理完成投资额)。城市工业污染治理完成的投资额平均为18335.18万元,十堰市工业污染治理完成投资额达到16146.42万元,略低于平均水平。

4.十堰市建设生态文明先行示范区面临的威胁分析

一是D6(城镇登记失业率):当前十堰市的城镇登记失业率高于平均水平(2.42%>2.32%)。高失业率不利于当地经济的发展,也无益人民生活水平的改善。因此十堰市要想建设生态文明先行示范区,降低城镇失业率也是当地政府需要考虑的。

二是D9(财政性教育支出占地区GDP比重):十堰市财政性教育支出占地区GDP比重仅为3.49%,低于平均水平4.75%。

三是D13(生活垃圾无害化收集处理率):十堰市的生活垃圾无害化收集处理率虽然达到了94.55%,高于平均水平93.76%,但是跟其他城市相比,还不算高。

现在已确定十堰市建设生态文明先行示范区的优势、劣势、机遇与威胁,及这四个维度下的各个具体指标,具体见表4:

表4 十堰建设生态文明先行示范区SWOT分析矩阵

	优势(S)	劣势(W)
优势与劣势	D2:单位地区GDP二氧化硫排放量	D1:第三产业占地区GDP比重
	D8:人口密度	D4:万人拥有的医生数
	D10:人均水资源总量	D5:医疗卫生机构
	D12:污水处理厂集中处理率	D11:森林覆盖率
	D15:普通高等学校数量	
	机会(O)	威胁(T)
机会与威胁	D3:一般工业固体废弃物综合利用率	D6:城镇登记失业率
	D7:地区人均GDP	D9:财政性教育支出占地区GDP比重
	D14:建成区绿化覆盖率	D13:生活垃圾无害化收集处理率
	D16:普通高等学校在校人数	
	D17:工业污染治理完成投资额	

(二)运用层次分析法,确定各战略因素力度及因素总力度

1.确定要素比较程度标度

为比较各因素的重要程度,需要设置一个比较程度标准。利用专家调查法构造两两比较判断矩阵,确定优势、劣势、机会、威胁各组组内指标强度,矩阵因子系数采用评估表收集并确定,对重要性程度按1~9赋值。重要性标度值如表5所示。

表5 要素比较程度标度

标度	含义
1	因素i和j,具有同样重要程度
3	因素i和j,i比j稍微重要
5	因素i和j,i比j比较重要
7	因素i和j,i比j十分重要
9	因素i和j,i比j绝对重要
2、4	上述相邻判断1—3、3—5的中间值
6、8	上述相邻判断5—7、7—9的中间值
倒数	因素i/j得

2.根据上述SWOT分析矩阵,构建层次结构

AHP把决策过程分为三大层次结构,分别是:位于第一层的目标层,即十堰建设生态文明先行示范区;位于第二、三层的准则层,即十堰建设生态文明先行示范区的内外部环境及其构成因素;以及位于最后一层的方案层,具体的战略方案包括:SO战略(开拓型战略)、WO战略(争取型战略)、WT战略(保守型战略)和ST战略(抗争型战略)。具体的结构模型如图1所示。

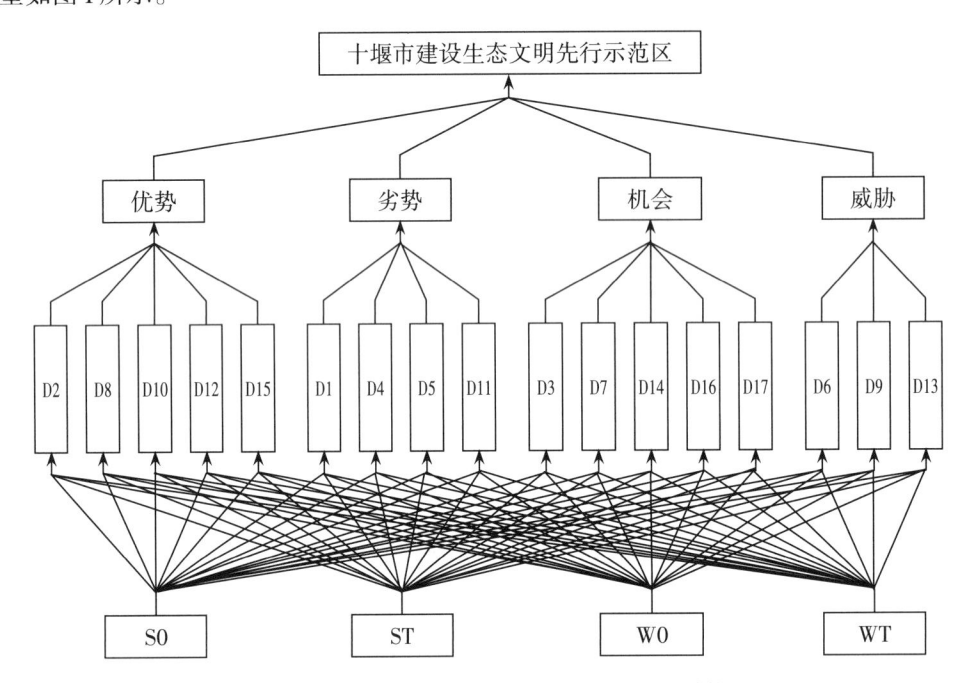

图1 十堰市建设生态文明先行示范区的层次结构图

3.构造判断矩阵及一致性检验

结合专家分析法和AHP,分别对优势组、劣势组、机会组和威胁组的组内因素指标相互进行比较,确定指标权重。第一步,构建组内判断矩阵,本文采用的是yahap软件,结果如表6、表7、表8、表9所示;第二步,进行一致性检验,通过一致性检验的,证明判断矩阵有效,可以根据该判断矩阵求出各个因素的权重(W_i),得到各因素在该组的排序;最后,再挑选出各组因素中权重最大的因素指标,构建组间判断矩阵,并进行一致性检验,通过一致性检验的,参考组内判断矩阵和组间判断矩阵,可以计算得出因素总排序。组间判断矩阵如表10所示。

表6 优势组的判断矩阵

优势组	D2	D8	D10	D12	D15	Wi
D2	1.000	2.000	0.200	5.000	2.000	0.190
D8	0.500	1.000	0.200	0.500	0.250	0.063
D10	5.000	5.000	1.000	7.000	5.000	0.530
D12	0.200	2.000	0.143	1.000	0.500	0.075
D15	0.500	4.000	0.200	2.000	1.000	0.143

注:一致性检验:CR=0.0959<0.1

表7 劣势组的判断矩阵

劣势组	D1	D4	D5	D11	Wi
D1	1.000	5.000	4.000	5.000	0.594
D4	0.200	1.000	2.000	2.000	0.184
D5	0.250	0.500	1.000	1.000	0.115
D11	0.200	0.500	1.000	1.000	0.107

注:一致性检验:CR=0.0327<0.1

表8 机会组的判断矩阵

机会组	D3	D7	D14	D16	D17	Wi
D3	1.000	5.000	4.000	4.000	0.333	0.276
D7	0.200	1.000	2.000	2.000	0.200	0.104
D14	0.250	0.500	1.000	1.000	0.167	0.065
D16	0.250	0.500	1.000	1.000	0.167	0.065
D17	3.000	5.000	6.000	6.000	1.000	0.4896

注:一致性检验:CR=0.0406<0.1

表9 威胁组的判断矩阵

威胁组	D6	D9	D13	Wi
D6	1.000	3.000	4.000	0.608
D9	0.333	1.000	3.000	0.272
D13	0.250	0.333	1.000	0.120

注:一致性检验:CR=0.0713<0.1

表10　组间判断矩阵

组间	优势	劣势	机会	威胁	Wi
优势	1.000	2.000	0.500	5.000	0.284
劣势	0.500	1.000	0.250	3.000	0.151
机会	2.000	4.000	1.000	5.000	0.502
威胁	0.200	0.333	0.167	1.000	0.063

注：一致性检验：CR=0.0184<0.1

根据上述AHP计算结果发现，优势组判断矩阵、劣势组判断矩阵、机会组判断矩阵、威胁组判断矩阵和SWOT组间判断矩阵的一致性指标CR（一致性比率）分别为0.0959、0.0327、0.0406、0.0713、0.0184，都小于0.1，都通过一致性检验，说明其具有满意的一致性，即该AHP分析结果有效。

4.发展战略层次总排序

依据组内判断矩阵确定的因素指标权重，可以得到因素指标的总排序权重，即具体因素指标的权重和其所属维度的权重之积就是具体因素指标的总排序权重，可以得到层次总排序即各因素对决策的重要程度。因素指标层次总排序结果如下表11所示，可以得到整个SWOT中各个因素对十堰建设生态文明先行示范区的影响程度从大到小依次为：工业污染治理完成投资、人均水资源总量、工业固体废弃物综合利用率、第三产业增加值占地区GDP比重、单位地区GDP二氧化硫排放量、地区人均GDP、普通高等学校数量、城镇登记失业率、普通高等学校在校人数、建成区绿化覆盖率、万人拥有的医生数、污水处理厂集中处理率、人口密度、医疗卫生机构、财政性教育支出占GDP比重、森林覆盖率、生活垃圾无害化收集处理率。

表11　十堰建设生态文明先行示范区战略层次总排序

SWOT各因素	S 0.2843	W 0.1505	O 0.5019	T 0.0633	层次总排序
D1		0.0894			4
D2	0.0539				5
D3			0.1385		3
D4		0.0227			11
D5		0.0173			14
D6				0.0385	8

续表

SWOT各因素	S	W	O	T	层次总排序
	0.2843	0.1505	0.5019	0.0633	
D7			0.0521		6
D8	0.018				13
D9				0.0172	15
D10	0.1506				2
D11		0.0161			16
D12	0.0213				12
D13				0.0076	17
D14			0.0328		10
D15	0.0406				7
D16			0.0328		9
D17			0.2457		1

5.构建战略四边形

战略决策的总优势强度是由所有优势的综合结果决定的,同样总劣势强度、总机会强度和总威胁强度也是由其综合结果决定的。用S、W、O、T分别表示总优势强度、总劣势强度、总机会强度、总威胁强度;Se、Wr、Oj、Tf分别表示优势、劣势、机会、威胁的战略力度,战略力度是以战略因素在组内判断矩阵中的权重和在整个战略层次的权重两者之积衡量的,用I和M分别表示,则各因素战略力度可表示为(杨晓霞、史珊、向旭,2016):

Se=Ie*Me(e=1,2,3,…,ns),式(1);

Wr=Ir*Mr(r=1,2,3,…,nw),式(2);

Oj=Ij*Mj(j=1,2,3,…,no),式(3);

Tf=If*Mf(f=1,2,3,,nt),式(4)。

各因素的总力度为可表示为:

$$S = \sum_{e=1}^{n_s} S_e / n_s (\text{e=1,2,3,…,ns})式(5);$$

$$W = \sum_{r=1}^{n_w} W_r / n_w (\text{r=1,2,3,…,nw})式(6);$$

$$O = \sum_{o=1}^{n_o} O_j / n_o (\text{j=1,2,3,…,no})式(7);$$

$$T = \sum_{f=1}^{n_t} T_f / n_t (f=1,2,3,,nt) 式(8)。$$

将表11的数据代入上式计算,其中总优势和总机会强度为正,总劣势强度和总威胁强度为负,绝对值越大强度越大。得到各因素总力度为:

S=0.05686;W=-0.037625;O=0.10038;T=-0.0211。

以因素总力度各为半轴,建立平面直角坐标系,其中以SW为横半轴,总劣势强度为左半轴,总优势强度为右半轴;以OT为纵半轴,总机会强度为上半轴,总威胁强度为下轴。把S=0.05686;W=-0.037625;O=0.10038;T=-0.0211转化为坐标系中的坐标,对应S'、W'、O'、T'四点,对应的坐标为:S'(0.057,0)、W'(-0.038,0)、O'(0,0.100)、T'(0,-0.021),将这四点连接起来,得到战略四边形,如图2所示。

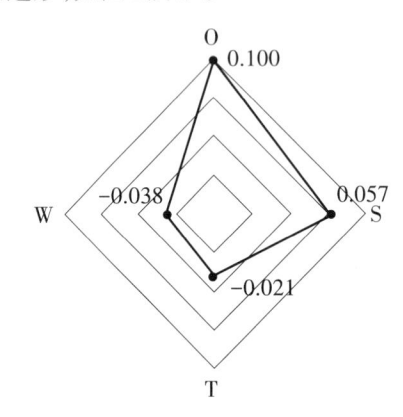

图2 十堰市建设生态文明先行示范区的战略四边形

6.计算战略类型方位角

十堰建设生态文明先行示范区的战略类型有:SO战略、WO战略、WT战略和ST战略,即开拓型战略、争取型战略、保守型战略、和抗争型战略,分别对应坐标轴的第一象限、第二象限、第三象限、第四象限。在此基础上,引入战略类型方位角θ(0≤θ≤2π),根据θ的大小决定战略所在的类型区域,战略类型区域划分如表12所示。

表12 战略方位角θ与战略类型

第一象限		第二象限		第三象限		第四象限	
开拓型战略区		争取型战略区		保守型战略区		抗争型战略区	
类型	方位域	类型	方位域	类型	方位域	类型	方位域
实力型	$[0,\pi/4]$	进取型	$[\pi/2,3\pi/4]$	退却型	$[\pi,5\pi/4]$	调整型	$[3\pi/2,7\pi/4]$
机会型	$[\pi/4,\pi/2]$	调整型	$[3\pi/4,\pi]$	回避型	$[5\pi/4,3\pi/2]$	进取型	$[7\pi/4,2\pi]$

现在为了确定具体的发展战略类型,需要计算战略四边形的重心,现知道S'W'O'T'的坐标,则战略四边形的重心坐标P(x,y)可表示为:

$$P(x,y)=P(\frac{\sum_{i=1}^{n}x_i}{n},\frac{\sum_{i=1}^{n}y_i}{n})=P(\frac{x_{S'}+x_{W'}+x_{O'}+x_{T'}}{4},\frac{y_{S'}+y_{W'}+y_{O'}+y_{T'}}{4}),式(9)$$

将点S'、W'、O'、T'的坐标代入公式(9),计算得到战略四边形的重心坐标为(0.005,0.02),坐标位于第一象限,所以选择的战略模式为SO战略;利用反正切函数,求得战略方位角θ,$\tan\theta=\frac{P_y}{P_x}=4.211$,则$\theta=76.64°$,位于SO战略区的$[\pi/4,\pi/2]$方位域,属于开拓性战略区的机会型。

7.确定战略强度

同一战略类型有不同的实施强度,或开拓或保守。因此,在确定战略类型后,还需要确定战略强度。战略强度可以用战略强度系数ρ表示。ρ可以表示为:

$$\rho=\frac{U}{U+V},\rho\in[0,1],式(10)$$

ρ的大小反映了战略类型的实施强度,其中,U、V分别代表战略正强度和战略负强度,可表示为$V=W\times T$,$U=S\times O$,S、W、O、T为总优势、总劣势、总机会、总威胁强度。将之前计算得到的S、W、O、T代入上式,得到$\rho=0.877>0.5$,因此十堰建设生态文明先行示范区发展战略应持积极态度。

8.最终战略

根据上述分析,可以得出十堰市建设生态文明先行示范区的战略应该选择积极的机会开拓性战略。具体而言,即抓住机会,充分利用和发展其优势。十堰市具有单位地区GDP二氧化硫排放量少、人口密度大、人均水资源总量大、污水处理厂集中处理率高、普通高等学校数量多等优势,也有医疗卫生机构数量少、万人拥有的医生数少、第三产业占地区GDP比重低、森林覆盖率不高等劣势;拥有一般工业固体废弃物综合利用率不低、建成区绿化覆盖率高、普通高等学校在校人数不少、工业污染治理完成投资额不低等机会,但同时也面临城镇登记失业率高、财政性教育支出占地区GDP比重低和生活垃圾无害化收集处理率低等威胁。总体而言,优势要多于劣势,机会要多于威胁。

四、政策评价

《三年行动计划》旨在通过3年的努力,将十堰市建设成为国家生态文明先行示范区,为此在经济发展质量、资源能源节约利用、生态建设与环境保护、生态文化培育和体制机制建设五方面建立了共53个具体的指标,并设置了对应的目标值,规定在2017年达到目标值。

首先,《三年行动计划》表明十堰市要在经济发展质量、资源能源节约利用、生态建设与环境保护、生态文化培育和体制机制建设五方面也即生态经济、生态社会、生态环境、生态文化和生态制度五个方面建设生态文明先行示范区:

在生态经济方面优化现有的产业结构,维持第二产业的比例,减少第一产业并发展第三产业、增加资源利用率,维持现有耕地面积不变;在生态社会方面提高人均GDP,缩小城乡居民收入差距;在生态环境方面增加森林覆盖率,维持禁止开发面积不变,减少水土流失面积;在生态文化方面提高生态文明知识普及率;在生态制度方面提高资源节约和生态环保投入占财政支出的比例。《三年行动计划》的发展方向和本文上述分析得出的结论基本一致,即利用优势和机会弥补劣势。

其次,本文收集了十堰市2014—2017年人均GDP、工业固体废物综合利用率、城区人均公园绿地面积及污染治理项目本年投资占财政支出的比例这四个指标的数据,观察这些指标在这4年内的变化趋势。如图3—图6。

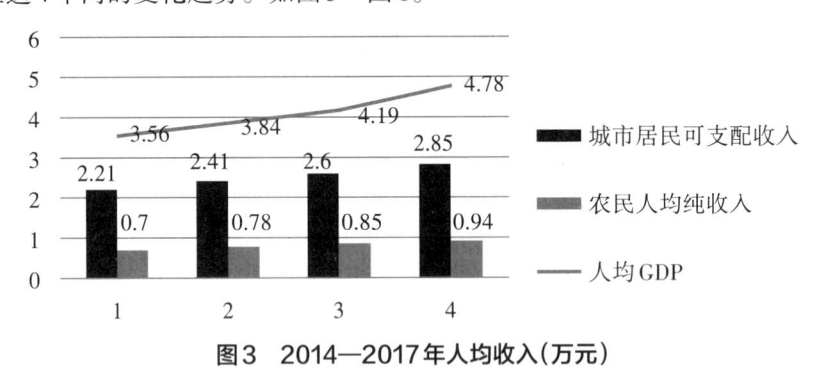

图3 2014—2017年人均收入(万元)

如图3所示,人均GDP虽然每年都有提高,但是还是低于目标值4.9万元;虽然城市居民可支配收入大概是农民人均纯收入的3倍,但是《三年行动计划》城乡居民收入比例的目标是3,达到了目标值。

图4 2014—2017工业固体废物综合利用率(%)

如图4所示,计划颁布后的第一年工业固体废物综合利率上升了13%,到2016上升至64.1%后保持不变,略高于目标值63%。

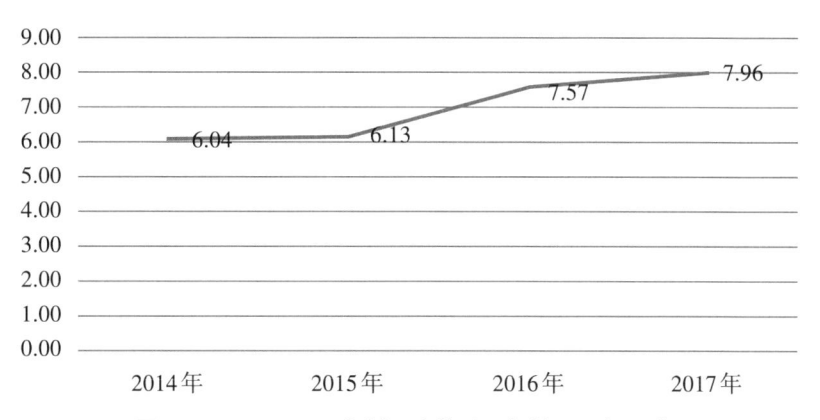

图5 2014—2017年城区人均公园绿地面积(公顷)

如图5所示,城区人均公园绿地面积平缓增加。

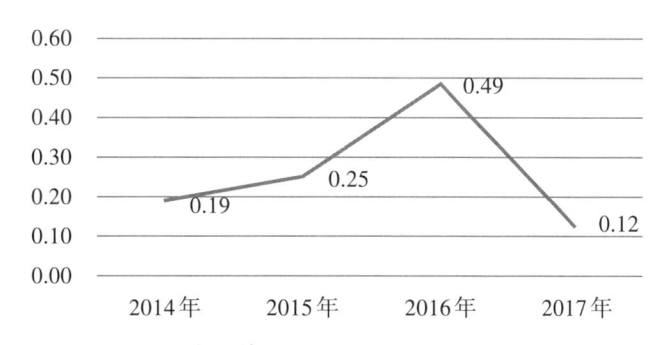

图6 2014—2017年污染治理项目本年投资占财政支出的比例(%)

由于资源节约和生态环保投入占财政支出的比例这个指标的数据没有找到,所以本文用的是污染治理项目本年投资额占财政支持的比例来代替。如图6所示,污染治理项目本年投资额占财政支持的比例在2017年突然下降为0.12%,关于此数据的解释可能是由于数据出错,也有可能是污染项目减少,对应的治理费用下降。

根据上述实际情况的分析,除了污染治理项目本年投资额占财政支持的比例这个指标反常以外,其他的指标都是朝着预期方向发展的,虽然有的还没有达到目标值,但是策略方向是符合上述分析的。

最后,由于数据的局限性,本文只收集到了2017年八个指标,将指标的目标值和实际值进行对比,对政策的执行力度进行大致的判断。具体如下表13所示:

表13　相关指标2017年的目标值和实际值对比

	指标名称	单位	目标值	实际值
1	人均GDP	万元	4.9	4.78
2	城乡居民收入比例		3.0∶1	3.0∶1
3	三次产业增加值比例		11∶51∶38	11.2∶48∶40.8
4	建成区绿地覆盖面积占建成区面积的百分比	%	37.45	36.22
5	耕地保有量	万公顷	24.35	24.24
6	用水总量	亿立方米	11.5	9.01
7	工业固体废物综合利用率	%	63.0	64.1
8	森林覆盖率	%	63.37	64.72

由上表可以看出2017年十堰市人均GDP为4.78万元,低于目标值4.9万元;城乡居民收入比例达到预期水平;第一产业比重基本不变,但是第二产业比重下降,第三产业比重大幅上升;建成区绿地覆盖面积占建成区面积的百分比的实际值要低于目标值;耕地保有量基本实现目标;用水总量低于目标值;工业固体废物综合利用率达到目标值,森林覆盖率也稍高于目标值。

根据上述对比发现,十堰市的目标本来是将第二产业的比重维持在51%左右,然后减少第一产业的比重并发展第三产业,然而实际上是维持第一产业不变,减少第二产业发展第三产业,可能是因为:相较于提高GDP,十堰市政府更重视绿色GDP,因而增加了第三产业的比重,减少了第二产业的比重。这也许是人均GDP没有达到预期值的原因之一。

总的来说,本文基于SWOT-AHP模型对十堰市建设生态文明先行示范区的发展战略进行分析,得出的结论与十堰市政府制定的计划基本吻合,并对其政策的执行力度进行了初步的判断,得出相比于生态社会、生态文化和生态制度,十堰市政府更注重生态环境保护和生态经济的结论。

参考文献

[1]施生旭.生态文明先行示范区建设的水平评价与改进对策——福建省案例研究[J].东南学术,2015(05):67-73.

[2]周海涛,宁小莉,梁义光,等.包头市国家生态文明先行示范区评价研究[J].干旱区资源与环境,2018,32(11):66-73.

[3]胡卫卫,施生旭,郑逸芳,等.福建生态文明先行示范区生态效率测度及影响因素实证分析[J].林业经济,2017,39(01):13-18.

[4]张宜红.江西建设国家生态文明先行示范区的路径与政策措施[J].企业经济,

2015(02):117-120.

[5]汪磊.生态文明视域下贵州省生态治理的问题分析及对策[J].贵州社会科学,2016(05):107-110.

[6]张琳杰.贵州生态文明先行示范区建设创新路径与对策建议[J].当代经济,2017(02):60-62.

[7]韩晓静.层次分析法在SWOT分析中的应用[J].情报探索,2006(05):119-122.

[8] Kurttila M, Pesonen M, Kangas J, et al. Utilizing the Analytic Hierarchy Process (AHP) in SWOT Analysis-A Hybrid Method and its Application to a Forest-certification Case [J].Forest Policy and Economics,2000,1(1).

[9]林文树,周沫,吴金卓.基于SWOT-AHP的黑龙江省林下经济发展战略分析[J].森林工程,2014,30(04):172-177+181.

[10]杨晓霞,史珊,向旭.基于A'WOT战略模型的农耕文化旅游资源开发研究[J]——以重庆市城口县河鱼乡为例[J].经济管理,2016,38(03):135-144.

[11]王有志,宋阳.基于SWOT+AHP方法的黑龙江省森林食品产业发展战略定位研究[J].林业经济问题,2009,29(05):438-442.

[12]郭云,高丽,冯南平.基于SWOT-AHP的我国生态产业园企业战略分析[J].科技进步与对策,2011,28(01):63-67.

[13]周翔.基于AHP-SWOT法的安溪茶产业发展战略研究[J].林业经济问题,2014,34(05):464-467.

[14]陈冠铭,林亚琼,汪李平.基于三维SWOT-AHP分析法的决策应用——以海南反季节切花月季产业的发展为例[J].系统工程理论与实践,2014,34(06):1626-1632.

[15]张丽颖,李胜连.基于SWOT-AHP法的江西省蜜橘产业发展战略分析[J].安徽农业科学,2011,39(18):11247-11249.

[16]王欣,陈丽珍.基于AHP方法的SWOT定量模型的构建及应用[J].科技管理研究,2010,30(01):242-245.

[17]黄溶冰,李玉辉.基于坐标法的SWOT定量测度模型及应用研究[J].科研管理,2008(01):179-187.

王梦雨

女,重庆师范大学经济与管理学院研究生。

左金隆

男,副教授,硕士生导师,重庆师范大学国际合作与交流处副处长,重庆山地经济研究中心研究员。

基于乡村旅游背景下的生态人格培育

雷兆玉　孔云峰

摘　要：乡村旅游是全球性的"朝阳产业"，乡村旅游既是乡村振兴战略的重要内容，也是生态文明建设的重要抓手。发展乡村旅游，实现生态宜居目标，必须注重生态人格培育。本文阐述了乡村旅游发展对促进乡村振兴战略实施的意义，论证了发展乡村旅游必须尊重生态人格，针对目前乡村旅游可能对乡村生态造成的伤害，探索了乡村旅游中生态人格培育的途径。

关键词：乡村振兴与乡村旅游；乡村生态人格；价值分析；培育途径

"生态人格"是将人的自身生命、人类社会、自然界视为一个相互关联、相互作用、协调发展的复合生态系统整体，体现着人与人、人与社会、人与自然互生共济的伦理精神和协同进化的生存智慧，赋予健全人格、理想人格、独立人格的全新意境，体现出优良的自然、社会、人生和法治价值观。乡村旅游是当今中国旅游的发展方向，发展乡村旅游不仅应敬畏和尊重生态人格，而且应注重生态人格培育。

一、乡村旅游发展对促进乡村振兴战略实施的重要意义

1.乡村旅游是实施乡村振兴战略的重要内容

乡村振兴战略是一个内涵丰富而深刻的完整体系。在理论思维上，要坚持农业农村优先发展，实现城乡融合发展，建立健全城乡融合发展体制机制和政策体系。在总体要求上，要实现"产业兴旺、生态宜居、乡风文明、治理有效、生活富裕"，在具体措施上，要抓好"三农"工作。农业是核心，要保障粮食安全，就应从土地制度上完善农民赖以生存的基本生产资料权益保障，从发展集体经济上完善农村基本经营制度。农村是基础，要实现乡村产业兴旺，就应加强农村实用人才队伍建设，培养造就一支"懂农业、爱农村、爱农民"的"三农"工作队伍。农民是关键，就应培养更多"爱农业、懂技术、善经营"的新型职业农民。

乡村旅游是利用乡村自然环境、优美景观、建筑文化、村落古镇等旅游资源,满足旅游者观光、休闲、度假、体验、娱乐等多项需求,在传统农村休闲游、农业体验游基础上发展而形成的一种新型的旅游经营活动。美丽乡村是土壤,乡村旅游是这一土壤中生长出的花朵。乡村旅游是实施乡村振兴战略的重要内容,是新型城镇化的重要内生力,是"三农"发展的重要增长极,是"中国要强,农业必须强;中国要美,农村必须美;中国要富,农民必须富"的重要实现形式。

2. 乡村旅游是实施乡村振兴战略的重要抓手

在习近平新时代现代化强国战略体系中,城镇化和农业农村现代化是其重要内容。城镇化与农业农村现代化不仅并行不悖,而且相得益彰,乡村振兴是实现新型城镇化和农业农村现代化的重要战略。而乡村旅游不仅能够为乡村振兴战略增添光彩,而且是极其重要的抓手。

乡村旅游以农业为依托,以农村为空间,以农民为主体,发展乡村旅游破解"三农"难题,可以促进农业结构调整,延伸产业链,带动相关产业发展;可以改善农村基础设施,带动城乡融合发展;可以创造就业机会,带动农民增收。"大农业"和"大旅游"的有机结合,能够有效满足城乡居民消费结构升级的需要,有效解决城乡发展不平衡不充分的矛盾,加快城乡经济文化融合和三次产业的联动发展,缩小城乡居民收入差距。

3. 乡村旅游是乡村振兴战略目标的重要体现

乡村振兴不仅是经济的振兴,也是生态的振兴,社会的振兴,文化、教育、科技的振兴,以及农民素质的提升。乡村旅游从产业、生态、乡风、治理、生活五个方面诠释了乡村振兴战略的总要求。

产业兴旺是乡村振兴的基础。乡村旅游横跨农村一、二、三产业,融合生产、生活和生态功能,紧密联结农业、农产品加工业和服务业的新型农业产业形态,是"产业兴旺"的重要支撑和显著标志,也是丰富我国旅游产品体系的重要内容。

生态宜居是乡村振兴的根本。乡村旅游有利于农村垃圾污水治理、推进厕所革命、村庄风貌建设,对乡村生态环境、生活水平和居民素质的提高有着毋庸置疑的推动作用。

乡风文明是乡村振兴的动力。乡村旅游有助于促进农村文化教育、医疗卫生等事业发展,使农民综合素质进一步提升、农村文明程度进一步提高。

治理有效是乡村振兴的保障。乡村旅游有助于逐步构建自治、法治、德治相结合的乡村治理体系。

生活富裕是乡村振兴的根本。乡村旅游能让农民有持续稳定的收入来源,实现经济宽裕、衣食无忧、生活便利、共同富裕,促进农民就业增收。

二、乡村旅游对生态人格应当具备的态度

1. 乡村旅游视野下的生态人格是一个生命体

"生态"即生命的存在和发展状态。一个包括自然、人、人类社会的世界,是一个有机生命体,其运行逻辑和规则是客观存在的。人与自然是生命共同体,人类必须尊重自然、顺应自然、保护自然。作为"万物之灵"的人,既具自然性,又具社会性。"人格"即人的性格、气质、能力等的总和,指个人的道德品质和人作为权利、义务主体的资格,包括人的人生观、价值观,对人的能力道德和行为的引领及个性特征和日常习惯的养成。美国学者马里坦说:"我们每个人身上都有一个奥秘,这个奥秘就是人格。我们知道,任何名副其实的文明,其基本性质就是尊重和感受到人格的尊严。"

生态人格是对生态和人格的深层理解,是指人类建立在生态理念基础上的思想、情感及行为的特有统合模式,它将人自身的生命、人类社会、自然界视为一个相互关联、相互作用、协调发展的复合生态系统整体,体现着人与人、人与社会、人与自然互生共济的伦理精神和协同进化的生存智慧,赋予健全人格、理想人格、独立人格的全新意境。

生态人格在乡村旅游视域中的价值,主要是通过人们在乡村旅游活动中对生态理念和规则的遵守,努力达到人的外部生态和内部生态协调平衡,形成良好的生命状态,体现出优良的自然、社会、人生和法律的价值观。

2. 乡村旅游应当具备的生态人格自然价值观

乡村旅游视域中的生态人格自然价值观,有三个基本要求。一是摆正位置。乡村旅游应当把乡村生态与乡村旅游看作一个有机整体,生态是旅游的价值源泉,旅游应当尊重生态价值。二是切实履行责任。乡村旅游产品的生产者、经营者、消费者,都应当是生态道德的代理人,乡村旅游不仅要有利于生产经营者的生存发展和消费者的愉悦享受,更要有助于生态系统的持续稳定和繁荣。三是构建和谐境界。在乡村旅游活动中,乡村旅游产品的生产者、消费者自身的需要不能超出乡村生态系统所能够承受的阈限,不能破坏乡村自然生态系统可持续性,而要通过乡村旅游产品的生产者、消费者自身的实践活动来维护、修复破损的乡村自然,真正将"绿水青山"的生态效应、"金山银山"的经济效应、"淡淡乡愁"的文化蕴涵、"值得记忆"的人的心灵净化有机地融为一体。

3. 乡村旅游应当具备的生态人格社会价值观

乡村旅游视域中的生态人格社会价值观,有三个基本要求。一是体现公平正义。乡村旅游必须在解决乡村生态环境问题的基础上和过程中,解决好城乡社会成员的内部利益均衡问题,将生态视为天律天令,以生态为根本原则来追求资源配置的最优化,实现"当代能承受、后代能持续"的天机。二是开展全面协作。当工业化、信息化、数字化把整个地

球整合为一个"村庄"时,在乡村旅游每一个村庄里一草一木的丝毫颤抖,都可能引发整个"地球村"的"蝴蝶效应",任何一个地方的乡村旅游都应谋求"生态世界"整体系统的目标一致、步调一致、相互协调。三是尊崇科技伦理。从本质上说,科学精神是规范科学技术活动主体的道德律令,也是一种伦理精神。乡村旅游必须扬弘科学精神,在旅游活动中增强人们抵御愚昧和野蛮的能力,把资源、人口、环境与科学技术整合到一个生态良好的目标框架之中,推进乡村旅游道德化。

4. 乡村旅游应当具备的生态人格人的价值观

乡村旅游视域中的生态人格人的价值观,有三个基本要求。一是人的全面发展。马克思把人的发展分为由低级向高级演进的三个历史阶段,"建立在个人全面发展和他们共同的社会生产能力成为他们的社会财富这一基础上的自由个性"就是第三阶段。因此,乡村旅游必须将提高人的生态文明素质放在绝对优先地位。二是合理消费取向。乡村旅游要考虑到环境承载能力、生态维护规律,兼顾生产力状况、生活方式,注重生态消费,在优美的生态环境中促进人的身心健康和全面发展。三是崇尚理性生态。在乡村旅游中,以充分的生态道德、智慧和知识制定政策策略,将生态良好作为根本评价标准。

5. 乡村旅游应当具备的生态人格法治价值观

乡村旅游视域中的生态人格法治价值观,其核心不仅要遵循人对他人以及自然的伦理秩序,还必须遵循生态法治秩序。法治中国要求国家治理、政府治理、社会治理都必须是法的治理,生态必须是法治的生态,生态人格也必须是法权的人格。因此,要建立健全乡村旅游生态法律体系,明确各个主体的权利和义务,把生态尊严作为最严厉的法治价值取向。

三、乡村旅游所蕴含的生态人格价值分析

工业化、城市化不应以"化"掉乡村为目标,相反,田园风光、诗意山水、与自然生命和谐相处的乡村生活,越来越视为人类的稀缺资源,乡村旅游也越来越成为人们的目标追求。乡村旅游的基础在于乡村生态,乡村生态是一个完整的复合生态系统,它以乡村地域为空间载体,将乡村的自然环境、经济环境和社会环境通过物质循环、能量流动和信息传递等机制,综合作用于人们的生产和生活。失去了乡村的自然环境,乡村的经济环境和社会环境都将遭受毁灭性打击。因此,生态文明建设是生态旅游的灵魂和目标,生态旅游是生态文明建设的载体和抓手。

旅游并非对生态呈完全保护状态,它也要消耗自然资源,但相对数据要低得多,据计

算,旅游业万元产值能耗约为全国单位GDP能耗的1/6和单位工业增加值能耗的1/11。随着旅游者文明水平的提升及旅游方式的不断改进,旅游业万元产值能耗将不断降低。在生态建设和环境保护逐渐成为新常态的背景下,乡村旅游的生态效应将得到极大的释放。

习近平总书记在党的十九大分组讨论时强调:既要鼓励发展乡村农家乐,也要对乡村旅游做分析和预测,提前制定措施,确保乡村旅游可持续发展。人对自然界具有根本性依赖,坚守人类是自然界的普通成员的信念。乡村旅游的核心价值,就是尊重自然的完整性、稳定性和有序性。一是对自然完整性的尊重。自然生态系统作为一个复杂的有机整体,源自生态多样性,乡村旅游正是把握了自然生态的多样性,因而也就把握了生态的整体性。二是对自然稳定性的尊重。一般而言,乡村生态系统的物种品类多,网络化程度较高,异质性较强。对于物质、能量和信息输出输入来说,乡村旅游拓展了它的渠道,加快了它的速度,增强了它的密集度,从而增强了的生态补偿功能,健全了同化异化的新陈代谢功能,使系统的稳定性保持在较高水平。三是对自然有序性的尊重。自然界原本是有序的,同时也是脆弱的,乡村旅游应当最大范围地限制人类对生态的消极作用。

四、警惕乡村旅游活动对乡村生态的伤害

被誉为当今时代最前沿的思想家和科学家欧文·拉兹洛曾说:"我们越来越清楚地看到,人类的最大局限不在外部,而在内部。不是地球的有限,而是人类意志和悟性的局限,阻碍着我们向更好的未来进化。"用这段话检讨乡村旅游,我们感同深切。我国迅猛发展的乡村旅游,在对生产价值关注的时候,对生态价值的态度还很不端正,有的甚至以损失生态价值换取生产价值。

1. 乡村旅游活动对乡村生态伤害的表现形式

一是生态环境恶化。不少地方的乡村旅游对乡村生态环境影响范围扩大,恶化程度加剧,恶化危害加重。如:有的在修建房屋道路、打造景区时,第一考虑仍然是经济效益,过分考虑了旅游者的出行和居住方便,强制性抵近景点,甚至不惜追求刺激,在山峰之巅打造景点、开展活动。有的为了所谓的古风,不惜建"土法造纸厂"之类的设施;有的深度开发生态,拦河筑坝,导致生物多样性锐减,遗传资源丧失;有的"野味情结"浓烈,不少农家乐公开叫捕杀、买卖野生动物,粘鸟打鸟,违反社会公德。

二是生态环境保护不力。不少地方的乡村旅游远离生态环境保护主动权,监督履职不到位,对生态环境整体功能的保护不力,存在着边治理边破坏、点上治理面上破坏、治理

赶不上破坏的突出问题,导致生态基本功能弱化,抵御各种自然灾害的能力减弱。

三是污染控制不够。不少地方的一些农家乐、旅游景区生活垃圾和污水直排,畜禽养殖粪便甚至人的粪便直入溪流、江河、天坑、田野,垃圾无害化处理水平不高,卫生设施设备不够,特别是房间和餐厅的厕所,不仅不能适应旅游者的生活需求,更为严重的是不做任何处理就直排于自然。

2. 乡村旅游活动对乡村生态伤害的原因分析

乡村生态遭遇伤害的原因,除乡村旅游生态涵养体制机制方式方法不健全外,更加深层的原因就是人们生态人格缺失。

一是生产方式落后。传统粗放型经济增长方式对生态环境遭的严重破坏,比如在渝东北的不少区县,相对落后的传统产业和以煤为主的能源结构形成了严重的结构性污染,同时,粗放型乡村旅游经济增长模式造成资源能源消耗高、浪费大、污染严重。由于区域经济结构不合理,传统的资源开发利用方式仍未根本转变,重开发轻保护、重建设轻管护的思想普遍存在,以牺牲生态环境为代价换取眼前和局部利益的现象依然严重,乡村旅游经济增长超过了生态环境承载能力。

二是生活方式落后。受长期传统的卫生习俗影响、基础设施条件制约及相关舆论宣传不够,农村居民随意倾倒生活垃圾的现象普遍存在,一些成片的农家乐已成为垃圾污染重点难点地段。

三是思想观念落后。比如,垃圾本来是放错地方的资源,据测算1吨生活垃圾从热值衡量相当于0.35吨煤,还有大量可供再生利用的塑料、纸张、金属等,乡村生活垃圾混合收运,没有事先分类,难以做到资源化利用。

四是管理严重缺失。发展乡村旅游是新农村建设的有效手段和形式,然而,很多乡村旅游管理者缺乏理性的规划、合理的布局、慎重的思考,盲目、过度、快速的开发,在给乡村经济带来眼前收益的同时,也给原本平静的乡村带来了新的困扰与侵犯,甚至使一些原本美好的原生态受到了一定的破坏。

五、加强乡村旅游活动中乡村生态人格的培育

1. 实现乡村旅游生态人格培育的思想革命

马克思曾指出,人靠自然界生活。人作为自然的存在物,只有享用自然的权利,而没有占有、宰割自然的权利。习近平总书记在十九大报告中要求:"必须树立和践行绿水青山就是金山银山的理念,坚持节约资源和保护环境的基本国策,像对待生命一样对待生态

环境,统筹山水林田湖草系统治理,实行最严格的生态环境保护制度,形成绿色发展方式和生活方式……"充分体现了马克思主义生态理论,体现了我党生态文明建设主张,而培育人态人格是其应有之义。

正如印度国父圣雄甘地所说的那样:"要想世界改变,就把自己当成这个改变。"培育乡村旅游生态人格,必须从人与自然关系恶化这一表象中超脱出来,转变思维方式,树立正确的生态伦理观,转变发展理念,树立正确的生态发展观,树立生态良知,养成良好的生态道德观。

2.坚持乡村旅游生态人格培育的政府责任

改革开放以来,特别是党的十八大以来,从统筹山水林田湖草系统治理,到绿色发展理念融入生产生活,再到经济发展与生态改善实现良性互动,生态文明建设正迈向更高层次。2015年党中央国务院确定的生态文明体制"四梁八柱"改革的79项任务完成73项、基本完成6项,美丽中国新图景日益清晰,这也是习近平新时代中国特色社会主义思想的重要内容和治国理政的重要经验。各级政府要充分运用其拥有的权力和资源,采用科学的管理方法和措施,推动、引导、监督、协调、示范、规范、强化和促进全社会共同构建生态文明社会的管理,形成生态环境保护体系,增强环保监督能力,为实现资源节约型、环境友好型乡村旅游积极所作为,从而使乡村旅游的各个行为主体群形成良好的生态人格。

3.加强乡村旅游生态人格培育的法治建设

从法治建设角度讲,应当根据国际国内不断变化的新标准、新形势,遵循可持续发展的根本要求,建立健全管理法规体系,在生态执法、司法、监督过程中要体现生态理念,充分考虑减损生态破坏所带来的生态价值,并更多地向生态价值倾斜。

4.制定乡村旅游生态人格培育的经济政策

人作为市场主体是乡村生态保护和破坏的主要制造者。要促进生态人格形成,需要制定和完善乡村旅游生态人格的经济政策,即按照市场经济规律的要求,运用价格、税收、财政、信贷、收费、保险等经济手段,调节或影响市场主体的行为。如通过制定和完善生态效益补偿制度、环境税费制度、绿色信贷制度、绿色证券制度、环境保险制度等,在经济政策中渗透生态理念,使得乡村旅游中经济人的生产、管理的经营活动同时成为生态保护的自发经济实践。

5.加强乡村旅游生态人格培育的民众教化

影响生态人格涵养的因素是多样的,如文化的润育、教育的引导、国家权力的态度、个人人生的历练等,而教育的作用尤其是生态法治教育作用非常明显。必须动员乡村居民的力量,针对乡村农民生态知识了解甚少的情况,通过以学习宣传来认识生态、以现身说法来促进节俭,引导人民群众树立主人翁意识,增强生态使命与责任。

农业农村现代化是新时代中国特色社会主义强国建设的基础和支撑,生态人格是生态文明的灵魂,体现着生态文明建设的人人之责,促进生态文明道德和行为的养成,形成自觉保护生态环境的良好社会风尚。习近平总书记描绘的"体现尊重自然、顺应自然、天人合一的理念","望得见山、看得见水、记得住乡愁"的美景,为乡村旅游指明了方向,这就是乡村旅游生态人格的核心价值所在,也是本文写作的目标所在。

参考文献

[1]习近平.决胜全面建成小康社会 夺取新时代中国特色社会主义伟大胜利[M].北京:人民出版社,2017.

[2]国务院关于印发"十三五"脱贫攻坚规划的通知[Z].国发〔2016〕64号.

[3]关于开展贫困村旅游扶贫试点工作方案[Z].国开办司发〔2015〕3号.

[4]中共重庆市委 重庆市人民政府关于精准扶贫、精准脱贫的意见[Z].渝委发〔2015〕19号.

[5]国家旅游局关于印发《全域旅游示范区创建工作导则》的通知[Z].旅发〔2017〕79号.

[6]促进乡村旅游发展提质升级行动方案(2017年)[Z].发改社会〔2017〕1292号.

雷兆玉

女,中共巫山县委党校副校长、教授级高级讲师。

重庆"两翼"山区县生态农业发展研究
——以石柱土家族自治县为例

谭玲惠

摘　要：实施乡村振兴战略，是党中央根据我国国情农情对"三农"工作提出的重大战略任务。大力发展生态农业，是推进"三农"健康发展、实施乡村振兴战略的迫切需要。由于诸多原因，重庆"两翼"不少山区县在生态农业发展方面还存在思想认识不足、基础建设薄弱、要素保障乏力、政府引导不足等问题。必须创新发展理念、强化思想认识；加强生态修复、加快环境治理；优化产业结构、推动科技创新；完善政策扶持、提升服务水平，才能扎实推进生态农业向纵深发展，为实现乡村振兴奠定坚实的产业基础。

关键词：生态农业；发展现状；存在问题；对策建议；"两翼"山区县

在重庆"一圈两翼"格局中，渝东北翼和渝东南翼的山区县是发展相对滞后地区，但这些地区却有独特的自然资源优势和良好的生态环境，大力发展生态农业，不仅可以促进生态文明和美丽乡村建设，而且可以推进"三农"健康发展、乡村产业振兴。近年来，重庆"两翼"山区县农业经济取得明显成效，农业生产力得到进一步发展，但山地农业依靠传统的粗放经营方式没有根本改变，资源消耗、环境污染、生态退化的趋势尚未被有效遏制，绿色农产品和生态产品的供给远不能满足消费者需求。因此，我们必须大力发展生态农业，建立健全绿色、低碳、循环发展的农业产业体系和生产方式，实现传统增量型农业向生态效益型农业的有效转变，才能为建设美丽乡村、实现乡村振兴提供生态保障、创造良好环境。笔者通过对石柱土家族自治县农业发展现状的实地调研，剖析了山区县在生态农业发展方面存在的主要问题，同时提出了一些较为粗浅的对策建议，希望起到抛砖引玉的作用。

一、"两翼"山区县生态农业发展现状

（一）农业传统产业实现新发展

近年来,石柱土家族自治县依托自然优势资源,培育壮大传统特色农业,收到了显著效果。黄连、辣椒、莼菜、马铃薯、中药材、长毛兔是石柱的六大农业传统产业。目前,黄连产量占全国的60%、全世界的40%,交易量占全国的80%,居全国第一。长毛兔养殖量由10年前的100万只发展到现在的300多万只,居全国县级第一。莼菜种植面积由5年前的0.8万亩发展到现在的1.5万亩,其规模位居全国三大基地之首。辣椒种植面积已达30万亩,是全国著名的辣椒之乡。中药材产业获得"中国县域产业集群竞争力百强"殊荣。目前,石柱已形成了30万亩中药材、30万亩辣椒、30万亩马铃薯、10万亩莼菜和以高山蔬菜为主的百万亩特色产业基地。农业传统产业发展壮大,为做优做强生态农业奠定了坚实基础。

（二）生态循环农业取得新进展

近年来,石柱土家族自治县始终坚持以绿色发展为引领,在生态农业方面持续推进"三百工程"建设,并取得了新的进展。一是规模经营实现新跨越。目前,全县有各类种植专业村、规模养殖园90个;建成标准化辣椒示范片3万亩,5亩以上辣椒科技示范户2000个;建成马铃薯200亩以上高产示范片41个;蔬菜50亩以上示范片35个;中药材100亩以上示范片22个;水果集中成片100亩以上示范片13个;烤烟100亩以上示范片32个,种烟30亩以上大户512个。二是新型农业经营主体更加精干。积极培育新型经营主体,指导发展家庭农场登记注册117个;农民合作社总数达492个,其中股份合作社55个、联合社3个,国家级示范社5个、市级示范社17个、县级示范社20个。

（三）农业科技创新实现新突破

石柱土家族自治县通过实施县校(院)合作模式,加大农业科技研发与推广力度,成效显著。一是"金种子"工程加速推进。巩固"南、北、中"辣椒良种繁育基地300多亩,对24个国内外优良品种开展对比试验;建成莼菜提纯复壮扩繁基地30亩,提纯了SZ-3、SZ-4、SZ-7莼菜新品种,最高亩产达2015千克;成功选育出"渝薯5号""渝薯7号"新品种,马铃薯脱毒种薯应用率达85%以上。拥有优质长毛兔原种兔3350只,优质土杂种鸡4万套,畜禽良种推广率100%。二是科技成果转化效果明显。推广辣椒自育杂交种植4.73万亩,推广率达84.6%;试推辣椒漂浮式育苗30亩取得成功,移栽面积达5000亩。成功推进了蔬菜嫁接技术、推广秋淡蔬菜种植新技术,成功培育秋淡蔬菜试验田20个。通过农业科技的研发与推广,极大地提升了农业产品的科技含量与附加值,为大力发展生态农业提供了有力的科技支撑。

二、"两翼"山区县生态农业发展存在的主要问题

(一)思想认识不清

发展生态农业是推进农业转型升级、改善农业生态环境、促进生态文明建设的重要路径和有效举措。然而,区县部分群众对发展生态农业的认识还不到位,有的农业生产经营者为了眼前利益而忽视了对农业生态环境的保护。由于受传统农业及生产的影响,有的农民对生态农业的认识不清不楚、理解不深不透,导致农民重眼前利益而轻长远利益、重个体经济利益而轻社会整体效益、重当前土地产出而轻长远持续发展,发展生态农业没有成为一种自觉行动。有的农民小农意识依旧浓厚,存在着"早上栽树、下午乘凉"的急功近利思想,随意开发,盲目生产,使农业环境资源遭到破坏。还有一些农民,虽有着强烈的致富愿望,但在发展生态农业新项目、新产品方面,缺乏承担风险的勇气和敢为人先的决心,错失了一些发展良机。

(二)基础设施薄弱

有的区县不仅在硬件设施建设上薄弱、落后,而且在软件建设环境上也不尽如人意。一是基础设施建设滞后。多数乡镇农村水利、道路等基础设施建设欠账较多,生态环境脆弱,适宜机械化耕作的高标准基本农田资源量少质差,农田蓄水能力和排水渠道不配套,产业基地、专业村、养殖园耕作道路不畅,农业机械化水平较低。同时,市场信息快速传播通道缺乏,防灾抗灾、疫病防控网络脆弱。二是软件建设环境欠优。一方面,农业经营主体经营能力不强,如产销脱节、农业龙头企业实力较弱、技术创新和市场开拓能力不足等;另一方面,产业化组织程度不高,多数农村专业合作社仍处于起步阶段,合作组织自身建设薄弱,实力不强,无法满足会员对市场信息和技术服务的需求,合作组织与会员之间还缺乏紧密的利益联系纽带,组织比较松散,利益分配机制还不够完善。

(三)要素保障乏力

据调查了解,许多区县生态农业发展在融资、科技、人才等要素保障上都存在明显短板。一是农业融资平台不完善。金融部门对农业融资渠道单一,信贷手续复杂,对农民有形资产抵押要求较高。农民家庭资产有限,专业合作社资产又无产权,无法实现"三权"抵押贷款。二是科技支撑乏力。促进生态农业发展的技术支撑体系还相对较弱,环境工程

技术、废弃物资源化利用技术和清洁生产技术等研究较少,特别是对生态农业链条上的关键环节、关键技术缺乏深入研究。三是农业专业人才缺乏。目前各地农村大量青壮劳力和文化较高者都外出打工,留守在家的大都是妇女、儿童和老人,人称"386199部队"。由于这部分农民年龄大、文化低、技能水平较差,而学习新技术、获取新信息的能力又不强,这在一定程度上制约了新的栽培技术、养殖技术和农产品加工技术的推广应用。

三、加快"两翼"山区县发展生态农业的对策建议

(一)创新发展理念,强化思想认识

良好生态环境是人与社会和谐发展、持续发展的根本基础。我们一是要从思想认知上把发展生态农业放在推进农业现代化、实现乡村振兴的突出位置,进一步增强紧迫感和责任感,用绿色发展、可持续发展理念,积极推进生态农业向纵深发展。二是要通过学习、教育、宣传,让广大干部群众明白:实现乡村振兴必须大力发展生态农业。美丽乡村是乡村振兴的重要体现。建设美丽乡村,要求建立绿色发展的生产方式,而发展生态农业,就是要遵循生态规律来组织农业生产,实现经济、生态、社会三大效益的统一。无论是农业规模化、产业化,还是农业机械化、水利化、电气化,都要以人与生态和谐共生为最高标准,严守生态红线。只有这样,我们才能在提高农业质量和效益的基础上保护生态、优化环境,建设成一个天蓝、地绿、水净的美丽乡村。三是要充分利用报刊、电视、网络等形式,大力宣传发展生态农业的重要性和必要性,培育全民的生态道德意识,提高人们的生态文化素养,在全社会形成"尊重自然、顺应自然、保护自然"的良好社会风尚。同时,引导消费者树立安全、优质、营养、生态、环保的绿色消费意识,努力形成农业生产经营者与社会公众合力共建生态农业的良好氛围。

(二)加强生态保护,坚持绿色发展

一是按照生态保护发展功能定位要求,编制生态农业专项发展规划,明确生态农业发展的总体要求、目标定位、主要任务和保障措施,发挥规划在生态农业发展中的引领和控制作用。二是要加强乡村绿化和森林保护,坚持绿化建设与资源保护并重,把加强造林绿化与发展林下经济、生态产业有机结合起来,不断提高森林绿地系统的质量和效益。三是加强生态修复,大力实施综合治理,切实加强涵养保护,加快推进重点流域、石漠化地带、矿山裸露区、地质灾害区等生态脆弱区域的生态修复,提升生态环境整体水平,为发展生态农业提供良好生产环境。四是加强环境污染治理,重点针对局部领域环境污染严重问题进行整治,加强水源污染、大气污染及农村面源污染防治。同时,合理配置农业生产要

素,提高资源利用效率,解决农业生产过程中造成的环境污染,走出一条科技含量高、资源消耗低、环境污染小的生态农业发展路子。

(三)优化产业结构,推进科技创新

一是不断优化农业产业结构布局。按照布局合理、产业融合、功能多元的发展要求,深化产业结构调整,优化农业区域布局,探索建立粮食生产功能区和重要农产品生产保护区,加大对农产品主产区和重点生态功能区的转移支付力度。以新型经营主体为载体,建设一批生态农业技术试验示范基地,并加大技术创新和引进力度,将新技术转化为现实生产力。二是加大科技研发力度,不断强化科技支撑体系。积极支持科研院所开展绿色防控技术研究,重点在节约资源和保护环境的生态农业技术、农产品精深加工技术、废弃物利用技术、相关产业链接技术和可再生能源利用技术等方面有所突破,使生态农业技术涵盖产前、产中、产后各个环节,提高农业科技应用率和贡献率。三是积极推广动植物疫病防治、无公害标准化生产、废弃物资源化利用、秸秆综合利用、清洁生产、科学用药等技术研发,推动信息技术与生态循环农业各个环节之间的相互融合。

(四)完善政策扶持,提升服务水平

一是从创新体制机制入手,实施一系列相互配套、切实管用的政策措施,建立以资源配置为基础的资源管理体制。通过资源优化配置,不断提高资源利用效率,促进经济、资源、环境协调发展。同时通过建立生态补偿机制,确保各项生态补偿资金落实到位。二是要争取上级最大份额转移支付特色效益农业专项扶持。安排专项资金重点扶持现代农业园区发展,整合部门资金集中或拼盘建设生态农业项目。制定各产业发展扶持政策,实行"补硬不补软、补大不补小"的原则和不同材质、质量、规模对应具体扶持标准。三是健全项目资金管理使用制度。通过制度措施,将项目资金重点用于扶持种植专业大户、生态养殖园和现代农业园的硬件设施、基础装备、种源体系建设,确保一次投入多年受益。四是通过建立激励机制,充分发挥农业技术人员的技能才干,创新技术指导服务方式和内容,深入乡镇和村组,加强对生态农业项目的技术指导,为农民群众提供面对面服务。

综上所述,大力发展生态农业,不仅是推进生态文明、建设美丽中国的客观要求,而且是促进"三农"健康发展、实施乡村振兴战略的迫切需要。习近平总书记指出,必须坚持节约优先、保护优先、自然恢复为主的方针,形成节约资源和保护环境的空间格局、产业结构、生产方式、生活方式,还自然以宁静、和谐、美丽。面对新时代和新任务,区县各级干部和广大群众必须以党的十九大精神为指针,以绿色发展为引领,建立健全适应生态保护的农业发展模式,挖掘和发挥绿特经济优势,找准生态保护和经济发展的平衡点,在发展中

保护、在保护中发展,扎实推进生态农业取得新的成效、实现新的突破,为实现农业强、农村美、农民富的乡村振兴战略目标打下坚实的产业基础,提供可靠的生态保障。

参考文献

［1］石柱土家族自治县人民政府工作报告［R］.石府办,2017.

［2］武文东,韩旭峰.浅谈我国生态农业研究［J］.商品与质量·建筑与发展,2014:57-57.

［3］韩同超.生态农业发展路径分析［D］.河南财经政法大学,2016.

［4］中共中央宣传部.习近平总书记系列重要讲话读本［M］.北京:学习出版社,人民出版社,2016.

贫困山区乡村振兴SWOT分析及可持续战略
——以石柱县为例

吴红军

摘 要：党的十九大确立的乡村振兴战略是决胜全面建成小康社会的重大战略举措，是新时代"三农"工作的重要抓手，最终目的是逐步实现城乡融合均衡发展，缩小城乡贫富差距。贯彻落实乡村振兴战略，贫困山区是实现乡村振兴的重点和难点。笔者通过对贫困山区SWOT分析，旨在引导人们思考影响乡村振兴的主要因素，为乡村振兴提供对策参考。

关键词：贫困山区；乡村振兴；SWOT分析；可持续发展对策

一、贫困山区乡村振兴SWOT分析

（一）优势分析（S）

1.优越的地理位置

石柱县位于长江南岸，地处北纬30度沿线，东接湖北省利川市，南临彭水县，西南靠丰都县，西北连忠县，北与万州区接壤，辖区面积3014.6平方千米。目前，石柱县已经形成"四高一铁一港"（沪蓉高速、沿江高速、丰石高速和梁黔高速；沪蓉高速铁路；西沱港）的交通格局，是渝蓉地区通往华中和华东地区重要通道。

2.丰富的自然资源

石柱县属巫山大娄中山区地貌，形态分为中山区、低山区和丘陵区，海拔相对高差1815.1米，平均气温16.4℃，年均降水量在1126.6毫米以上，年均日照时间1333.3小时，无霜期在179至320天。去年，该县空气质量达到环境空气功能区一类区的标准，负氧离子浓度均值达每立方厘米3000个以上，声环境质量达到0类声环境功能区要求，地表水水质达到Ⅰ类水体水质要求。各类资源较丰富,已探明煤、铅、锌、硅、天然气等矿产20余种。

3. 特色的旅游资源

石柱县山清水秀,自然资源与人文风光有机融合,旅游资源极其丰富,加之不断积淀的土家族历史,使其旅游资源呈现出绿色生态、土家风情和历史文化的特色。目前,已经重点打造了有黄水国家森林公园、千野草场、云中花都、银杏堂、毕兹卡绿宫、油草河等景点,今年还将有西沱云梯街、万寿山等呈现给大众。同时,石柱县还有"啰儿调"国家非物质文化和"盐运民俗"市级非物质遗产,是经典民歌《太阳出来喜洋洋》的故乡,也是土家文化、移民文化、长江文化的集聚地。

(二)劣势分析(W)

1. 经济基础较为薄弱

主要表现为经济总量偏小,投资增长动力不足,工业支撑作用不够,第三产业水平较低。2017年,石柱县地区生产总值为162.28亿元,人均GDP为4.28万元,城乡居民人均可支配收入分别为30087元、11752元,远低于重庆的平均水平;2017年尽管有60家规模以上企业,但年产值10亿元以上的企业仅有1家,年纳税1000万元以上的企业约5家,停产、关闭企业占全县规模企业户数的11.67%。一、二、三产业结构为17.4∶49.3∶33.3,产业结构亟须调整。

2. 农村劳动力素质低

从全市来看,截至2017年末,石柱的户籍人口总数为54.77万,但常住人口却只有39.71万,外流人口比例高达30.8%,是重庆人口外流严重的县之一。从全县来看,农村劳动力向县城所在地、各乡镇(街道)地和交通沿线集聚,导致乡村人口流失,出现一大批"空心村""386199"部队。农村党员老化,村(社区)干部后继无人。2017年,石柱县全社会R&D投入2.39亿元,规模以上工业企业研发投入4212万元,每万人有效专利拥有量仅为1.03件,全县尚没有市级科技园区(高新技术产业开发区)和国家级创新平台。

3. 农村基础设施滞后

2017年,石柱县投入民生领域34.5亿元,占公共财政预算支出的68.1%,在田间道路、水利灌溉、污水处理、人畜饮水和教育、医疗、文化娱乐等方面取得了很大成就,但该县面积较广、地形较复杂,涉及乡镇较多,农村基础设施仍然滞后。主要表现在乡村道路建设质量较差、通畅率不高;农村物流产业发展缓慢,电子商务推进乏力;农村水质量不达标,饮水得不到保障;村民环保意识不够,垃圾收集运转设施不足,环境卫生堪忧;农村网络覆盖率不高,通信得不到保障;等等。

(三)机遇分析(O)

1.脱贫攻坚政策

脱贫攻坚既是最大的政治责任、最大的民生工程,也是最好的发展机遇,尤其是贫困山区,借助脱贫攻坚的东风,国家在人财物等方面给予了大力扶持,能够有效解决农村基础设施建设、农房改造、集体经济发展、农民就业增收等问题。石柱县作为少数民族地区和长江三峡移民地区,能够享受到更多、更优惠的资金支持和人才扶持,比如作为山东淄博对口帮扶地,每年互派干部挂职锻炼,承接山东的产业转化等;江津每年给予1800万元的资金扶持。同时,还有市级财政转移支付、中央民族资金和民革资金等。

2.乡村振兴政策

党的十九大提出实施乡村振兴战略,中央、市委、县委也相继下发了乡村振兴的文件,其最终目的是要实现"产业兴旺、生态宜居、乡风文明、治理有效、生活富裕"的总体要求。乡村振兴的重点在于贫困地区的农村,尤其是在住房、基础设施建设、人居环境等方面有着优惠的政策,必将吸引大批有志青年返乡创业,在全社会营造一种重视农村、关心农村的良好氛围。正是有了这种氛围的营造,可能会出现各种要素集聚农村的繁荣局面。

3.旅游产业发展

2018年5月16日,重庆市召开了旅游发展大会,提出全力打造重庆旅游业升级版,建设世界知名旅游目的地,唱响"山水之城·美丽之地",明确今后要打好三峡、山城、人文、温泉和乡村"五张牌"。石柱县有神奇的自然风光、多彩的民俗风情、特色的土家建筑,具备得天独厚的旅游优势。2018年8月26日,石柱县召开了中国·重庆石柱第二届康养大会,提出要把康养产业作为经济社会发展的第一牵引产业,在"观、疗、食、文、动、住"六养产业发展上迈出坚实步伐,力争到2021年实现年接待游客1500万人次、旅游综合收入150亿元以上。旅游产业的发展必将带动乡村环境改善、产业发展和基础设施改善。

(四)威胁分析(T)

1.人才流失严重

石柱县集老少边穷库"五大头衔"于一身,拼资源争不过主城,比待遇财政无力承担,乡镇坡高路陡、沟壑纵横、县城群山怀抱、小巧玲珑,对有能力的人没有足够的吸引力,造成人才流失严重,对经济社会发展带来了较大的负面影响。同时,本县大学毕业生很少再回来,现有的能人走出去经商办企业,年轻人外出打工在外购房置业,大量农村人、财、物形成一个"抽水机"模式,单向流向了主城或其他条件较好的地区。乡村振兴既需要宏观层面的远景规划,也需要微观层面的具体落实,没有人才支撑很难实现。

2.农村产业空虚

当前,农村青壮年基本上不再愿意从事农业生产,多数乡村留下中老年和农村妇女从事农业劳动、农地耕作,导致土地荒芜现象突出。石柱县虽然有辣椒、黄连、长毛兔、莼菜等传统优势产业,今年还大力发展了脆红李、经果林等产业,但产业规模小、市场化程度不高,带富效益不明显。究其原因:一是因为农业受气候影响较大,病害问题仍未突破;二是农业产业效率低下,投入与产出不成正比;三是贫困地区交通不便,物流成本较高。

二、贫困山区实施乡村振兴可持续发展对策

(一)坚持规划先行

乡村振兴是经济、政治、文化、社会和生态的全面振兴,绝不能急功近利、一哄而上。要从匆忙建设向规划引领转变,坚持用七分力量抓规划、三分力量搞建设,做到不规划不设计、不设计不施工;要从同质发展向分类实施转变,结合县域内乡村自然禀赋、区位条件、生活习惯等不同层面的差异性,对乡村进行科学划分,分类实施,突出特色,打造以生态文化为主题的多元化乡村;要按照"条块结合,高效对接,科学规划,有序建设"的要求,形成全县乡村振兴"1+N"方案,确保在思想上同频,行动上共振,把全县乡村振兴的"规划图"变成"实景图"。

(二)加强生态保护

认真践行"绿水青山就是金山银山"发展理念,全面落实"共抓大保护、不搞大开发"要求,坚持生态优先、绿色发展。要以农村垃圾治理、厕所革命、污水处理和村容村貌提升为重点,深入开展农村人居环境综合整治,切实处理好生产、生活和生态的关系;要严格落实河长制,加强县级河流和水库生态治理管控,治理好农村水环境;要开展"美丽庭院"创建和特色村标建设,让农村成为看得见山、望得见水、记得住乡愁的地方;要集中优势资源和资本,精心打造一批"田园综合体",创建一批示范性特色小镇和美丽宜居村庄,让绿水青山真正变成金山银山。

(三)挖掘文化资源

石柱县拥有得天独厚的好山好水好区位的资源禀赋,但丰富的土家文化、巴盐古道文化和秦良玉文化等挖掘不够,尤其是策划包装文化严重不足。要把文化建设充实到乡村

振兴建设中,不断挖掘乡村文化元素,利用旧建筑、古民居、老祠堂等搞好历史文化的保护与开发,利用现有的文化阵地提升乡风文明程度;要抓紧引进一批懂农村、有活力、有创意的农村文创策划运营团队,加强重点村的项目化设计、包装和运营;要按照"有故事、有LOGO、有创意、有特色、有品牌"的"五有"标准,将更多本土文化元素融入旅游景点、景观带建设及旅游产品开发之中,为乡村振兴注入文化之魂。

(四)强化产业支撑

把产业培育作为乡村振兴的动力源泉,突出"转型康养、绿色崛起"的发展主题,集中精力发展"大康养"产业。要积极培育家庭农场、专业合作社、龙头企业、社会化服务组织和农业产业化联合体等新型农业经营主体,鼓励其通过订单合同等形式发展农村集体经济逐步发展,促进农民增收致富;要以推进供给侧结构改革为主线,积极创建"全国有机农业示范基地县",大力发展有机、绿色、功能农产品;要以"互联网+农业"为契机,抓住农村电商带来的产业升级机遇,着力打造"源味石柱"区域品牌,促进农产品在网上变成金山银山;要跳出"光种不加工、光养不加工"的产业发展老路,突出农业一、二、三产业融合发展;要利用建设美丽乡村的机遇,在黄水片区做避暑、康养、度假、体育等山地旅游,西沱、悦崃等地吸引游客游览古迹、触碰历史,城郊村发展休闲、观光、体验等设施农业,尤其是要用好农村老房子做精品民宿,举办以辣椒、黄连、莼菜等为主题的节庆活动。

(五)强化要素保障

要强化党建引领,扎实开展"三会一课"和主题教育活动,持续推动作风建设长效化、制度化,把支部建设成为推动改革发展的坚强战斗堡垒;要强化人才支撑,加快培育基层农村干部和新型职业农民,造就一支"一懂两爱"的专门队伍;大力实施"农村人才回流"计划,引导农民工返乡、大学生回乡、机关干部下乡。要加大资金投入,按照"整合项目、集中财力、统筹安排"的要求,有效整合农业、扶贫等财政资金;探索创新投融资体制,运用市场手段引导金融资本、工商资本、企业等社会资本投入;切实发挥村民主体作用,鼓励在外经商、创业致富的民营企业家捐资出力。

参考文献

[1]代凤.重庆市实施乡村振兴战略的问题与对策[J].重庆行政(公共论坛),2018,19(04):9-11.

[2]牛灵慧.新时代乡村振兴的问题分析和对策探讨[J].现代化农业,2018(06):54-55.

[3]周明钧.广西民族贫困山区实施乡村振兴战略的思考[J].市场论坛,2018(09):36-39.

[4]贾磊,刘增金,张莉侠,方志权,覃梦妮.日本农村振兴的经验及对我国的启示[J].农业现代化研究,2018,39(03):359-368.

吴红军

男,中共石柱土家族自治县委党校副校长。

板块五 山地区域乡村组织振兴

重庆秦巴山区"三变"改革的实地调查

冉亚清

摘　要：农村"三变"（资源变资产、资金变股金、农民变股东）改革是当前我国农村产权制度的一次重大制度供给，对于破解当前"三农"发展瓶颈、激活农村资源、要素市场化配置、带动农民脱贫致富具有重要意义。本文通过实地调研、资料收集、问卷调查等形式，总结了目前渝东北干部群众对"三变"改革的新认识和新路子，亟待关注的新问题，提出了一些新建议。

关键词：重庆秦巴山区；"三变"改革；实地调查

农村"三变"（资源变资产、资金变股金、农民变股东）改革是当前我国农村产权制度的一次重大制度供给，对于破解当前"三农"发展瓶颈、激活农村资源、完善农村产权制度和要素市场化配置、带动农民脱贫致富具有"牵一发而动全身""一子落而满盘活"的重要意义。就重庆渝东北各区县"三变"改革的推进情况而言，城口县的"三变"改革无论在时间上还是在广度、深度上都走在了前面，总结其经验教训对于我市"三变"改革的破题和深入推进具有借鉴意义。调研中，我们深入到重庆秦巴山区与村镇干部、农民和企业主代表进行走访交谈，了解"三变"改革推进情况以及总结经验教训，以利于把"三变"不断抓好抓实。同时，发放问卷300份，回收300份。现将调查结果和建议总结如下。

一、农村"三变"改革在干部群众产生了新认识，走出了新路子

（一）广大基层干部群众在"三变"改革中产生的新认识

1. 树立了新的资源观，让沉睡的资源活起来

"三变"改革的核心是增加农民的资产性收入。过去，人们普遍认为"四荒"（荒山、荒沟、荒丘、荒滩）、人文古迹、自然景观等没有什么经济价值。随着经济活动的深入和社会

实践范围的扩大,尤其在新一轮的"三变"改革中,大家逐步发现,家中老屋、房前屋后的古树、珍奇景观、山溪流水等都是难得的资源,这些具有稀缺性、奇异性、独特审美性的要素只要合理开发利用就能产生经济价值。在岚天乡红岸村,人们按照"无物不股、无奇不股、无人不股"的原则,扩大了资源利用的范围。"三变"改革扩展了农民对资源的认识视野,让农民学会以全新的眼光审视和打量世界。

2. 增进了集体意识,让分散的资金聚起来

"三变"改革改变了过去农村产业发展散而小的格局,实现了资金和资源的整合,发展壮大了集体经济,增强了市场竞争力。调研中,干部群众反映,现在一个村动不动就是800股、900股,等于将800个、900个小的市场主体装成一个市场竞争主体,这不但有利于改变过去各自为政的局面,而且还降低了交易成本,大大提高了市场谈判要价能力。"三变"改革让抱团发展意识在基层干部群众的头脑中得以增强。

3. 提高了参与意识,让增收的渠道多起来

传统土地家庭承包经营下,农民收入渠道较为单一,资金来源少,且累积较慢,与之相比,新的集体经济组织资产呈现出来源多元化、资产规模累积快等特点。在资产构成上,除农民土地入股资产外,还有公共集体资产、政府支农资金资产和农民资金入股资产,这意味着农民除自己的务工收入以外,还拥有了分红收益。而农民一旦变成股东,就会在更大程度上参与村级集体经济组织的公共事务,有利于提高农村社会化组织水平。调查发现,96%以上的基层群众认为,通过"三变"改革发展集体经济,村级基层政权建设得到了切实加强。通过"三变"改革以利益联结机制为抓手,改进和完善村级政权的社会治理,是实现组织振兴及乡村有效治理的一条途径。

4. 树立了程序意识,让群众的信任高起来

城口县岚天乡在改变基层干部拍脑袋决策的随意性、增强决策的科学性方面做出了探索:按照"四议两公开"程序,召开村支部会议,村两委、村务监督委员会合议会议,组干部、党员、村民代表和村务监督委员会商议会议以及户代表会议四个会议,红岸村量化确权改革方案进行讨论,重点商议成员身份界定及股份分配等情况,最终形成"十进九不进"的成员身份界定方法,以及"人在户在一股,人在户不在半股,户在人不在半股"的配股方案。目前,按照"确股到人,发证到户""生不增,死不减"静态管理方式,有149户588人得到了红岸村股份合作社的555.5股股份。调查表明,村民对此的满意率高达98%。实践证明,只有强调程序的正义性,让程序在阳光下操作,赋予决策以合法性和正当性,才能赢得群众的信任,我们的各项事业才能得到顺利推进。

(二)广大基层干部群众在"三变"改革实践中走出了新路子

1.基层干部群众在实践中变出了新思路

新时代孕育出新认识,新的认识在实践中迸发出新的思路。思路是谋篇布局遵循的思维活动路线,谋好"三变"改革的大文章,需要综合考虑农村思想认识、组织状态、知识水平、制度设计、技术路径、市场需求、资源禀赋等主客观条件因素,统筹协调推进。一个新的思路决定一个好的出路,是破题开篇之基。巫山县平河乡龙潭村按照"确权不确价"的思路推进"三变"改革,分类设置"个人股""土地股"和"贡献股",暂时回避了某些资源型资产难以科学测定的问题;奉节县鹤峰乡莲花社区提出"支部带领创新、党员带头创业"的思路,以党建促"三变",增强党组织的核心作用;巫山县曲尺乡龙洞村、巫溪县峰灵镇谭家村、城口县北屏乡以龙头企业带"三变",增强龙头企业的稳定器作用;坪坝镇瓦房村以返乡大学生帮"三变",增强人才的引领示范作用;东安亢谷、北屏太平村以特色资源推"三变",增强特色资源的支撑作用。这些新的思路拓宽了"三变"改革的视野,丰富了"三变"改革的抓手,突出了"三变"与基层农村发展的同步互动协调融合性特征。

2.基层干部群众在实践中变出了新模式

"三变"改革是产权制度供给的创新形式,落脚点是强农惠农,以"三变"促乡村振兴,其中的关键是产业振兴。如何把产业振兴融入"三变"改革的进程之中,成为广大基层干部群众共同面对的时代课题。可以说,选择适合各地区情的产业发展新模式是"三变"改革的惠农强农之体。我市各地在"三变"改革中,不走形式主义,踏踏实实地探索创新,变出了多种多样的"三变+"新模式。如:巫溪县峰灵镇谭家村探索"三变+优势产业+龙头企业+市场订单"模式,构建产加销一条龙经营模式,有效降低了农业经营风险;巫山曲尺乡龙洞村构建了"三变+产业融合"模式,在脆李产业中与顺风合作强调销售服务的及时性、与供销社合作突出生产管护服务的科学性;城口县的岚天乡红岸村、岚溪村"三变+民宿、旅游",突出的是差异化特色打造;东安镇"三变+巴渝民宿",突出了"以地入股、以房联营"特色;修齐镇"三变+大巴山森林人家+集群",突出了特色旅游扶贫示范片的打造;坪坝镇"三变+特色产业",突出已有资源的有效利用;北屏乡月峰村"三变+效益农业",则突出了高附加值的发展方向。激烈的市场竞争倒逼着各地的模式创新实践,在特色化、差异化、效益化上做文章,提高了集体经济的资产收益水平,增强了抵御和驾驭市场风险的能力。

3.基层干部群众在实践中变出了新活力

"三变"无论怎样变,最终结果是不断增强农村集体经济的优越性和吸引力,是"三变"改革的强筋健骨之魂。集体经济组织的活力关键在于要具有完善的经营机制,其经营机制包含动力机制或激励机制、约束机制和运转机制。其中激励机制中关键是要处理好所有者、经营者和生产者三者之间的利益分配关系,让所有者放心、经营者精心、生产者用心。城口县岚天乡红岸村按照合作社、村集体、农民股东6∶2∶2的比例分红,其中村集体20%的分红收益中要按照一定比例提取公益金和公积金,用于发展村级公益事业和激励经营者。约束机制包括经济组织内部约束和外部约束,内部约束有预算约束、财务约束、责任约束、纪律约束等,外部约束有市场约束、合同约束、法律约束等。城口县岚天乡建立了监管机构——监事会,负责会计核算、财务公开等事宜,理事会负责生产经营事宜。同时,城口县各"三变"改革试点村统一按照现代企业制度的要求,相继成立了集体经济组织的村民代表大会(股东会),选举产生了理事会(董事会)和监事会组织。理事会负责日常经营管理,接受监事会的监督,共同为股东会负责。调查显示,94%的干部群众对这一符合现代企业制度要求的村级集体经济的组织形式感到非常满意,迸发出极高的热情,初步彰显出市场经济的活力。

"三变"改革触及最重要的制度安排问题。合理的体制机制激发了干部群众的参与意识,"三变"改革让原先的产权虚置变为产权明晰,权责不明变为权责明确,管理混乱变为管理科学。它不仅体现了财产权利、农民身份的"转变",而且变出了新思路,变出新模式,变出新活力,在基层干部群众中开启了认识上同心同德,目标上同心同向,行动上同心同行的生动局面。

二、"三变"改革中值得关注的几个问题

(一)对资产量化确权,资产资金的筹集、运营、监管心存疑虑,影响了群众参与的积极性

首先在资产量化确权方面,存在以下几个方面的问题:一是资产评估不精准。对村集体资产、资源清理基本采取模糊估计。如:土地租赁折现入股、林木资产的价格都是口头估价,个别乡村的土地资产以每年的流转费入股,缺乏精准科学的价值评估。二是量化确权登记存在混乱现象。目前,城口县农委印发了集体资产、资源性资产、非经营性资产、经营性资产等清理登记表,部分村委会在登记造册时,资产的权属划分不清晰,甚至存在张冠李戴的现象。三是部分集体经济组织的章程规范化和合理化有待进一步完善。其次,是资产资金的筹集、运营和监管方面的问题。一是存在前期资金投入巨大和后续资金跟不上的矛盾。资金量大且短期内难见效益,是投资现代农业绕不开的难题。如果没有政府或企业的大量投入,农村产业就很难发展起来,个人参与意愿就会出现明显降低。如北

屏乡月峰村试点发展菌菇产业,前期需要投入大量资金建设大棚等基础设施,如果资金缺口得不到解决,菌菇产业就很难发展下去。二是存在资产资金运营监管的安全风险。当前,村级集体经济在资金管理上,有的是村委会管理、有的是企业自行管理,在缺乏监督的前提下,这样的管理方式存在的漏洞和风险是显而易见的,财务开支、盈亏状况不透明,往往会导致相关管理者侵占农民利益。调查显示,有42.6%的基层群众对此心存疑虑,这在一定程度上影响了其参与"三变"改革的积极性。

此外,有14%的村级干部(不包括乡镇干部)表示对参加"三变"改革缺乏热情。其中,既有年龄偏大(55—60岁左右)缺乏创业精神的原因,也有认识不足、应付心态作祟的因素,还有待遇低、责任大等问题。根据试点村的情况来看,村委会普遍存在"一套班子、两块牌子"的现象,村支书、村主任往往兼任集体经济组织的理事长或监事长,行政事务和发展经济任务叠加,承受的压力较大。如果所付出的劳动不能在报酬中得到适当体现,客观上不利于保护和激发村干部干事创业的热情。

(二)对"三变"改革发展集体经济的风险认识不足、防范不力,不利于农村产业的持续发展

"三变"改革中静态的顶层设计固然重要,但接下来动态的风险管控更为紧迫。这些风险集中表现在如下方面:一是生产风险,包括品种选育、管护以及自然灾害风险,任何环节出现问题,都可能造成颗粒无收的局面;二是道德风险,包括经营决策者内部操控以及由少数入股农民违约退股所产生的连锁反应等风险;三是市场风险,市场供求关系的改变瞬息万变,今天的市场短缺明天就可能转化为市场过剩;四是管理风险,即企业内部因财务混乱、管理不善导致出现经营困难的风险。一旦出现风险管控不力的情况,不仅会降低农民参与的积极性,降低对基层党组织的信任度,而且可能引发群体性事件,尤其会对才刚起步、较为脆弱的农村产业发展产生较大冲击。调研发现,只有18%的干部表示"必须高度重视并采取措施防控'三变'改革中的风险问题",而其他一些基层干部虽然也意识到这些问题的存在,但仍然没有从思想上引起足够重视,没有采取有效的措施从机制上加以防范和化解。当前,发展集体经济的资金主要来源于政府投入、企业入股、农户入股等三个方面,如何实现集体资产保底增值,不让农民利益受损,是需要花大力气解决的。同时,部分村集体对自己的产业或多或少存在盲目自信,缺乏市场调研,没有相应的风险预判和评估,增大了资产经营的风险系数。

(三)对人才匮乏、自然条件恶劣等制约因素和困难尚无破解之道,影响了"三变"改革的动力支撑

"三变"改革发展集体经济需要一系列客观条件作支撑,当前的制约因素突出表现在人才匮乏和自然条件恶劣两个方面。在人才支撑方面,一是缺"领头雁"人才。主要表现为村支两委人才断档,有的村连选举候选人都很难推出。年龄偏大(50岁以上占56%),文化程度偏低(初中及以下学历占52%),以及缺乏产业带动人才成为普遍症候。二是缺专业人才。农村改革急需农经类人才和技术人才,一些乡镇由于专业人员匮乏、农经管理专门机构缺失,造成农经体系出现"网破、线断、人散"的尴尬局面,改革面临"肠梗阻"、推进难的挑战。三是缺青壮年优秀人才。农村"空壳化"现象普遍存在,有文化、懂技术、会管理、善经营的青壮年大都外出求学、当兵、务工创业,农村缺乏敢想会干、公道正派的青壮年复合型人才来推动改革。在自然条件方面,目前城口是我市唯一不通高速不通铁路不通航路的贫困大县,交通信息瓶颈始终是制约城口经济发展的一大短板,虽然总体上实现了村村通工程,但离实现人员物资大流通的目标差距尚大,与主城经济大融合的发展格局也未根本形成,而山高坡陡沟深的"九山半水半分田"地形地貌特征更加制约了当地经济发展。整体上的地缘劣势让城口在流通上呈现出"市场自给"状态,在经济融合度上呈现出"孤岛"性特征。当前,只有以强化农村人才支撑和改善自然条件为突破口,才有可能从根本上改变经济分散、封闭、小规模等"小农化"生产模式,切实通过"三变"改革实现集体经济的发展壮大。

三、对"三变"改革推动集体经济发展的几点建议

针对重庆秦巴山区广大基层干部群众对"三变"改革中存在的问题,我们建议当前和今后一段时间应当重点抓好以下几个方面的工作:

(一)夯实"变"的基础,建立集体资产监管平台和运营机制,打消群众疑虑,提高参与积极性

"三变"改革首先要解决的是"变什么、如何变"的问题。资产资金评估的科学性、监管的安全性、运营的效率性事关"三变"改革的成败,是广大基层干部群众翘首以待最为关心的事情。为此,一是要全面清理和科学评估农村"三资"状况。清理结果向本集体经济组织全体成员公示,经过成员大会或代表大会确认,并成立改革专卷,做到"有记录、有台账、有公示、有档案";要科学合理地进行价值评估,在资产清理过程中,需要进行价值确定的,

可按照原始凭证、参照同类价格、成员民主商议、第三方机构评估等方式进行价值确认,评估结果经农村集体经济组织成员大会或代表大会确认并公示无异议后登记造册;要量化确权,在确认农村土地承包经营权、林权、宅基地使用权、财政投入权属的基础之上,进一步细化完善农村集体资产量化确权工作,确认集体所有权,明确集体经济组织的成员身份,科学配置股份份额,量化到人,确权到户,以静态管理为主,动态管理为辅。二是建立资产资金监管平台,增强资产资金的安全性。集体经济组织一方面具有合作经济性质,可以充分发挥集体经济组织内部的监事会监管作用,另一方面又具有公共性质,政府作为广大农民利益的代言人,绝不能"缺位"。目前建议可依托乡镇(街道)财政所,或引入第三方服务机构,建立专款专账,强化财务管理,资产的评估、监管、运营、收益要遵循"三公"原则,防止集体资产流失和无人负责的现象。三是建立科学的运营管理机制,提高生产经营效率。实践表明,鉴于农村基层干部群众文化素质、管理经验、市场意识等因素的制约,引进有丰富管理经验和市场意识的龙头企业参与集体经济组织,对于提高集体经济的运行效率,培养本地经营管理人才有着特殊重要作用。为此,政府要鼓励集体经济组织引进龙头企业,组建股份公司、股份合作社和产业联合体,着力构建"龙头企业+合作社+农户"等多模式的利益联结机制,充分发挥企业开拓市场、合作社互助服务、农户生产管理的优势,实现互利共赢,形成共商共建共管共享的"三变"改革的新格局。

(二)创新"变"的思路,防控"变"的风险,优选产业发展方向,是有效防控风险的有效途径

因地制宜选择产业发展方向,提升产业发展效益,是有效防控风险的有效途径。创新"变"的思路,才能变出活路。"三变"改革的思路上要解决的是"围绕什么变"的问题。"三变"改革是农村产权制度变革,根本目的是壮大集体经济实现农民共同富裕,核心在产业选择与培育,关键在提升产业发展效益,落脚点是让农民分享"变"的制度红利,是增强"三变"改革的吸引力所在。为此,在产业选择与培育上,一要坚持因地制宜、因时制宜,根据当地要素禀赋、市场供求关系的变化进行科学规划与决策,突出产业选择的差异化,避免同质化特性,防止一哄而上、盲目跟风的现象;二要坚持大力发展"品种优、品质好、品相美、品位高、品牌响"的精品农业,以高附加值、高市场竞争力参与市场竞争,提高产业发展效益;三要创新"三变+"改革模式和机制,全面提高经营管理水平;四要以农业供给侧结构性改革为契机,利用现代科学技术和农业装备技术改造提升传统产业,以降低农业产业经营成本、补齐农村发展短板为抓手,全面提高农村农业全要素生产率和市场竞争力,走绿色、安全、生态发展之路。

增强干部的风险意识,提高防范风险能力。防控"三变"改革的风险是解决"变的活力"问题。只有变出活力,才有生命力和吸引力,如果"变"出问题以至于失败,不是"三变"制度顶层设计问题,而一定是不可抗拒的自然力问题、生产经营管理问题、市场问题。概括起来无外乎自然灾害风险、生产经营风险和市场风险三大风险表现形式。为此,我们建议:(1)对于因天气、地质灾害、病虫、旱涝灾害等自然灾害风险,由区县政府成立农业保险基金,参加农业商业保险,对全县进行统筹协调,条件成熟时可由市级统筹,提高应对自然灾害对农业造成的危害;(2)加强生产经营管理,在品种选育、生产管护、内部管理上提高决策的科学性、民主性和时效性,力争把生产经营管理风险降到最低;(3)抵御市场风险则是发展农村集体经济最大的课题,要求在发展集体经济时首先要进行风险预判,吃透行情,看准市场风向,围绕市场进行科学研判和民主决策,增强应对市场风险的应变力,力争将风险降到最低。

(三)激发"变"的合力,为壮大集体经济提供人才支撑

"三变"改革还要解决"依靠谁来变"的问题。为此,必须要培养一大批懂农业爱农村爱农民富有大情怀的"三农"工作人才队伍。无论是长远的乡村振兴战略,还是当前的"三变"改革壮大集体经济,事业兴衰,人才是关键。当前,一是要选好配好用好基层政权(主要指村支两委)的领头雁人才为关键。要充分发挥村党支部的政治引领功能,"农民富不富,关键看支部",对于引领、组织群众参与"三变"改革,发展农村集体经济表现优秀的党支部及个人给予奖励,政治上关心、事业上激励、待遇上提高,对不愿作为、不会作为、作为不力的党支部及个人进行整顿。二是引进和培养外来专业人才为抓手。要依托引进龙头企业为载体,让城市或外来有为有识之士带着资金、知识和经验参与农村"三变"改革和经营管理,带动、帮助和培养本土干部群众成为乡村振兴的行家里手。三是培养本土人才为根本。本土人才对家乡有感情、有乡愁,要采取积极措施对返乡大学生、复员军人、返乡农民工、本土青壮年农民、本土致富能人及乡贤进行职业培训,打造一支热爱家乡、造福乡梓、留得长久的新型职业农民队伍。

"问题是时代的格言"。总体上讲,实施近40年的家庭承包经营制度虽然曾经在历史上发挥过解决温饱的历史贡献,但随着农业现代化、城市化进程的提速,这一制度已日渐暴露出一些问题,需要在不断完善现有制度的基础上,以农村"三变"改革为契机,大力发展集体经济,解决历史和时代的课题。随着我市农村"三变"的不断深入,会有更多更好的"金点子"不断涌现,成为重庆市"三变"改革和乡村振兴战略的鲜活经验,为农村改革实践做出积极的贡献。

参考文献

[1]城口县岚天乡人民政府.重庆市城口县岚天乡"三变"改革资料汇编[Z].2017.

[2]城口县农业委员会关于2017年开展农村"三变"改革试点补助资金安排方案的请示[Z].城农文〔2017〕101号.

[3]城口县培育发展新型集体经济组织工作方案[Z].城委办发〔2017〕63号.

[4]中共城口县委、城口县人民政府关于深化脱贫攻坚的实施意见[Z].城委发〔2017〕11号.

冉亚清

男,教授,硕士生导师,重庆山地经济研究中心研究员。

乡村振兴视域下的城口县农村"三变"改革：
逻辑进路、价值意蕴、实践现场、发展建议

谢正娟

摘　要：农村"三变"改革是为了克服家庭联产承包责任制"统、分"用力不均而产生的。其目的是通过改革激活、释放农村生产力，拓宽农民致富增收路径。本文力求学理层面和实践层面相结合，对城口县农村"三变"改革的逻辑进路、价值意蕴、实践现场和发展建议进行充分论述，以期丰富理论，指导实践。

关键词："三变"改革；逻辑进程；价值意蕴；实践现场；发展建议

一、逻辑进路：农村"三变"改革的演进逻辑

（一）逻辑起点

所谓农村"三变"改革是指"资源变资产、资金变股金、农民变股东"（以下简称"三变"）的"三变"模式。农村之所以要实行"三变"改革，是因为随着改革开放的深入以及社会主义市场经济体系的成熟，以家庭联产承包责任为基础的生产经营体制，由于"统、分"用力不均，导致农村出现人、权、地分离的"三权分置"状态，农民有资源无资产、有实业无产业、有资金无资本，这既造成农村土地资源闲置、农民收入持续下降等问题，甚至少数农民重新陷入极端贫困的境地，也难以适应农村经济规模化、组织化、市场化发展需要，无法在市场竞争中取得优势地位。"三变"改革的出现，可以进一步发挥统分结合双层经营体制的优越性，可以有效调整农村生产方式，激活、释放农村生产力，增进民生福祉，从而成为"三变"改革的逻辑起点。

（二）演进进程

党的十八届三中全会决定提出"加快构建新型农业经营体系"，要求在坚持家庭经营

在农业中基础性地位的基础上,推进农村集体产权制度改革,探索农村集体所有制有效实现形式,创新农村集体经济运行机制,并决定在有条件的省区开展赋予农民对集体资产股份权能改革试点。"三变"改革便在此背景下应运而生,这一改革首先肇始于贵州省六盘水市的实践探索,其改革成效得到中央层面的高度认可。2016年"三变"改革一词入选年度"中国三农创新榜",引起社会各界广泛关注。之后,"三变"改革写入2017年《中共中央 国务院关于深入推进农业供给侧结构性改革加快培育农业农村发展新动能的若干意见》(中发〔2017〕1号)文件、2018年《中共中央 国务院关于实施乡村振兴战略的意见》(中发〔2018〕1号)和2018年《中共中央 国务院关于打赢脱贫攻坚战三年行动的指导意见》(中发〔2018〕16号)文件,这一地方性实践蝶变成为国家战略。之后,安徽、宁夏、重庆等省市陆续开展改革,成效显著。重庆市作为集大城市、大农村于一体的直辖市,为贯彻落实中央文件精神,先后出台"三变"改革的相关文件,鼓励重庆各区县因地制宜、大胆探索农村"三变"改革,壮大集体经济,拓宽农民致富渠道。城口县作为重庆市的深度贫困县之一,毫不犹豫地贯彻落实了中央、市委这一利好的改革举措,先后出台了《城口县农村集体经济组织清产核资实施方案》《城口县培育发展新型集体经济组织工作方案》《关于推进农村"三变"改革促进产业增效农民增收生态增值的实施方案》等一系列文件,推出一系列的改革举措,各试点村因地制宜,科学谋划,"三变"改革在城口呈现方兴未艾、百花齐放的发展态势。

二、价值意蕴:重庆市农村"三变"改革的价值考量

(一)农村"三变"改革有助于推动我国"橄榄型"收入分配格局的形成

国家统计局2018年公布的数据显示,2017年全国居民人均可支配收入增长7.3%,收入为2.5974万元,中位数是2.2408万元。其中,城镇居民可支配收入为3.6396万元,实际增长6.5%;农村居民人均可支配收入1.3432万元,实际增长7.3%;城乡居民人均收入倍差为2.71。虽然精准扶贫政策不断向农村倾斜,收入分配格局日益改善,但城乡差距仍然较大,诸多症结亟待解决。同时国家统计局统计的基尼系数也显示,相对于发达国家0.24—0.36的基尼系数而言,落入"中等收入陷阱"的经济体其基尼系数往往在0.5上下徘徊,而国际公认0.4基尼系数为警戒线。

表1 中国2003—2017基尼系数

年份	基尼系数	年份	基尼系数
2003	0.479	2011	0.477
2004	0.473	2012	0.474
2005	0.485	2013	0.473
2006	0.487	2014	0.469
2007	0.484	2015	0.462
2008	0.491	2016	0.465
2009	0.490	2017	0.467
2010	0.481		

数据来源:国家统计局

0.4的基尼系数贫富差距警戒线,其意味着随着收入差距的不断扩大,经济增长乏力,甚至导致国家落入"中等收入陷阱"。根据业内专家的测算,中国目前处于"葫芦型"的收入分配格局,两头大中间小,其主要原因是城乡差别过大导致的。葫芦型的底座主要是农民,上层多为城市居民。而从古至今,低收入群体非农民莫属,如果想要跨越中等收入陷阱,必然要提高农民收入。笔者也在扶贫中发现,"扶贫政策前脚走,返贫潮水后脚来"的现象时有发生,而如何让农民持续增收,增加农民的资产性收入,农村"三变"改革可谓破了题。农民通过将已有的资源变为资产,将拥有的资金变为股金,农民才可能成为股东。从经济学的角度讲,只有让农民这个大群体拥有资产性收益,农民才可能持续增收,我国"橄榄型"收入分配格局才可能形成。

(二)农村"三变"改革是破除乡村振兴"哥德巴赫猜想"的新路径

农村"三变"改革是贵州六盘水农民在精准脱贫过程中的首创,目的是为推动农民脱贫致富奔小康。在笔者看来,"三变"改革所带来的效应和价值,绝非简单意义上的推动脱贫攻坚工作,对于未来乡村振兴更是大有裨益。所以,"三变"改革的成效获习近平总书记肯定性批示,并写入了2018年中央一号文件,汪洋同志批示"'三变'有值得从更深层次考虑其价值的意义"。一是从农村发展的角度看。通过农村"三变"改革,可以有效地将集体经济、企业经营和个人权益有机统合,充分调动经营者、所有者和农民的积极性和创造力,增加农民收入,从而畅通了农村人才回流的渠道,为乡村注入源头活水。试想,当前的农村如果不采取这种方式,老一代农民逐渐消失,新一代农民谁愿意留在农村固守一亩三分地?继续追问,未来的乡村振兴将会成为经济学的"哥德巴赫猜想"。二是从农业发展的角度看。由于经营者经营企业为农业发展注入资本,运用了多个农民的土地资源,不仅使沉睡的资源活起来,而且能够实现将小农生产转化为规模经营,广泛采用现代农业技术,提高经营管理水平,根据市场供求状况调整生产结构和数量,提高优质、绿色、高端、有机农产品的供给,能够从根本上解决供给侧结构极不合理,进而优化农村的产业布局。三是从农民的角度看。农村"三变"改革将有效地助推新型集体经济发展,农民将承包的土地资源作为资产入股企业,农民变成企业股东,入股分红;同时还可以通过企业雇员拿一份工资,农民就有了两个收入来源,增加了收入。同时,也为农民创造了更多返乡创业的机会。

(三)农村"三变"改革有助于社会主义本质的"知行合一"

乡村兴则国家兴,乡村衰则国家衰。我国人民日益增长的美好生活需要和发展不平衡不充分的发展之间的矛盾在乡村最为突出,我国处于并将长期处于社会主义初级阶段的特征很大程度上表现在农村。最繁重最艰巨的任务在农村,最广泛最厚重的基础也在农村,最大的潜力和后劲也在农村。自2004年至今,中央一号文件连续14年聚焦"三农"问题。中央一号文件的主题变迁,折射出十几年来中国"三农"问题的矛盾点和中央的着眼点。2004—2008年这一阶段的主题是着力解决农民收入过低,为农民增收,手段有免征农业税,城市支持农村等;2009年—2014年,这一阶段的主题是土地流转,对农村的改革步伐深入到要素层面;2015年至今,主题是农业供给侧结构性改革、农业现代化、三大产业融合发展和结构调整。这充分体现了党对"三农"工作的高度重视。2017年中央农村工作会议上强调"农业强不强、农村美不美、农民富不富,决定着亿万农民的获得感和幸福感,决定着我国全面小康社会的成色和社会主义现代化的质量"。党的十九大报告"中国人的饭碗任何时候都要牢牢端在自己手上"。这些论断,为农村加快发展提供了顶层设计,为农村摆脱贫困提供了政策遵循。农村"三变"改革是在精准脱贫中诞生,发端于农民,也必将让农民受益。它不仅体现了以人民中心的主体立场,发展过程的人民参与,发展结果的人民共享,更体现了"民生为本"的价值归向,回应了人民对于美好生活的新期待。

(四)农村"三变"改革有助于城口坚持"两山",实现"两化"

实施农村"三变"改革为深入贯彻习近平新时代中国特色社会主义思想和党的十九大精神,大力实施乡村振兴战略,把重庆市委书记陈敏尔同志对城口发展"坚持'绿水青山就是金山银山'的发展理念,走生态产业化,产业生态化发展之路"指示精神落到实处的重要举措。城口最大的优势是生态,如何让养在深山的生态实现产业化?如何让农村产业实现生态化?"三变"改革提供了一条绝佳的路径。一是产业生态化。"三变"改革将农村的第

一、二、三产业进行生态化转型升级。第一产业立足乡村资源和基础,以发展集体经济为载体,发展特色和优势农业。第二产业立足工业园区,依托乡村资源,发展环境友好型和资源节约型工业。第三产业以满足城市人的休闲养生需求为导向,加快交通建设,打造观光园区、康养基地、乡村民宿、森林人家、特色小镇等休闲农业和乡村旅游,把绿水青山变成金山银山,实现生态美,百姓富。二是生态产业化。"三变"改革助推村集体经济组织,可以通过将生态资源入股企业,让沉睡的生态资源变成资产,让农民拥有资产性收益,实现生态产业化。

三、实践现场:农村"三变"改革的城口实践

(一)坚持政府引导,通过先行先试把握改革节奏

党的十九大报告提出了乡村振兴战略,要求多形式壮大集体经济,进一步激发农业、农村发展活力。2017年,我县通过政府引导、群众参与、创新模式,不断培育壮大集体经济。利用政府资源撬动社会资源,破除制约农业经营主体活力和要素优化配置的障碍,通过"清产核资—确权确股—搭建平台—合股联营—规范分配—配套政策"等路径,最大限度地盘活农村存量资源、自然资源和人力资本,实现资源优化重组、合理配置,实现"资源变资产、资金变股金、农民变股东"。县农委等相关部门组建了发展新型农村集体经济组织考察学习小组,赴南川、开州等市内先进区县考察学习集体经济发展情况,借他山之石破解农村集体经济发展之困。随即,举办了全县村级集体经济培训班,主要通过专题讲座、分组讨论,各乡镇(街道)对辖区内确定的试点村的实际情况进行介绍,综合各方意见,对试点模式进行讨论,确保改革的科学性、可行性。通过先行先试,不简单追求数量,求稳不求快,把握改革节奏,确保高质量打响"三变"改革的"第一枪",从而助推我县脱贫攻坚的决战决胜。

(二)坚持因地制宜,试点乡镇热情高涨,模式各具风格

笔者在调研中发现,各乡镇党委政府在产业选择上不盲从不跟风,突出因地制宜,注重产业协同。各乡镇根据资源禀赋、基础设施条件合理地选择产业,避免产业同质化,培育新产业新业态,坚持绿色发展,牢牢守住发展和生态两条底线,大力推进生态产业化、产业生态化,从而实现农民增收、产业增效、生态增值。城口县岚天乡红岸村"三变"+旅游,岚溪村"三变"+民宿,突出差异化特色打造;东安镇"三变"+巴渝民宿,突出"以地入股、以房联营";修齐镇"三变"+大巴山森林人家+集群,突出打造特色旅游扶贫示范片;坪坝镇"三变"+特色产业,突出已有资源的有效利用;庙坝镇通过"三变"+党建+乡村旅游,让沉

睡的九重山焕发新颜;北屏乡月峰村"三变"+效益农业,突出向高附加值方向发展;北屏乡太平村深入贯彻"绿水青山就是金山银山"发展理念,充分利用打锣岩优美的小河环境,集中打造乡村休闲烧烤营地,形成吃住行游购娱的产业链,将都市人向往的野趣生活与养在深山中的美丽风景融为一体,搭建起了百姓致富的新路子。模式各异,值得肯定。

(三)整合涉农资金,各乡镇集体经济发展释放聚合效应

一是加大涉农资金整合力度。城口县通过整合各级财政投入的生产发展资金,农业生态修复、治理资金,扶贫开发资金,农村基础设施建设资金,在不改变投入"三农"用途的前提下,投入"三变"改革各类经营主体,享有分红权利;每年统筹资金不少于三千万元用于农业项目财政补助资金股权化改革;切块到乡镇(街道)的产业扶贫资金,以每年不低于30%的标准用于"三变"改革试点,扶持集体经济组织和农民专业合作社发展,带动贫困户发展,打造区域性特色产业基地。二是政策扶持创新。通过财政资金的引导,加大信贷贴息、担保费补助、保险费保费补助力度,撬动村集体资金、农民自筹资金、社会资金和金融资金入股"三变"改革承接经营主体,拓宽资金来源渠道;统筹涉及"三变"改革的各种贴息政策,利用好贫困户小额扶贫贷款,自愿入股到经营主体或者农村集体经济组织,本金由资金实际使用主体偿还,贫困户固定分红或者按股金分红;进一步加大对农业保险的支持力度,增强农业和农户的抗风险能力,探索开展农产品收益保险试点,涉农的产业配套基础设施建设项目优先交由集体经济组织实施。释放出了"三变"改革的巨大聚合效应。

(四)创新利益联结,贫困户搭上"三变"改革的"顺风车"

各乡镇党委政府充分认识到"三变"改革的重大利好,对盘活集体资产,做大农村市场主体,把合股联营贯穿"三变"改革全过程,多模式建构农民利益连接,大力发展壮大农村集体经济,实现联产联业,联股联心,不仅让普通农民当上了股东,而且贫困户也搭上了"三变"改革的"顺风车"。岚天乡红岸村,"经营主体+村集体+房东",对建卡贫困户提供"叠加分红"和不低于6%的年度固定分红;岚天乡岚溪村"旅游公司+村集体+农户",通过提取10%的公益金,部分用于帮扶困难群众,通过融资构建与贫困户的利益联结机制,公司为建卡贫困户提供不低于6%的年度固定分红。北屏月峰村"公司+村集体+农户",在2020年前,将利润不低于30%的比例分配给全村建卡贫困户,并同时享受"叠加分红";北屏沿河乡北坡村对建卡贫困户采取"家庭固定持股"+"家庭人口持股"方式将股权量化到户到人,实现"叠加配股""叠加分红""照单全收";修齐镇"龙头企业+集体企业+扶贫车间",贫困户以小额贷款入股,按6%固定收益。庙坝镇强化党建+模式,吸引一大批乡贤人士、本土人才、产业大户积极参与、抱团发展,做大樱桃溪产业、中药材产业,将茶叶体验观光与乡村旅游,园区企业配套深度融合,带领贫困户增收致富。

四、发展建议:对未来城口县实施"三变"改革的几点建议

(一)夯实"变"的基础,做到家底清情况明

笔者认为,实施"三变"改革,首先要处理好"公"与"私"的关系。要全面清理农村"三资",清理结果向本集体经济组织全体成员公示,经过成员大会或代表大会确认,并成立改革专卷,做到"有记录、有台账、有公示、有档案",避免以"公"肥"私"。二是要开展价值评估。在资产清理过程中,需要进行价值确定的,可按照原始凭证、参照同类价格、成员民主商议、第三方机构评估等方式进行价值确认,评估结果经农村集体经济组织成员大会或代表大会确认并公示无异议后登记造册。三是要量化确权。在确认农村土地承包经营权、林权、宅基地使用权、财政投入权属的基础之上,进一步细化完善农村集体资产量化确权工作,确认集体所有权,明确集体经济组织的成员身份,科学配置股份份额,量化到人,确权到户,以静态管理为主,动态管理为辅。如:北屏乡月峰村的"双签"制度就是创新举措。

(二)搭建"变"的平台,确保有渠道有载体

一是搭建承接主体。政府要鼓励集体经济组织引进龙头企业,组建股份公司、股份合作社和产业联合体,着力构建"龙头企业+合作社+农户"等多模式的利益联结机制,充分发挥企业市场加工、合作社互助服务、农户生产管理的优势,实现互利共赢,形成共商共建共管共享的"三变"改革的新格局。同时,鉴于集体经济组织的配套法律亟须完善的情况,集体经济组织可根据县上的相关文件规定进行登记注册。二是搭建金融平台。充分发挥金融杠杆作用,撬动更多社会资金向"三变"改革领域流通,完善融资平台,县财政局、县农委、县扶贫办以及金融部门,要着力构建融资服务平台,加大信贷贴息、担保费补助、保险费保费补助力度,撬动村集体资金、农民自筹资金,社会资金和金融资金,拓宽融资渠道。同时,用活贫困户小额贷款5万元政策,让贫困户搭上"三变"改革的"顺风车"。三是搭建资金监管平台。"三变"改革必将伴随着大量的资金流动,建议可依托乡镇(街道)财政所,或引入第三方服务机构,建立专款专账,强化财务管理,资产的评估、监管、运营、收益要遵循"三公"原则,防止集体资产流失和无人负责的现象。

(三)配套"变"的机制,细化改革具体措施

一是完善领导机制。可在试点乡镇(街道)成立以党委、政府一把手任组长的"双组长"工作领导小组。二是组建配套机制。县农委目前印发了《城口县农村集体经济组织清产核资实施方案》《城口县培育发展新型集体经济组织工作方案》《关于推进农村"三变"改

革促进产业增效农民增收生态增值的实施方案》等文件,还需要完善一系列的具体配套机制。三是制定考核制度。建议制订《城口县发展村集体经济考核办法》,把乡镇(街道)和相关部门推进"三变"改革纳入考核内容。四是鼓励担当,建立试点乡镇(街道)干部容错纠错机制。坚持"鼓励担当、支持创新;实事求是、区别对待;客观公正、准确把握"的原则,改革创新者以更大的空间,既鼓励大胆探索、宽容失败、允许试错,又防止权力滥用,维护容错纠错机制的严肃性。五是配套"三变"改革审计监督制度。一方面采取各乡镇(街道)自查审计、镇街交叉循环审计、县审计局集中审计的分级审计制度,审计面达100%,进一步完善农村集体"三资"(资金、资源、资产)管理长效机制。另一方面实行不定期审计。县审计局牵头,会同县纪检监察、财政等职能部门健全监督体系,推进权力公开,采取不定期审计方式,重点审计涉及"三变"改革中的重大违法违纪案件。六是制定"三变"改革档案管理制度。建议制定《城口县"三变"改革档案管理办法》,开展"三变"改革档案管理专门培训,对县、乡、村收集整理的档案资料目录、具体规范要求、技术标准及档案资料内容的真实性作要求,将改革的各项资料纳入县档案局统一永久保存,同时村(社区)"三变"改革的具体方案、成员及股权名册交县农委备案,消除改革潜在风险。

(四)创新"变"的思路,释放改革发展活力

各乡镇(街道)要以"三变"为着力点,进一步调整和创新思路,避免同质化。一是"三变"+乡村旅游。以乡村旅游为支柱产业,将服务行业、餐饮行业、民宿行业、村容户貌美化、乡村环境整治作为"三变"抓手,与《城口县乡村旅游扶贫产业专项规划》有机结合,找准聚点,精准发力。东安、岚天等乡镇已启动。二是"三变"+特色产业。以干果、中药材、畜牧为主的特色产业发展为主攻方向,壮大"数量"提升"质量",突出特色农副产品的"品种、品质、品相、品味、品牌",坪坝、北屏做出了探索。三是"三变"+共享经济。共享经济,是指以获得一定报酬为主要目的,基于陌生人且存在物品使用权暂时转移的一种新的经济模式,其本质是整合线下的闲散物品、劳动力、教育医疗资源。比如共享WiFi的代表必虎WiFi,共享出行的代表UBER,滴滴打车。从共享汽车、房屋这些大件,到共享雨伞、篮球、玩具、服装这些小件,乃至共享健身、厨房、洗衣、K歌等。而城口在发展共享经济方面相对滞后,让共享经济与我县旅游和产业发展相结合,将会出现新的经济增长引擎。四是"三变"+飞地经济。飞地经济,是指两个相互独立、经济发展存在落差的行政地区打破原有行政区划限制,通过跨空间的行政管理和经济开发,实现两地资源互补、经济协调发展的一种区域经济合作模式。建议各乡镇不能拘泥于行政区划,提高战略眼光,在旅游开发、产业发展等领域要形成优势互补的良好格局。比如东安—河鱼—岚天—北屏形成的城口"北极环线"就是很好的举措,再比如:咸宜—鸡鸣—蓼子—明中—庙坝均可探索自身优势,打破行政藩篱,实现优势互补。同时,出台支持购买集体经济保险政策,应对市场风险、自然灾害风险,避免农民收入受损。

(五)防控"变"的风险,稳扎稳打推进改革

市场经济瞬息万变,有风险意识和防控风险的能力,是检验干部科学决策的重要标志。目前,我县部分干部初具风险防控意识,但还是存在不同程度的盲目自信。一般而言,在发展农村集体经济过程中,会存在资产评估风险、经营管理风险、委托代理中的道德风险、资金链风险、市场风险、农业自然灾害风险等。而前三种风险是可以通过一些举措进行防控的;资金链风险需要上升到政策层面解决;抵御市场风险则是发展农村集体经济最大的课题,这就要求在发展集体经济时首先要进行风险预判,吃透行情,看准市场风向,围绕市场做文章;自然灾害风险是不可抗力,但也可以结合相关预警进行规避,将风险降到最低。

(六)凝聚"变"的合力,发挥支部引领作用

当前,农村"三变"改革需要充分发挥基层党支部的引领作用,又要最大限度地凝聚社会力量。应重点抓好这几件事:一是发挥党支部领头雁作用。(一)要充分发挥村党支部的政治功能。基层党支部要发挥组织能力,引领、号召群众参与农村集体经济发展。对推进"三变"改革表现优秀的党支部给予奖励,对不愿作为、不会作为、作为不力的党支部作为后进支部进行整顿。(二)要配强配好村党支部带头人。支部带头人的配备要突出政治导向和业务能力导向。选择政治立场坚定,又具备一定的发展市场经济能力的带头人,突出村(两委)的政治属性和社会属性。建议可从农村致富带头人、复员退伍军人、优秀本土人才、外出务工经商能人中选好配好村支部带头人。(三)要提高村干部的待遇。村干部在村集体经济中任理事长或监事长的适当给予一定的劳动报酬或建立分红机制。(四)要加强培训。要创新培训方式,加大力度培养一批懂农业爱农民爱农村的"三农"工作队伍,加快培育新型职业农民,大力落实乡村振兴战略,加大人才队伍建设,各乡镇(街道)可采取举办"乡村夜校"、外出培训等形式,组织创业致富能手、大学生村官、第一书记、本土人才参训。二是凝聚社会力量投身农村建设。加大"三变"改革等相关政策的宣传力度,引导人才回流,服务农村发展。三是司法部门要提供法律支持。"三变"改革将会面临诸多的法律困境,建议让法律援助贯穿"三变"改革和集体经济培育发展、生产经营的全过程,助推我县农村集体经济依法有序健康发展。

参考文献

[1]中共中央,国务院.乡村振兴战略规划2018—2022年[Z].2018.

[2]重庆市委、市政府.重庆市实施乡村振兴战略行动计划(2018—2022年)[Z].2018.

[3]城口县委、县政府.城口县实施乡村振兴战略行动计划(2018—2022年)[Z].2018.

[4]罗凌,崔云霞.再造与重构:贵州六盘水"三变"改革研究[J].农村经济,2016(12):117-122.

[5]张绪清.农村"三变"改革助推精准扶贫的政治经济学研究——基于六盘水的地方性实践[J].贵州大学学报(社会科学版),2017(01):89-99.

谢正娟

女,中共城口县委党校讲师。

新时代社区治理的有益探索及实践启示
——以安康市鼓楼社区为例

石萍萍

摘 要：通过"1355"大党建工作模式、"三治融合"、智慧社区建设、"情感治理"等一系列举措，安康市鼓楼社区完成了从民族融合困难、基层条件落后、治理资源不足到社区有效治理的"华丽转身"。这一巨大变化的原因是，鼓楼社区的治理实践契合了社区治理的基本规律，体现了党建引领、协同治理、居民自治、社会参与、法治保障的治理机制。安康市汉滨鼓楼社区有效治理最重要的经验和启示在于坚持和完善党的领导，坚持共建共治共享，推进社区治理的社会化、法治化、智能化和专业化，这为其他社区的治理提供了可以借鉴的一般规律。

关键词：社区治理；探索启示；党建引领；三治融合；智慧社区

党的十九大报告高度重视社会治理问题，明确提出打造共建共治共享的社会治理格局，并指出"加强社区治理体系建设，推动社会治理重心向基层下移，发挥社会组织作用，实现政府治理、社会调节和居民自治良性互动"。基础不牢，地动山摇，社会治理的源头和支点在社区，难点更在社区。本文以陕西省安康市鼓楼社区为个案，研究观察其社区治理中的变化过程和机制创新，探索其蕴含的社区治理的一般规律和发展态势。

一、社区治理的社会价值和时代意义

我国当前正处于深刻的社会转型期，社会治理难度加大，而社会治理的基础和难点又在社区。因此，改善社区治理具有非常重要的社会价值和时代意义。

(一)社区治理的社会价值

随着经济的高速发展，社会的深刻变迁，人口老龄化的加剧，利益格局和阶层诉求的多元以及公民"维权"意识的不断增强,各种社会矛盾不断涌现。社区矛盾化解是社会治理的第一道防线,把矛盾化解在基层体现了党维护群众利益的态度、决心和追求,目的就是"为之于未有、治之于未乱"。而且社区最贴近百姓,最了解群众的利益、愿望和要求,对各种矛盾易于迅速掌握并及时处置。如果基层这个"端口"把不住,群众就会以"越级"的上访方式来寻求解决,直接影响和威胁社会稳定,加重治理成本。所以说基层矛盾首先要化解在基层,社区治理是社会治理的第一道防线。

(二)社区治理的时代意义

社区是基本的社会生活单元和平台,社区治理现状如何,事关党和国家方针政策的贯彻落实,城乡基层和谐稳定,也涉及人民群众日益增长的物质生活、精神生活和社会生活需要的满足及提升。社区作为我党执政根基的基本支点,社区的善治,有利于党和国家了解人民群众需求、倾听他们的呼声、直接解决他们最现实最关心的利益问题,从而更好促进人民群众安居乐业、社会安定有序、国家长治久安。社区作为党和国家服务人民群众的基本平台,社区的善治为人民群众美好生活创造了和谐稳定的基础环境,有利于保证其平等参与社会事务、平等享受发展权利,从而更好促进人民群众共享改革发展成果。

二、鼓楼社区的基本情况及治理难点

鼓楼社区,地处安康市老城区,辖区有7个机关事业单位、35个非公和社会组织、6个小区,居民2149户7369人,是安康市最大的少数民族聚集区,辖区有回族、维吾尔族、苗族、汉族、黎族等五个民族。治理难点主要是以下几个方面:

(一)多民族错居杂处,融洽关系面临挑战

鼓楼社区原本就是五个民族共同聚居的社区,加之随着城市化进程的加快,为了寻找更好的生活和就业机会,很多少数民族群众进入该社区,经营民族特色食品,并租住在社区里。社区这部分群众大概有一百多人,形成了多民族之间的交流、借鉴与融合。一方面有利于各民族间的取长补短,相互学习,共同发展,另一方面由于生活习惯、宗教信仰、心理特质的差异,也把诸多民族问题带进社区,给民族融合和社区治理工作提出了新的挑战。

(二)基础设施落后,违规搭建问题突出

鼓楼社区大部分街道沿街是群众私房,房屋因修建年代不一,新旧高低和风格不统一,很多更是年久失修。居民大多在家门口支起锅灶搭上篷子从事民族食品的经营,违规

乱建情况严重,味道和噪音影响其他居民。且有的居民不注重公共卫生,杂物乱堆,污水横流。比如农贸巷,过去一直是人尽皆知的"烂道道",地势低洼,杂草丛生,一下雨路面积水达两尺深,没有路灯,出行不便。

(三)治理体系残损,治理资源严重不足

社区治理缺乏相应的政策支持,很多治理条例过于笼统,执行起来难度较大,而政策间也缺乏有效衔接,这为注重细节的社区治理带来很多困难。具体表现在:一是社区居委会,要花很大精力、用很多时间去完成街道办事处分解下来的行政事务。对自身应当开展的便民利民的社区服务和治理的范围没有明确的制度规范,容易造成服务缺位的现象;二是社区内的县区属机关和企事业单位,受各自条条管理的束缚,分别按各自指令行事,与社区之间的关系缺乏有效的政策和法律依据,往往造成社区事务相互推诿扯皮;三是专业化的社会组织缺乏,不能满足本社区内群众的一般需求。

三、鼓楼社区治理的全面探索和多维创新

近年来,鼓楼社区在汉滨区委区政府和老城街道办事处的大力支持下,探索出"1355"治理模式,通过法治、德治、自治三治融合,社区工作人员充分发挥"情治",借助智慧平台,初见鼓楼社区的"善治"效果,实现了其社区治理的"华丽转身"。

(一)"1355"工作模式促使资源整合最大化

"1355"工作模式是鼓楼社区创新社区治理的最大亮点。

"1"就是在社区构建一个大党委,社区与辖区单位党组织签订共建协议,吸纳12个驻社区单位党组织负责人担任社区大党委兼职委员,参与社区建设重大问题的研究、讨论和决策,形成了资源共享、共驻共建的社区党建新格局。

"3"就是抓好三支队伍。一是社区工作者队伍,选优配强17名社区工作者;二是党员队伍,推行党员"四位一体"目标管理模式,设置精神文明、扶贫帮困、纠纷调解等10个岗位,96名居民党员开展"公开承诺""设岗定责",实行积分制管理,让党员"学"与"做"常态化制度化;三是志愿者队伍,面向辖区单位招募107名党员开展"领岗服务",面向社会招募志愿者627名,组建5个志愿服务队,服务项目35个,比如法律援助、卫生医疗、文化生活、老年日间照料等项目,累计服务时长16790小时。

"5"就是健全五项机制。一是网格化管理机制。把社区划为7个大网格70个小网格,网格长牵头,将民生、双创、综治等事务"一网打尽"。二是信息化服务机制。把二维码建

在网格上,网格长联在智能终端上,通过QQ、微信等开启便民服务直通车,实现了问题反映、转办、督办与办结反馈信息化。三是共驻共建机制。大党委每季度组织驻区单位召开一次共建联席会议,研究解决社区重大问题。四是民主管理监督机制。建立健全社务公开、民主议事、民主监督等制度,保障社区居民知情权、参与权、选择权和监督权,推进社区民主管理规范化。五是争先创优机制。常态化开展"亮牌对标争先锋"活动,组织党员亮身份、亮承诺、亮职责,每年表彰一批优秀共产党员、优秀网格长、优秀志愿者等,全面激发各方参与社区建设的积极性。

第二个"5"就是打造"五在"社区,即美在社区、爱在社区、乐在社区、安在社区、和在社区。目标是投资近2亿元,改造老旧街区4条,发展个体工商户192户,建成少数民族特色美食街1条;组织帮扶贫困居民192户,关爱空巢老人、留守儿童23人;组建社区治安联防队30人,坚持每天24小时巡逻;成立金秋艺术团、产业文化中心等文艺服务队5支,定期开展文艺演出活动,大力表彰"好媳妇""好婆婆""星级文明户"等,解决邻里纠纷,强化居民教育,促进民族团结。

(二)"三治"有机融合确保治理绩效持久化

鼓楼社区定期邀请法律工作者、党校教师、辖区退休干部开展法律讲堂、道德讲堂活动,通过普及法律知识和弘扬传统文化美德提升社区居民的法治水平和道德水准,杜绝一些不必要矛盾和纠纷的发生。开展新民风建设、道德评议、推选道德模范等活动,以先进带后进。道德评议邀请辖区有关单位干部,社区德高望重的退休人员和清真寺阿訇,严格按照程序,进行道德评议,通过说服帮教,实现先进激发后进,一场道德评议会就是一个社区道德小法庭。节假日开展文艺联欢、茶话会、包饺子、吃大家饭等活动,紧密团结社区居民,加强民族融合,让大家共享社区大家庭的温暖,打造社区共同体,增加群众对社区的归属感和认同感。通过"三治融合"使社区居民在遇到拆迁矛盾、社区安全、邻里纠纷和环境污染等问题时都能得到妥善解决,杜绝了过去的"信访不信法""大闹大解决,小闹小解决,不闹不解决"等不正当手段。

(三)智慧社区惠民推动治理方式现代化

鼓楼社区所在的老城街道办事处把智慧社区建设作为社会治理创新实践的重点方向。经过一年多积极探索与发展,老城街道办辖区所有社区都已建起智慧服务平台,目的就是科学运用智能与智慧,将刚性城市管理与柔性社会治理有机融合,全方位提升服务效率与精准性,形成科技含量高、治理高效、管理到位、服务精细的社区治理智慧服务新模式。鼓楼的智慧社区建设始终坚持以人为本,智能平台怎么建、为谁服务、达到什么目的,不靠上级"拍脑袋"自作主张,而是靠走访调研找到社区居民生活中的痛点、难点而设计。真正做到智慧社区建设的目的是"智惠"居民。未来建成的智慧平台线上不仅有党务、政务信息与服务,还要有物业、志愿者、医疗救护、家政服务、老年送餐助浴等服务,形成线上和上门互补的立体服务。

(四)"情感治理"嵌入支撑居民关系和谐化

"情感治理"的关键在人,鼓楼社区能实现社区治理的"华丽转身",除了上述工作模式和体制机制的创新,最大的一个关键点是选出了一个责任心和共情力强的社区党支部书记,配齐了一个团结高效的社区工作队伍。他们多方争取建起了功能齐全的社区大楼,大楼有会议室、保健室、日间照料中心,室外有小院、临时舞台、健身器材。他们用真情和耐心打动外来的流动商贩,把他们请进辖区的市场合法经营,帮他们租了住房,联系解决子女入托上学等问题。这种用真情、用服务、用爱心的"情治",不仅解决了占道经营的城市管理问题,而且促进了民族之间的交往和交流,构建了平等、团结、互助、友好、和谐的民族关系生态。

以上工作模式的实施,使鼓楼社区面貌一新,先后获得"全国民族团结进步创建活动示范社区"、全省民族团结进步模范集体,省市和谐示范社区、文明社区、平安社区和四星级社区党组织等荣誉称号。

四、鼓楼社区治理的启示及发展方向

前文从鼓楼社区发展变化和治理模式两个层面做了分析,鼓楼社区个案中的机理也蕴含着一些普遍意义,对现阶段秦巴山区其他社区治理实践具有借鉴意义和参考价值。

(一)加强基层党建,以党建统领各方治理力量

伴随城市扩张、旧城改造和城镇化率的提速,城市社区居住空间和人员构成变化剧烈,社区也由过去的"熟人社会"向"陌生人"社会转变,应该进一步发挥基层党组织在社区治理中的核心引领作用。鼓楼社区最成功的一条经验就是建立了以社区为中心的大党委制,下设几个特色支部,协调社区党员、辖区单位、企业、其他组织的力量参与该社区治理,实现党组织全覆盖。通过基层党组织和全体党员投身社区基层治理的实践,实现了"基层党建服务基层治理,基层治理促进基层党建"的良性互动,更使基层党建实现了从"内部循环小党建"向"内外循环大党建"的历史转型。对于外来人口多、小区居多或是辖区商业和写字楼多的社区更应注重发挥基层党建的作用,要树立系统、开放、融合思维,推动各领域

党组织打破行政隶属壁垒,推动基层党建在融合中共赢,在共赢中发展。社区党组织领导班子成员除了专职党务干部外,应注重吸收辖区单位、社区民警、业委会、物业公司中的党员负责人和"两新"组织党组织负责人参加。社区党组织与辖区单位签订共建协议,列出资源清单、服务清单,相互开放场所阵地,加强党员进社区服务,把不相隶属的党组织互联互通起来,形成你中有我、我中有你的格局。

(二)完善"三治融合",以科学机制优化治理结构

自治、法治、德治"三治融合"目的是激发社区居民的责任感和参与活力,促进社区和谐相处、安定有序。然而现实的情况还是明显滞后于社会发展的需求。就法治而言,当前社区治理立法滞后,难以满足现实需要,应当在总结实践经验的基础上尽快完善立法。就德治和自治而言,许多地方都进行了相关探索,比如类似于民风建设和乡(社)规民约等。这在社区治理中具有汇集民意、聚集民智、化解民忧、维护民利的独特作用,是化解矛盾和有效治理的重要措施。应当进一步完善新时代社区自治的顶层设计,明确村(社)规民约的功能定位,让其成为实现善治的有效途径。

(三)提高从业人员专业素质,增强治理能力

社区服务是个庞大繁杂的系统,参照发达国家的做法,比如老年人和伤残人员的照护、刑满释放人民的再社会化、弱势群体的救助、心理问题的抚慰、临终关怀等,需要社区治理专业化,即以专业理念和专业知识为基础,依靠专业人才队伍,运用专业技能,开展社区治理和服务。社区治理专业化,特别是社区治理工作者队伍专业化,是解决社区问题的关键,是保证社区治理有效性的基础。社区工作者应当是经过专业训练、具有从业资格和专业技能经验的专业人员,为此应当建立社区工作者从业资格、职称评价、职业教育等制度,加强专业人才的培养和激励,切实提高从业人员专业素质,增强社会治理能力。

(四)推进社区网络建设,以手段智能化助推治理现代化

推进互联网+智慧社区是满足人民日益增长的美好生活的需要,也是社区治理现代化的必然要求。应依托电子政务系统和智慧社区平台,持续拓展信息技术在政务服务、社会治安、医疗教育、居家养老、物流送餐、家政服务等社会治理领域的运用空间,促进大数据、云计算等新技术在沟通社情民意、提供公共服务等中的广泛应用,构建起智能化、广覆盖、即时性的社会治理云服务体系。应高效整合各种社会公共资源,打造数字化综合民生服务平台,提升公共服务的可及性与便捷性,实现公众需求与公共服务的零距离无缝对接,达到以手段智能化助推治理现代化。

参考文献

[1]吴锦良.基层社会治理[M].北京:中国人民大学出版社,2014.

[2]周望.城市社区有效治理的机制及其完善研究——以上海康城社区为例[J].山东科技大学学报(社会科学版),2018,20(02):43-51.

[3]本书编写组.党的十九大报告辅导读本[M].北京:人民出版社,2017.

石萍萍

女,中共陕西省安康市汉滨区委党校教师。

山区乡村良好法治秩序构建探析
——以重庆市云阳县为例

王群英

摘　要：进入新时代，我国乡村公民在民主、法治、公平、正义、安全、环境等方面的要求日益增长，但由于受传统熟人社会人情观念影响，山地区域乡村法治秩序依然面临不少问题。分析乡村法治秩序存在问题的原因，构建新时代乡村良好治理体系，有利于推动乡村法治建设，助力乡村振兴。

关键词：乡村法治秩序；问题及原因；乡村良好治理体系；山地区域

法治是我国健全自治、法治、德治即"三治合一"乡村治理体系的重要保证，是实现乡村振兴战略的重要抓手。目前，我国乡村治理基本做到有法可依，但还存在着法不全、普法难、用法难、执法难、监督难等问题，"遇事找关系、办事讲人情、信官不信法、信权不信法"的现象还比较突出。尤其是山地区域的乡村，受传统的熟人社会人情观念影响更深，法律意识淡薄，法治权威不足。本文以重庆市云阳县为例，就如何构建良好乡村法治秩序做些探讨。

一、云阳县乡村法治秩序存在的主要问题

云阳县地处于长江经济带重要节点、三峡库区腹心地带，辖区面积3649平方千米，辖42个乡镇（街道），人口137万，有"万里长江·天生云阳"的美誉。党的十九大以来，云阳坚持以"依法治县"为主线，以建设"法治云阳"为目标，紧紧围绕"重点对象"（乡镇街道干部、村（社区）干部、党员、村民代表等群体）、"重要节点"（春节法治宣传周、"两会法治宣传月"、"综治宣传月"、"安全生产宣传月"、"3.15"维权日、"6.26"禁毒宣传日等节点）、"重点工作"（扫黑除恶专项斗争，法润乡村——服务乡村振兴战略行动，实施乡村治理"三治一

创"行动等),大力开展法治宣传教育,积极推动法治宣传与法律服务、依法治理与严格执法相结合,积极引导村民学法、懂法、守法、用法,为法治乡村建设营造了良好的法治环境,但同时存在着许多不容忽视的问题。

(一)少数乡村公民不知法,无视法律的现象时有发生

一是少数乡村公民无视法律,比如打架斗殴、吸毒、酒驾而引起的刑事案件时有发生,特别在较落后的农村地区,青少年法律意识不强,自我控制力差,犯罪率较高。二是部分乡村公民基本道德规范缺失。日常生活中,过马路闯红灯、乘车不排队、公共场所高声喧哗、随地吐痰、随地大小便等情况较多,折射出一些民众行为方式只考虑个人便利,而罔顾法律规定,法律意识、规则意识缺失。

(二)少数乡村公民不信法,信访不信法的现象普遍存在

当前农村信访不信法的思想和行为普遍存在,靠闹解决问题的观念根深蒂固,存在缠访、闹访、无理取闹等不良举动。据调查,有80%以上的村民认为"遇事先找人不找法",70%以上的村民"信访信闹不信法",甚至有少数村民在信访活动中采取蓄意的、过激的、相关法律法规明确限制或禁止的方式。同时,近年来,信访问题呈现上访人数增多、越级上访事件增多,上访所涉问题超越乡村两级解决能力权限等特点。

(三)一些乡村公民不用法,依法维权意识普遍不强

一是基层民主法治氛围不强。通过调研,我们发现绝大多数的农村公民由于法律意识不强,有50%以上的已成年公民从来没有参加过农村基层政治生活,较少行使各项公民基本权利。如基层干部的选举,有些公民是随大流叫人帮忙随便投票,有些公民认为参加竞选的干部已经内定,有些公民干脆弃权,认为选谁都不关他们的事等。二是农村公民依法维权意识差。走访中我们发现,有50%以上的公民不知道法律的作用,不懂得如何运用法律来维护自己的利益,有70%以上的村民认为打官司的最终效果并不好,有45.5%的村民认为权大于法,有38%的村民认为金钱可以摆平法律,使之普遍存在重传统礼俗而轻法律规范的现象。比如,拖欠农民工工资的行为,农民不懂得利用法律武器维护自己的权益。又比如,在农村一些家庭,子女外出务工后不赡养老人,在家老人因无力生活就到村里面要政策要救济,当被告知子女不赡养老人可以到法院起诉时又顾东顾西,最后放弃维权。又比如,一些妇女在婚姻生活中受到家庭暴力也不敢拿起法律武器维护自身权益等。

二、云阳县乡村法治秩序存在问题的原因分析

(一)乡村公民自身因素导致法律意识提升难

一是居住分散,人员难集中,时间难安排。乡村村民人员流动性很大,青壮年外出务工,留守人员以老弱病残幼居多。二是文化水平低。留守的多数乡村公民文化程度低,看不懂宣传资料。对规范抽象的法律条文难理解,学不懂,记不住,影响了学习法律的积极性。本次的调查发现,有约50%的农村公民对法律表示陌生,不具备基本的法律常识,约70%的公民从来没有看过有关法律的书籍和文件。三是乡村公民受传统"人治主义"遗毒较深,"人治"意识大于"法治"意识,在遇到纠纷时,担忧法律靠不上,人情又受损伤,导致了部分群众解决纠纷首选信访。

(二)普法方式方法针对性实用性不强,导致普法收效不佳

一是重法律条文的学习与宣传,轻视法治理念的传播与渗透;重公民义务,轻视公民权利;重实体法,轻程序法,宣传内容专业性过强。二是普法宣传教育方式单一。以散发法律宣传单、设法律咨询台、放广播,搞宣传栏、标语等方式为主,缺乏通俗易懂、贴近群众生活的鲜活案例。三是普法宣传教育力度不够,呈现出短期性、临时性、阶段性的特征。据统计,我县每年政府部门开展的法制宣传活动超过100余场次,但是受惠人群所占全县人口比例依然非常低。

(三)法律执行不到位,导致法治信仰缺失

一是胜诉案件难执行。主要集中在民事纠纷赔偿、刑事伤害案件赔偿等执行不到位,上访人往往因执行难对司法公正提出质疑,进而放弃法律渠道改为向党委、政府上访求决。二是民事纠纷难调解。民事纠纷多通过村调委会、乡派出所、公安室、司法所的调解,由于双方自身因素、诉讼成本、相关政策法律及调解人能力的影响,调解成功率不高,纠纷当事人转向上访。

三、新时代乡村良好法治秩序构建的路径探索

(一)抓关键人群,发挥"关键人群"的"关键作用"

1.抓住村干部这个"关键少数"

俗话说,"村看村,户看户,社员看干部,村民看支书"。村干部具有一定的权威地位,扮演着乡村良好法治秩序"领头羊"的关键角色,因此,必须提高村干部的文化水平、法律

意识和依法办事的能力,把他们培养成法治乡村建设的"先锋官",推进乡村良好法治秩序构建的主力军。

2.抓住青少年这个"重点群体"

青少年是国家的未来,建设法治国家的主力军。一是加强法治师资培养。要有计划、有针对性地开展法治课教师的法律知识培训,提高法治课教学质量。二是坚持分类施教。根据各类在校学生不同年龄段的身心特点,完善和规范青少年学生法治宣传教育的内容,增强学习效果。三是坚持"五落实"。逐步落实法治教育计划、教材、课时、师资、经费。四是创新方法手段。积极组织学生参加宪法宣传日、综治宣传月和禁毒、扫黄打非等主题宣传活动,不断拓展青少年法治教育的形式和内容。五是优化家庭环境。加强学校与家庭对青少年法治教育的联系与呼应。六是净化社会环境。整治学校周边不利于青少年健康成长的突出问题,构筑社会防线。

3.抓老弱病残幼这个"难点群体"

此类群体是农村留守的主要群体,因普遍文化素质偏低,在普法宣传教育活动中,要有特色,有新招,不固定时间,不拘泥形式,因人施策,力求实效。

4.抓法律服务机构这支"服务队伍"

一是组建普法宣讲团,吸收普法宣传志愿者。各执法单位、各普法专项小组成员单位之要加强合作,积极发展普法宣讲团人员和普法宣传志愿者,合力做好法治宣传教育工作。二是设置驻村法官,安排警官、检察官、法官和律师进驻村、社区,有利于农民解决纠纷的方式向法律化方向转变,同时也可以推进农民的生活方式转向现代化、法律化。

(二)抓阵地建设,增强法治工作的渗透力

1.充分利用村(居)办公楼橱窗、宣传栏、法律图书室等阵地,开展常态化法治宣传教育。一是在交通要道和人口密集地段,设置固定的宣传阵地和永久性宣传牌。二是定期维护更新文字、图片、视频等,让群众在潜移默化中陶冶情操、提升法律素养。

2.充分发挥县委党校、乡镇党校、农民夜校等阵地作用,开展"送法"行动。据调查,目前乡镇党校、乡村夜校有名无实,县委党校主要在本校培训,送法下乡较少。因此,县委党校、乡镇党校、乡村夜校要主动出击,走出去,深入田间地头,变"上学"为"送学",开展形式多样的送法上门。

3.充分发挥"互联网+法治宣传"阵地作用,营造良好法治文化氛围。要运用新媒体新技术在普法中的作用。比如门户网站、微博、微信公众号、App等多种平台进行法治宣传。

(三)抓活动载体,增强依法治理的吸引力

1.不断创新普法宣传模式。一是精选普法内容。有针对性地选择群众急需的、与群众生产生活息息相关的法律知识,制订有针对性的法治宣传教育方案,使得群众能主动接受法治教育。二是采取切合实际的宣传方式。针对留守老人和儿童,选用简单明了、易于接受的方式告诉受众。如将普法知识印刷到一些实用性产品上发放等。要充分利用"三八"妇女节、"3·15"消费者权益日等重要节点,开展电视法律讲座、放映法治电影,让他们"看法律";开设广播法治栏目,让他们"听法律";组织参加法治文艺节目表演,让他们"知法律";组织旁听巡回法庭审判活动,让他们"明法律"。

2.不断深化"以案释法"工作。用以案释法工作为抓手,用群众身边真实的案例释法晓理,让村民直观事实、明晰法理,让遵法学法守法用法内化于心、外化于行。一是全面落实司法、执法部门以案释法工作主体责任,推动以案释法的制度化、规范化和常态化。二是组织法律嘉宾和法律讲师现身说法,开展释法工作。三是推进以案释法视频播放。组织公、检、法、司、广播电视台以及有关行政执法部门联合开展《法治讲坛》电视栏目。四是收集编印《以案释法读本》,筛选典型案例释法晓理,在法治宣传活动中进行发放。五是深化法院的巡回法庭审判,司法局的现场人民调解,行政执法现场释法等活动。

3.不断推出法治文化活动。一是加大文明娱乐设施建设。建设农家书屋、娱乐广场、卫生室、活动室以及体育健身器材等,丰富村民的文体生活。二是选择基层百姓关注的法律热点焦点事件,推出各种形式的群众性法治文化活动,让群众在活动中受到潜移默化的法治熏陶。积极创作演出群众喜闻乐见的法治文艺作品,更好地满足当前人民群众的法律文化需求。

(四)抓依法维权,增强乡村公民的法治信仰

1.转变工作作风,克服特权现象。一是创新方式方法,变"上访"为"下访"。要真正扑下身子,深入群众,正确分析各类问题和矛盾,把问题消除在萌芽状态。二是正确对待信访事件,善待信访群众。引导村民自觉守法、遇事找法、办事依法,让解决问题靠法逐步成为乡村共识。三是切实解决"执行难""调解难"问题。狠抓执行队伍作风建设,开展规范执行行为专项整治活动,重点整治消极执行、滥执行、乱执行等不规范执行行为,以及执行中吃拿卡要、冷硬横推等现象,促进执行工作作风根本转变,真正让人民群众感受到执行工作的新变化、新气象。

2.强化信访维稳措施,切实解决实际问题。一是要坚持重点"照顾"。对触犯法律的要用法律的武器坚决对其绳之以法。二是强化责任追究。强化乡村干部的信访责任,对

能够及时解决的信访问题,包案干部没有及时解决,导致上访人上访甚至越级上访的,要严肃追究包案责任人的责任。

3.深入开展扫黑除恶专项斗争,保障村民合法权益。一是提高村民对扫黑除恶的目的、意义和打击范围、打击重点的认识。二是创新宣传方式,开展形式多样的"扫黑除恶"宣传活动,营造"扫黑除恶"全民参与氛围。三是全力开展多样化、灵活化、全面化扫黑除恶专项斗争工作,剔除宗族恶势力、"村霸"控制乡村现象,依法保护村民人身权、财产权。

(五)抓体制机制,构建乡村治理的善治格局

1.落实主体责任,构建"谁执法谁普法"的普法格局。建立乡镇(街道)、部门普法任务联席会议、台账清单、定期工作报告、公开评议制度和年度工作考核评价制度,促进普法工作责任制落到实处。

2.健全重大决策法律咨询制度。乡镇街道要设立公职律师或聘请法律顾问,加强对重大项目、重大工程、重点工作的专项法律服务,充分发挥法律专家在决策中的参谋作用。

3.不断完善自治、法治、德治三结合的基层治理机制。一是不断完善村民自治制度,推进基层民主法治建设。强化"四个民主",抓好村(居)民自治管理,制定覆盖社会治安、消防、村风民俗、邻里关系、孝敬老人、婚姻家庭、生态保护、卫生环境等多方面内容的《村(居)规民约》,发挥法理与情理的统一作用,为乡村法治秩序构建提供润滑剂、稳压器。二是坚持以德治为支撑,培养村民个人美德与乡村公德,开展社会主义核心价值观教育,发挥德治德润人心的作用,为构建乡村良好法治秩序奠定坚实的基础。

参考文献

[1]李牧,李丽.当前乡村法治秩序构建存在的突出问题及解决之道[J].社会主义研究,2018(01):131-137.

[2]张帅梁.乡村振兴战略中的法治乡村建设[J].毛泽东邓小平理论研究,2018(05):37-43+107.

[3]徐铜柱.城乡一体化进程中乡村法治秩序构建逻辑[J].天津行政学院学报,2016,18(04):69-74+2.

王群英

女,中共重庆市云阳县委党校工会主席。

乡村振兴背景下农村法治文化建设之路径探析

张宗凡 杨柳

摘　要：建设法治文化，是党中央从建设"法治中国"和"文化强国"的高度而提出的战略任务。加快农村法治文化建设是全面推进依法治国的客观要求，也是实施乡村振兴战略的现实需要。本文阐述了加强农村法治文化建设的意义，分析了目前我国农村法治文化建设存在的主要问题，相应提出了加快农村法治文化建设的对策建议。

关键词：农村法治文化；建设重要意义；存在问题；对策建议；山地区县

党的十九大报告指出，要"加大全民普法力度，建设社会主义法治文化，树立宪法法律至上、法律面前人人平等的法治理念"。社会主义法治文化，是以社会主义法治理念为引导，以社会主义法律制度为保障，以依法办事和自觉守法为基础的法治文明状态。加强农村法治文化建设，不仅是建设"法治中国"和文化强国的必然要求，而且是促进"三农"事业健康发展、实施乡村振兴战略的迫切需要。近年来，各级党委政府高度重视农村法治文化建设，并取得了明显成效。然而，从渝东南山地区县农村法治文化建设的现状来看，并非尽如人意。特别是发展不平衡不充分的问题较为突出，农村社会还存在许多不稳定、不和谐的因素，直接影响了"三农"工作的健康发展。新时代实施乡村振兴战略的号角已经吹响，如何以农村法治文化建设助推乡村振兴战略，是摆在渝东南山地区县各级党委政府面前的一个重大课题。

一、加强农村法治文化建设的重大意义

法治文化是法治建设的根本内驱力。加强农村法治文化建设，对于发展基层民主政治、构建农村和谐社会和实施乡村振兴战略，意义重大而深远。

(一)建设农村法治文化是全面推进依法治国的必然要求

自党的十五大报告确立"依法治国"作为国家的基本方略以来,我国法治建设取得巨大成就,形成了以宪法为核心的法律体系,依法行政和公正司法水平不断提高,促进经济发展与社会和谐的法治环境不断改善。但在农村现实生活中还存在大量与法治社会相悖的现象,严重影响了农业农村工作的顺利开展。其原因是多方面的,但没有在农村建立起法治文化是其重要原因。法治文化是一个国家或地区对法律生活所持有的以价值观为核心的思维或行为方式,包括人们的法治意识、法治观念、法律价值取向等,它是法治社会的精神支柱和内在动力。一个国家要依法治国,离不开法治文化作支撑。如果离开法治文化,法治就成了无源之水、无本之木。我国十三亿人口有九亿多生活在农村基层,要建设社会主义法治国家,必须加强农村法治文化建设,为全面推进依法治国奠定坚实基础。这不仅是全面依法治国的必然要求,而且是实施乡村振兴战略的现实需要。

(二)建设农村法治文化是促进农村社会和谐的迫切需要

目前,我国正处于经济社会转型期,农村社会矛盾不断涌现,如征地拆迁、利益冲突、环境污染、涉法涉诉等问题层出不穷,这些矛盾的产生都与法治文化建设滞后有关。要解决这些问题,根本出路在于法治。当法治理念还没有真正成为社会共识和公民行为规范的时候,群众法治意识淡薄,信访不信法,信闹不信法,信权不信法,解决问题就不能走上法治的轨道。而要树立法治理念,就必须加强农村法治文化建设,让法治成为一种信仰、一种习惯、一种遵循。通过建设农村法治文化,促使政府及其工作人员牢固树立法治理念,善于运用法治思维和法治方式解决问题、化解矛盾,这样就能公平公正地解决农村复杂的社会问题,进而有效维护社会公正。只有社会公正才能社会和谐;只有社会和谐才能为实施乡村振兴战略提供良好的发展环境。

(三)建设农村法治文化是增强农民法治意识重要方式

全面推进依法治国,不仅需要科学立法、严格执法、公正司法,更重要的是要求全民守法。这不仅需要全社会树立法治观念、增强法治意识,而且需要全体公民的广泛参与和大力支持。加强农村法治文化建设,能够培养广大农村群众树立正确的法治价值观,形成信仰法律、遵守法律的良好习惯,使法治上升到文化的层面,进而成为广大农村群众的一种内在修养、一种自觉约束。这样就能使包括农村群众在内的全体人民都成为社会主义法治的忠实崇尚者、自觉遵守者、坚定捍卫者。通过加强农村法治文化建设,让广大农村群众在接受法治文化熏陶的过程中,增强法治意识,切实提高法治素养,形成尊重法律、依法办事的社会氛围,从而为实施乡村振兴战略营造良好的法治环境。

二、农村法治文化建设存在的主要问题

随着依法治国基本方略的深入推进和农村法治文化的逐渐形成,我国农村法治建设取得了前所未有的成效,法治环境大有改观,法治观念深入人心。但是相对于城市而言,农村法治文化建设仍然滞后,存在许多不容忽视的问题,主要表现在以下几个方面:

(一)农村法治氛围不浓

国家虽然制定了许多的法律法规,但其立法精神并没有充分渗透到广大农村地区。许多农民群众依然生活在传统习惯、宗教族规、教法原则、伦理规范以及"土政策""土办法"构成的人治环境中,法治意识十分淡薄。随着依法治国进程的不断加快,农民群众的权利意识、民主意识在不断增强,但仍有部分农民不知如何运用法律武器来维护自身的合法权益。同时,一些贫困地区由于经济发展较慢,基础设施不足,普法宣传教育形式不多、力度不够、氛围不浓。有的地方虽然有文化设施、固定标语等法治文化景观,但多数农民对此毫无兴趣。农村法治文化作为一种文化,只有让法治理念渗透到民众的日常生活和内心世界中,才能形成群众自觉守法、遇到事情找法、解决问题靠法的社会氛围。

(二)农民法治意识不强

在农村一些地区,特别是边远山地区域,由于受传统观念的影响,农民的法治观念非常淡漠,直接影响了农村法治文化的建设进程。在传统观念中,人们普遍有一种耻讼、贱讼观念。农民群众重视传统礼俗、轻视法律规范,习惯于按传统观念参与社会生活、解决民间纠纷和维护自身权益。如有的农村群众重视父母之命、媒妁之言,重视彩礼、仪式而忽视婚姻登记,由此引发婚姻关系纠纷。有的基层干部由于法律意识淡漠,法治观念不强,在处理农村大量存在的复杂事务时,往往漠视法律,习惯于用传统的办法息事宁人,凭自己的经验和习惯解决问题,其结果往往是"压下了这头,翘起了那头"。这不仅不能公平合理地解决矛盾,而且造成农民对法律信仰的缺失。

(三)农村普法效果不佳

从山地区县农村法治宣传教育的情况看,普法宣传往往面向交通便捷、人口密集的城市社区和乡镇街道,而边远贫困农村由于地处偏僻、人口分散、交通不便、信息闭塞等因素的影响,在普法的数量和质量上明显下降,个别偏远山区一年难以接受一次法治教育。普法宣传手段单一,往往以发宣传资料、上法治课、挂宣传标语等传统宣传形式为主,加之农民文化程度普遍较低,对普法宣传内容接受度不高,致使普法效果大打折扣。由于农村经

济社会事业发展相对滞后,造成乡村文化生活贫乏,大部分群众仅能通过电视、报刊等渠道接受外界信息,数量不多,内容不全,了解法律知识、接受法治教育的机会更是少之又少。

(四)行政执法监管不力

山地区县农村执法行为缺乏监管,是导致司法腐败的重要原因。由于历史及自然环境等因素的影响,部分农村地区受传统人治思想影响较深,依然存在有法不依、执法不严、违法不究等现象,严重侵犯了农民的人身权利和财产权利,还不知晓。在一些文化比较落后、法治环境较差的山区乡村,由于缺乏必要的执法监督和制约机制,经常出现人治大于法治现象,执法者不能依法正确行使行政权力,常常以言代法、以权压法。有的地方执法办案被宗教势力、家族利益所左右,存在徇私舞弊、贪赃枉法的现象。个别有罪不究、裁判不公、违法办案、刑讯逼供等司法腐败问题,在农民群众中引起强烈不满。这不仅破坏了当地的党群干群关系,而且严重影响了山地农村地区的法治文化建设。

三、加快农村法治文化建设的对策建议

《中共中央国务院关于实施乡村振兴战略的意见》要求:要加大农村普法力度,提高农民法治素养,引导广大农民增强遵法学法守法用法意识。面对新时代和新要求,山地区县的各级党委政府必须创新发展理念,拓宽发展路径,改进工作方法,才能推进农村法治文化建设在新的时代取得新的成效、实现新的发展。

(一)以创新法治理念为前提,不断提高农民思想认识

法治理念是法治文化的核心。首先,要通过学习教育,加强对新时代建设农村法治文化重要性的认识。特别是农村基层党委政府要创新法治理念,凝聚思想共识,把法治文化建设纳入重要议事日程,与经济工作同布置、同落实、同考核。同时,通过理念创新,基层干部要确立以法治思维和法治方式解决问题、处理矛盾的基本价值取向,从思想认知上把法律法治作为基本行为准则。其次,要通过宣传教育,让广大农村干部群众明白,加强法治文化建设,有利于解决"三农"问题,促进"三农"工作健康发展,有利于顺利实施乡村振兴战略。乡村振兴目标实现,不仅包括农村经济发展、农民生活富裕,还包括乡村治理有效、农民安全感提升和农村秩序安宁。乡村振兴,和谐稳定是保障。通过建设法治文化,山地区县党委政府及其工作人员坚持以法治为本,树立依法治理理念,强化法律在维护农民权益、化解农村矛盾等方面的权威地位,进而在广大农村形成尊崇法律、信仰法治的良好社会氛围,从而为实施乡村振兴战略提供和谐稳定的法治环境。

(二)以加强普法宣传为载体,不断提升农民法治素养

要让依法办事成为广大农民群众的自觉意识和行为,山地区县必须加大农村普法宣传力度,培育农民的法治意识,不断提升农民的法治素养。一是要坚持以人为本的普法理念。"以人为本"是法治社会建设的正确价值取向,通过普法宣传,可以不断提高农民群众的法治文化素质,进而形成一种依法办事、循法而动的行为定式。二是要增强普法宣传的实效性。普法宣传的目的不仅仅是法律知识的传播,更是法治理念的培育和法治文化的渗透。在开展法治宣传教育中,既要向农民宣传法律规定公民应该享有的权利,又要宣传公民应该承担的义务。在普法的内容上不仅要普及现代法律知识,更要灌输在法律面前人人平等的法治理念。三是要采取农民喜闻乐见的形式宣传法律。充分利用专栏、广播、电视、网络和微信微博等,通过开辟法治宣传教育专栏,设立法律咨询点,利用典型案例现身说法等方式,让农民群众在耳濡目染中强化法治意识、提升法治素养,从而为实施乡村振兴战略奠定坚实的群众法治基础。

(三)以规范执法行为为抓手,提高依法行政水平

只有进一步规范政府执法行为,切实做到公正司法、严格执法,山地区县才能切实提高依法行政水平。一是要建立高素质的农村司法队伍和涉农执法队伍。通过学习、教育、培训等方式,不断提高基层干部依法行政的能力和水平。二是要加大农业执法力度,严厉打击涉农经济犯罪活动,有效保证农业生产经营安全。严厉打击涉农刑事犯罪,维护农村社会环境安定。三是健全执法监督机制,强化执法监督。进一步规范乡镇一级的行政行为,彻底纠正有法不依、执法不严、违法不纠等现象的发生,改善农村干群关系,提高政府公信力,营造良好的法治环境。四是健全完善农民群众信访工作制度。信访工作在构建和谐社会中起着举足轻重的作用,进一步做好农民群众信访工作,可以妥善解决农民群众反映的非诉类问题,把矛盾和问题解决在农村、消化在基层,为建设农村法治文化、实施乡村振兴战略不断优化社会环境。

(四)以加强制度建设为保障,完善利益协调制度

建立和谐法治新农村,应健全规范有效的利益协调制度。一要健全完善农村社会保障制度,以减少因农村群众生活贫困可能带来的不稳定因素。二要建立完善农村法律援助制度,以解决农村群众因权益受到侵害时,能得到及时有效的法律援助。三要建立健全矛盾纠纷调处机制,以及时化解、调节处理农村社会生活中出现的各种利益矛盾和民间纠纷,切实为农民群众伸张正义、排忧解难,让农民群众从内心感到满意。从而让法治文化建设、乡村振兴战略等党和国家的重大决策部署,能够得到农民群众的广泛认同和大力支持。

参考文献

[1]李谦.农村法治文化建设:视域、困境与出路[J].湖南警察学院学报,2016,28(02):5-11.

[2]刘玉香.略谈加强社会主义新农村法治文化建设[J].新西部,2017(24):10+5

[3]谌晨.农村法治文化建设研究——以潜江市L村为例[J].湖北农业科学,2018,57(06):127-131.

张宗凡

男,中共石柱土家族自治县委党校讲师。

杨柳

女,中共石柱土家族自治县委党校讲师。

云阳县农村基层党组织突出的问题及建议

黄丹

摘　要:乡村振兴关键在人,关键在党的领导,重点要充分发挥农村基层党组织的政治优势、组织优势和密切联系群众优势,突显抓党建促发展的成效。农村基层党组织是党在农村全部工作和战斗力的基础。本文分析了云阳县农村基层党组织存在的突出问题,提出了发挥农村基层党组织作用、助推乡村振兴的建议。

关键词:农村基层党组织;存在问题;对策建议;云阳县

一、当前云阳县农村基层组织建设存在的突出问题

(一)选优配强村党组织带头人难度大,领导力不强

一是符合条件的村党支部书记不好找。目前村(社)党支部书记中,有相当一部分文化程度不高、创新意识不强、致富能力不强,不能适应新时代发展的要求。二是具备条件的优秀人才不想干。随着市场经济的发展和人们思想意识的多样化,外出务工收入大于村干部收入,许多有能力、高素质、高学历的人才大量向城市转移。农村优秀人才荒的问题十分严重,甚至出现"老少病残"为主的村社。

(二)部分农村基层党组织软弱涣散,凝聚力不强

农村基层党组织是党在社会基层组织的战斗堡垒,应发挥重要作用。部分村(社)党支部书记对自己下届是否会选上,并继续任职,心中没有底,做事心中没有"谱",就事论事,没有创新性、凝聚力,目光短浅,没有带动农民发财致富的能力,遇到困难撂挑子,党支部的领导核心作用完全没有显现出来。

(三)党员队伍整体素质偏低,推动力不强

一是个别领导没有从思想深处认识到对普通党员培训教育的重要性、必要性、紧迫性。二是教育培训的形式陈旧、方式呆板、缺乏创新,教育培训无非就是开大会、提号召、搜集资料存档,并没有实质性的作用。三是对党员培训的课程笼统、对象笼统,不能分层分类培训。四是培训的师资、培训的资源比较单一,主要依靠党校的培训,没有形成上下联动的大培训、大教育的氛围。

(四)农村基层干部待遇偏低,保障力不强

一是村干部工作任务重,但待遇远不如国家工作人员。没有调配工资之前,一个村支书的工资每个月1800,较低的工资与繁重的工作不相匹配,也与当地农民人均收入不相匹配,严重挫伤了村干部工作积极性。二是个别村干部有后顾之忧,离职后待遇只考虑村支书、村主任,对于其他村干部暂时没有考虑,造成其他村干部在工作中没有积极性。三是村干部不属于国家编制,晋升空间狭窄。近年来虽然有从村干部中招录乡镇公务员,但是标准越来越高,很多村干部从年龄、学历、任职年限上受了限制,被拒之于门外,个别村干部就产生了"到顶"思想,转干无门,提拔无望。导致部分村干部工作责任心不强,干事没有热情。

(五)农村基层党组织村务公开不透明,管理体制不完善

有部分村村务公开只是作秀,只公开第一期村务,第二期又成了农技知识;有部分村一年最多公开一两次,而且内容不具体;有的村只公开收入,不公开支出,或者公开的账目都是经过村干部暗箱操作的,或者只公开总账,不公开细账。甚至有部分村干部造假账来糊弄群众。

二、发挥农村基层党组织作用助推乡村振兴的建议

(一)提升基层党组织领导力,引领乡村振兴新航向

加强村(社)班子建设,严格驻村干部管理,统筹推进基层党组织建设。一是选好配强领导班子。实行"贤能强村"。继续完善村(社)党组织领导班子成员"两推一选"和村委会成员直选的制度和做法。从优秀现职村干部、外出务工返乡的农民党员、优秀民营企业家、农村致富能人、大学生村官中选拔村(社)党支部书记。新提拔的村(社)党支部书记,由乡镇(街道)党委提出初步人选、县乡联合考察确定后再由乡镇(街道)按组织程序任用,

年龄一般不超过45周岁。二是千方百计"请"能人。以乡镇(街道)为单位,重点对在域外创业的民营企业管理者,请回本村(社)直接任村党支部书记或名誉村委会主任。三是组织推动"派"能人。每个乡镇确定3~5个相对薄弱的后进村,由副镇长兼任村党支部书记,统一整合各类资源流向后进村,做到不变不脱钩,努力实现根本性转化。积极推行强村党支部书记兼任弱村党支部书记,对主导产业相同、生产经营相对集中的邻村,在本乡镇实行跨村兼职,实行联合一体发展。四是以强带弱"教"能人。实施"强村联弱村"活动,组织强村党支部书记与后进村党支部书记进行思想扶智,开设"强村书记论坛",实行百名书记帮教制,以书记说给书记听的方式,用现身说法做好传帮带,教给工作本领。

(二)提升基层党组织凝聚力,激发乡村振兴内生动力

一方面着力加强对农村基层党组织的思想建设。认真做好党员思想状况的调查分析,对有问题的要及时、有针对性地给予帮扶。主动去关心有困难的群众,梳理好干部和群众的情绪、协调好各方面的关系,维护好党员队伍的稳定,保持我们党的先进性和纯洁性。另一方面要完善农村党组织的制度建设。明确划分党支部和村委的职责和关系,建立以党支部为核心的村级组织制度建设。党支部既要加强对村委的领导,又要支持村委开展工作;村委既要主动服从党支部的领导,又要积极做好本职工作。使之在思想上齐心,工作上齐力,行动上一致,从而增强村委班子的凝聚力和战斗力。

(三)增强基层党组织培训力度,提高村(社)干部素质

一是对示范村党支部书记,实施创新"引领式"培训,实现品牌升级,重点解决创新发展不够,工作影响力和带动力不强等问题;二是对后进村党支部书记,实施因村施治"整顿式"培训,实现转化升级,重点解决工作动力不足、不想干、不会干等问题;三是对中间状态的村党支部书记,实施争创先进"实战式"培训,实现晋位升级,重点解决争先意识不强、工作满足现状、守摊吃饭等问题;四是对村级后备人才,实施提升履职能力"体验式"培训,实现梯次升级,重点解决备而不育、备而不用等问题。

(四)提升基层党组织保障能力,稳步提高村(社)干部待遇

一是对村干部要有政策保障机制。建立健全养老保险制度、医疗保障机制,让村干部没有后顾之忧。二是建立健全基层党组织经费保障制度,提高各级领导干部对党建工作的认识,要有"再穷不能穷党建"的思想,各级党组织要把保障党建经费作为加强党建工作的首要条件来抓,加大对基层党建经费的投入力度。

(五)完善基层组织村务公开,打造新时代和谐乡村

一是加强宣传教育,提高认识。宣传党务公开意义,增强村干部公仆意识和群众观念,切实解决村干部怕公开、担心公开、不愿公开、不敢公开,群众不关心、不参与、不敢监督、不会监督等问题。二是整合力量,指导督办。县乡村三级结合实际,完善村务公开,设立专门办事机构,强化人员工作职责,落实村务公开工作责任制,保障老百姓的知情权。纪检监察部门控制村干部腐败的源头,教育和引导村干部自律;组织部门协调村党组织与村委会的关系,使两套班子协调运行。三是坚持标准,规范村务公开的内容和形式。做到规范公开内容、公开程序、公开时间、公开形式。四是完善制约机制,强化监督管理。实行村民大会和村民代表议案制度;健全村务公开监督小组,对村务公开工作进行监督;建立责任追究机制,层层落实责任制。

参考文献

[1]刘茹克.农村基层党组织建设存在的问题与对策[J].人大建设,2018(10):54-56.

[2]黄丽沙.浅析当前农村基层党组织建设存在的问题及对策[J].法制与社会,2018(19):175-176.

[3]闫希伦.农村基层党组织活力问题探析[J].农村经济与科技,2017,28(07):257-258.

黄丹
女,中共云阳县委党校讲师。

板块六　山地区域乡村综合发展

四川秦巴山区贫困现状及乡村振兴路径选择

曾恒源

摘　要：基于对四川秦巴山区部分县(市、区)的实地考察,总结了四川秦巴山区的贫困特征及致贫原因,并就区内乡村振兴路径选择问题进行了探讨。研究表明,自然条件恶劣、基础设施落后、技术创新能力弱以及资源开发不合理是制约四川秦巴山区经济发展的主要原因;综合区内贫困现状及实地调查数据,构建了适合四川秦巴山区的人才与科技振兴路径、农业产业化发展路径、旅游产业发展路径和城乡融合发展路径,四类发展路径能够有效促进四川秦巴山区农村减贫,推动四川秦巴山区乡村振兴。

关键词：贫困特征;致贫原因;产业发展;乡村振兴;四川秦巴山区

自新中国成立以来,党和国家便一直致力于消除农村贫困,特别是改革开放以后,我国农村扶贫开发由体制改革推动扶贫、大规模开发式扶贫、攻坚扶贫逐渐过渡到现阶段的综合开发与精准扶贫,并适时提出乡村振兴战略。随着扶贫开发工作的顺利推进,我国贫困的地缘性特征愈发明显,国家划出14个集中连片特困地区作为现阶段我国扶贫攻坚主战场。由此,改变14个集中连片特困地区的贫困面貌成为实现全面建成小康社会和乡村振兴的重要前提,贫困地区脱贫攻坚与乡村振兴战略实施并存与交汇成为未来几年我国农村工作的突出特征。本文在实地考察的基础上,分析了四川秦巴山区贫困特征及致贫原因,构建了适合四川秦巴山区的人才与科技振兴路径、农业产业化发展路径、旅游产业发展路径和城乡融合发展路径,以期为促进四川秦巴山区经济发展和乡村振兴提供理论参考和路径选择。

一、四川秦巴山区贫困特征

(一)持续贫困,痼疾难消

秦巴山区是我国十四个集中连片特困地区之一,其中,四川秦巴山区位于秦巴山区腹地,是秦巴山集中连片特困地区的重要组成部分。四川秦巴山区地跨绵阳、广元、南充、巴中、达州五市,涵盖16个县(市、区),面积约4.6万平方千米,总人口约987万(见表1)。受地理条件和历史因素的影响,该区域长期以来经济发展相对落后、人民生活水平低下,尽管国家和地方政府为消除该区域贫困痼疾做了大量努力,农村贫困状况有所改善,但未能形成可持续的经济发展模式,返贫问题较为严重。

表1 四川秦巴山区概况

省	市	县(市、区)	面积(km²)	人口(万人)
四川	绵阳市	北川羌族自治县、平武县	8842	40.2
	广元市	昭化区、朝天区、旺苍县、青川县、剑阁县、苍溪县	14778	264.5
	南充市	仪陇县	1767	110.6
	达州市	宣汉县、万源市	8336	190.9
	巴中市	巴州区、恩阳区、通江县、南江县、平昌县	12243	381.1
合计			45966	987.3

表2所示,四川秦巴山区16个县(市、区)中,有9个是国家级贫困县。区域内城镇居民与农村居民人均年收入均显著低于四川省与全国同期平均水平;2017年末贫困区内发生率为4.8%,高于四川省的2.7%和全国的3.1%,城镇化率仅为40.7%,远低于全省的50.4%和全国的58.5%。至2017年底,四川秦巴山区仍有约47万贫困人口、近17万贫困户未能脱贫,减贫任务艰巨。综合实地调研数据发现,区域内普遍存在产业结构单一、技术创新能力差、金融支持力度不足、基础设施不健全等特点,且很难在短期内得到实质性改善,这就对我国的区域性脱贫攻坚政策制定和乡村振兴路径规划提出了更高要求。

表2 四川秦巴山区贫困数据统计

指标	四川秦巴山区	四川省	全国
贫困发生率(%)	4.8	2.7	3.1
重点国贫县(个)	9	36	585
贫困村(个)	1365	4195	30217
贫困户(万户)	16.8	—	—
贫困人口(万人)	47.4	263.7	3046
城镇居民人均可支配收入(元)	23153	30727	36396
农村居民人均纯收入(元)	10387	12227	13432
城镇化率(%)	40.7	50.4	58.5

资料来源:2017年全国及省域统计年鉴、县域统计公报

(二)盲目开发,加重贫困

长期以来,国家和地方政府一直将促进四川秦巴山区农村减贫作为工作重点,并进行了大量投资与大规模开发。但调研发现,财政扶贫资金往往得不到合理利用,扶贫效率低下;地区政府盲目招商引资、许下空头支票,企业入驻后盲目扩张,政府又无法兑现优惠承诺,导致企业和农民利益双双受损;另外,虽然四川秦巴山区自然资源丰富、矿产资源富集,但由于规划和管理不到位,大量小规模的无序开发给当地环境造成巨大压力、资源环境承载能力遭到破坏。这种不合理的投资与开发虽然短期内给当地带来了一定的经济效益,但不具备可持续性,无法有效提升地区自我发展能力,更无法从根本上解决贫困问题。相反,盲目与低效开发给本就脆弱的生态环境造成巨大压力,资源环境遭到浪费和破坏,地区可持续发展潜力受损。此类以牺牲环境为代价的发展模式无法从根本上解决地区贫困问题,反而阻碍了地区经济健康发展,加重了持续贫困的风险,与乡村振兴战略"20字方针"背道而驰。

二、四川秦巴山区贫困原因

(一)基础设施落后

受地形条件和地理区位限制,四川秦巴山区公共基础设施发展长期滞后,公共产品及公共服务供给能力相比省内及全国其他地区有不小差距,导致区内经济聚集能力不足,这是区域内经济发展缓慢的重要原因。以交通基础设施为例,四川秦巴山区公路、铁路网络密度相比省内其他地区或全国平均水平仍有不小差距,甚至还有部分区县至今未通高速路和铁路。因此,改变基础设施落后现状是实现四川秦巴山区经济快速发展的关键,而兴建基础设施不仅需要资金和技术支持,还需要正确布局和谋划,以便能够发挥基础设施的最大价值。由于兴建基础设施资金需求量大,单凭国家和地方政府的资金难以满足实际需要,地方政府往往要求居民"自掏腰包"填补缺口,形成中央支持—地方配套—群众买单的怪圈,更有施工单位降低标准、偷工减料,最终导致基础设施无法满足地区经济发展的需要。虽然近年来全国和地方政府对秦巴山区的基础设施投入不断增大,区域内基础设施条件逐步改善,但许多基础设施规划不合理,导致其经济价值大打折扣,不足以支持地区经济发展和乡村振兴。

(二)人才缺乏,技术落后

四川秦巴山区区位条件闭塞,经营模式仍以封闭、陈旧、分散的小农经济为主,对科技的掌握和应用不足,对市场经济的认识有限,没有形成先进的经济发展模式和自由开放的市场体系。其次,由于教育基础设施落后、师资队伍水平不高,无法培养足够的、满足地区经济发展需要的人才,加之没有吸纳外来人才的环境和条件,导致人才缺乏、科技创新能力不足。另外,由于交通运输条件限制,企业进驻成本高,产品难以外销,投资吸引力小,就业机会不足,自有劳动力流失严重,这进一步增大了四川秦巴山区劳动力,特别是高级劳动力缺口,最终形成贫困—人力资源匮乏—更加贫困的恶性循环。由于实施区域性脱贫攻坚工程和乡村振兴战略人才和技术不可或缺,解决这一问题就变得更加迫切。

(三)资源开发效率低

四川秦巴山区自然资源丰富、生态环境优美,是连接渝、陕、甘、鄂、豫的纽带和桥梁。涪江、嘉陵江等我国重要水系均发源于此,水源丰富、气候宜人。区域内拥有颇具特色的经济作物资源,盛产天麻、银耳、茶叶、中药材、野生食用菌等特色农产品。另外,四川秦巴山区旅游资源丰富、红色资源汇集,有2处国家5A级旅游景区、29处国家4A级旅游景区及多处其他各种旅游景区,其中不乏川陕苏区红军烈士陵园、红军血战剑门关遗址等红色文化旅游区和张飞庙、石门—明月峡古栈道等历史文化旅游区,形成了一个生态、历史、红色文化融为一体的旅游资源富集带。但是,由于长期以来各行政区域封闭发展、零碎开发,没有形成特色鲜明的农产品品牌和强有力的旅游品牌。对上述资源的有效开发是实现四川秦巴山区产业振兴的关键。

三、四川秦巴山区乡村振兴路径探究

2018年9月,党中央、国务院正式发布《国家乡村振兴战略规划(2018—2022年)》,对我国"三农"工作作出重大决策部署,明确了新时代我国农村工作重点。基于四川秦巴山区贫困现状,将乡村振兴战略与精准扶贫有效衔接,形成相互支撑、相互促进的良性互动格局,对实现全面建成小康社会和社会主义现代化阶段性目标至关重要。基于上述研究,要促进四川秦巴山区经济发展和乡村振兴,首先要改变基础设施落后的局面。此外,本文主要构建了以下四类符合四川秦巴山区发展实际的脱贫攻坚与乡村振兴路径。

(一)以人才与科技振兴为基础

人是科学技术的发明者和使用者,也是经济活动中的行为主体。因此,人才振兴与科技振兴应当作为四川秦巴山区脱贫攻坚和乡村振兴的基础,这就要求建立一套培养和吸引先进科技人才的制度和体系。例如制定人才引进补贴、技术引进补贴、专利发明与申请补贴、产品开发补贴及其他补贴政策;依托国家和地方政府,制定高等院校、科研机构对口技术支持和人才培养政策；另外，还要做好技术应用和推广，将技术转化为生产力、带动农村扶贫和农民就业。在技术振兴方面，还要利用好互联网这一现代信息技术载体，改善区内通信基础设施，建立"信息秦巴"以促进秦巴山区信息化发展、减小地区间的信息不对称。以此为基础，建立"数字秦巴"以整合精准扶贫大数据；建立"智慧秦巴"以完善贫困人口网络精准识别机制；建立"惠农秦巴"，打造"互联网+秦巴特产"；建立"美丽秦巴"，打造"互联网+秦巴文化生态旅游"。这一发展模式不仅能够缩小四川秦巴山区信息化发展差距，利用先进的大数据技术和互联网技术实现贫困人口精准识别，还能够与人才振兴、技术振兴方案实现良性互动、相互促进，最终通过提升人才自给能力和科技创新能力助推四川秦巴山区乡村振兴。

（二）以农业产业化发展为关键

四川秦巴山区目前没有大规模发展工业的基础和条件，因此产业选择上应以农业为基础，将发展优质高效农业和推进农业产业化作为脱贫攻坚和乡村振兴的关键。在农业产业发展对象方面，应当以各县（市、区）特色和优势农副产品为依托，打破行政区划壁垒，合理整合，形成具有鲜明特色的农产品品牌，以加强市场定价权、提高竞争力；在农业产业化发展模式选择方面，应当因地制宜，充分考虑企业、农户和政府利益，实现多方共赢。综合实地调查数据，表3给出了四川秦巴山腹地"三县一市"的特色农业产业选择状况和先进的农业发展模式，以"三县一市"为例，四川秦巴山区县域特色农产品品质高、产量低，应当立足品质和品牌建设，合理扩大种植规模、适度提高销售价格、发展可靠的销售渠道。如万源市珍珠花菜系列产品通过了欧盟食品质量认证标准，获准远销欧盟，大大提高了产品附加值和品牌价值，这一经验值得学习和借鉴。优势农产品由于产量较高、开发难度小，适合进行推广和整合，扩大种植规模，形成地区主导农业产业，提高综合经济效益。

表3 四川秦巴山区"三县一市"农业产业模式选择

县（市）名	特色农产品	优势农产品	先进农业产业模式
万源	富硒绿茶、珍珠花菜、旧院黑鸡	清脆李、马铃薯	五小庭院经济、篱笆园+N
宣汉	桃花米、牛肉、蓝莓	清脆李、中药材、食用菌、	土地托管、90145利润分成模式、稻田+、芦笋+
通江	通江银耳、葡萄酒	葡萄、香菇	整村流转+农民入社+劳务返包+按股分红
南江	翡翠米、黑木耳、黄羊	大茶叶、中药材、山核桃	巴山新居+特色农业+生态旅游

资料来源：实地调查和作者整理

创新农业产业化发展模式不能仅依靠单个农户,还要联合当地农业产业园区和农产品加工公司,形成农业产业化联合体,构建良好的农业产业生态。首先,可联合农业开发公司,通过土地流转,运用新型经营方式,实施新型利润分配模式,实现农业规模化和产业化;其次,要考虑农村劳动力流失的现实,充分优化土地托管方案,有效利用土地资源,实现公司和农户双赢;再次,要充分依托农产品加工公司,改进农产品加工技术,形成先进、完整的农业产业链,提高产品附加值,实现农业产业化和农业产业振兴;最后,较为分散的农户可以实行"五小庭院经济"(小畜牧、小种植、小果木、小加工、小商贸)经营模式,这是四川秦巴山区农业产业化发展的有益补充,能够通过充分利用房前屋后资源,提高农户的自我发展能力,促进农业增效、农民增收。

(三)以旅游产业发展为依托

推动四川秦巴山区经济发展与乡村振兴,还必须依托其丰富的生态资源,对具有较高经济价值的旅游资源进行积极合理开发。表4给出了秦巴山四川片区16个县(市、区)的旅游景区相关数据,能够看出,除巴中市部分区县域外,区域内其他县(市、区)均属于旅游资源富集区,有进行旅游产业开发以带动地区经济的基础和条件。通过具体研究,并充分考虑四川秦巴山区旅游产业发展的优势、劣势、机会和威胁,运用SWOT分析法总结了四川秦巴山区旅游资源开发策略(见表5)。分析结果表明,四川秦巴山区具有良好的旅游产业开发前景,中国旅游市场规模庞大、相关法律法规和行业规章制度日趋完善,能够有效消除旅游产业发展所面临的威胁。因此,在尊重四川秦巴山区旅游产业发展现状和吸取国内外旅游产业发展经验教训的基础上,应当积极合理开发区内旅游资源。

表4 四川秦巴山区旅游景区统计

省名	市名	县(市、市名区)名	国家5A级旅游景区(个)	国家4A级旅游景区(个)	国家3A旅游景区(个)	其他省级以上旅游景区(个)
四川	绵阳	北川	1	4	1	33
		平武		1		11
		昭化		2		13
		朝天		2		11
	广元	旺苍		1	2	14
		青川		4		7
		剑阁	1	2		15

续表

省名	市名	县(市、市名区)名	国家5A级旅游景区(个)	国家4A级旅游景区(个)	国家3A旅游景区(个)	其他省级以上旅游景区(个)
四川	南充	苍溪		3	1	16
		仪陇		1		12
	达州	万源		1	2	13
		宣汉		3	4	11
		通江		4	1	6
		南江		1		11
	巴中	平昌				8
		巴州				9
		恩阳				

注：数据来源于作者整理

表5　四川秦巴山区旅游扶贫开发SWOT分析

内部环境 \ 外部影响	优势(S) 1.旅游资源丰富,保存完好 2.多省交界,旅游区位优势明显 3.旅游景区密度高,带动作用强 4.短期效益明显	劣势(W) 1.开发程度低、难度大 2.交通条件差,配套设施不足 3.景区分割管制,联动困难 4.宣传成本高
机会(O) 1.打造环境和经济共赢经济模式 2.形成新的地区经济增长极 3.促进交通基础设施发展 4.促进新型城乡一体化发展	(SO)策略 1.利用资源优势,进行合理开发 2.加强文化旅游与红色旅游培育 3.大力开拓旅游市场	(WO)策略 1.完善地区交通及旅游配套基础设施 2.打造连贯的旅游交通路线 3.打破地域分割、做好宣传
威胁(T) 1.旅游资源同质化 2.恶性竞争与环境破坏 3.地区间协调合作难度大 4.运营和管理制度不健全	(ST)策略 1.发挥地区特色,融入风俗文化 2.打破行政区划限制,整合旅游资源,进行充分合作。 3.优化管理规划,形成旅游品牌	(WT)策略 1.充分熟悉本地旅游资源的特点,转化内部优势 2.着眼长远、正确规划、扬长避短,规避外部威胁

根据四川秦巴山区旅游资源分布状况和SWOT策略分析结果,文章总结了四类创新旅游资源开发模式(见表6):一是主题式旅游资源开发模式,四川秦巴山区乡村生态、红色文化、历史资源各具特色,自成一体又相互联系,因此可形成乡村生态游、红色文化游、

历史文化游三大旅游主题。二是线路式旅游资源开发模式,可根据地形地貌,交通网络等条件,形成四川秦巴山区主干旅游大环线,蜀道历史文化旅游线,嘉陵江生态、文化、历史旅游线和秦巴山区南部生态乡村旅游线。三是片区式旅游资源开发模式,形成以绵阳、广元为基础的大熊猫栖息地旅游片区和以巴中、达州、南充为主体的巴达南旅游片区。四是策略式旅游资源开发模式,依据区域内不同景区开发情况,形成政府主导型、生态优先型、城乡共融型、景区带动型和社区参与型旅游资源开发模式。对四川秦巴山区而言,四类新型旅游资源开发模式均具有较强的针对性,并各有优势。可在完善景区规划、管理制度和配套基础设施的前提下实现多种模式并行,以促进四川秦巴山区旅游产业跨越式发展,为秦巴山区乡村振兴提供新动力。

表6 秦巴山区旅游扶贫开发模式探索

模式选择	模式细分	举例
主题式	1.生态游 2.红色文化游 3.历史文化游	1.光雾山生态游 2.川陕苏区红色文化游
线路式	1.主干旅游大环线 2.蜀道历史文化旅游线 3.嘉陵江生态文化历史旅游线	1.绵阳—广元—巴中—达州—南充旅游环线 2.南充嘉陵江沿岸旅游线
片区式	1.大熊猫栖息地旅游片区 2.巴达南旅游片区	1.王朗—雪宝顶自然保护区游
策略式	1.政府主导型 2.生态优先型 3.城乡共融型 4.景区带动型 5.社区参与型	1.广元唐家河旅游扶贫开发区 2.米仓山生态保护旅游扶贫开发区 3.广安小平故里带动型旅游扶贫开发区

除对固有旅游资源进行积极合理开发外,基于四川秦巴山区乡村特色,还应当积极引导当地乡村旅游产业发展。事实表明,乡村旅游不仅是旅游精准扶贫的核心,也是乡村振兴战略的重要抓手。因此,四川秦巴山区应当依托良好的农村生态环境,建立特色小镇、田园综合体和特色农业产业园,培育乡村观光游、农业体验游等农旅一体化产业。这对于民俗文化传承、农村环境治理、村落风貌改善、传统农业规划、农民脱贫致富和乡村振兴均具有重大意义。

(四)以城乡融合发展为根本

城乡融合发展不仅是新时代社会主义现代化建设的基本要求,也是实施乡村振兴战略的根本路径。目前四川秦巴山区城镇化率较低,在实施脱贫攻坚与乡村振兴战略过程中应当充分发挥后发优势,推动城乡融合发展。但值得注意的是,要实现城乡融合发展,必须正确把握乡村振兴战略与城市化战略的关系。乡村振兴战略旨在革除农村居民物质贫困、权利贫困与能力贫困,促进城乡居民机会平等,解决农村发展不平衡、不充分的问题,与城市化战略并不冲突,振兴乡村并不意味着我国城市化发展步伐需要放缓。反之,乡村振兴战略需要与城市化发展战略有效契合,建立新型城乡关系,实现城乡融合发展,这也是推动农村减贫的又一重要手段。

受地理条件限制,四川秦巴山区无法形成较大规模的城市群和辐射性较强的区域经济中心,已有城市的辐射功能也远不及平原地区。基于四川秦巴山区大分散、小集中的人口分布特点,可将小城镇作为四川秦巴山区城乡空间布局融合发展的核心,将小城镇发展成为连接城乡的纽带。这种以小城镇为核心的城乡融合发展模式不仅能够改善农业人口市民化进程滞后和过快城市化带来的不适应等问题,还能够降低城市基础设施和基本保障负担、缩小城乡发展差距。因此,四川秦巴山区要以小城镇发展为核心,大力推进小城镇规划布局,推进城乡空间布局融合,进而推动基础设施与公共服务供给融合、社会保障制度和体系融合以及城乡环境治理融合。

更进一步地,要真正实现城乡融合,还需大力推进四川秦巴山区城乡三次产业的融合发展。传统观念认为,农村只需要发展好第一产业,而城市只需要做好二、三产业。但历史表明,这种观念对我国城乡协调发展形成长期桎梏,与我国全面建成小康社会和乡村振兴的实际需要背道而驰。因此,应当在供给侧结构性改革的背景下,将四川秦巴山区的城市产业结构调整、转移和农村产业体系建设结合起来,延伸城乡产业价值链,形成城乡产业价值网,逐步实现该区域城乡一、二、三产业融合发展。此外,四川秦巴山区城乡三次产业融合发展应与上述农业产业化进程和乡村旅游资源开发深度结合,鼓励开辟产业融合发展新空间和创新产业融合新模式。最后,四川秦巴山区城乡三次产业融合发展必须让利于民、让惠于民,建立紧密的农民、政府和企业利益连接机制,以充分调动农民的生产积极性。

四、结论与讨论

(一)结论

消除农村贫困痼疾不仅是全面建成小康社会的需要,也是实现乡村振兴的前提。通过实地考察和深入研究,本文总结了四川秦巴山区贫困特征和致贫原因,并以全面建成小康社会和乡村振兴战略为背景,构建了适合四川秦巴山区的乡村振兴路径。除加强基础设施和公共服务建设外,四川秦巴山应当以人才和科技振兴为基础,制定先进的人才引进和培养体系,解决技术和人才困境;以推动农业产业化发展为关键,依托特色农产品,解决农业产业化困境;以促进旅游开发扶贫为重点,发展红色文化、历史文化和生态旅游,解决旅游产业发展困境;以实现城乡融合发展为根本,提升城市化战略与乡村振兴战略发展协同性,解决城乡权利不平等困境。只有做到这四点,才有望实现四川秦巴山区产业兴旺、农民富裕和生态宜居,进而达到乡风文明、治理有效的目的。

(二)讨论

在本次实地考察中还发现,越贫困的农户在生活中往往会做出更多低效用甚至是负效用决定。例如,穷人抽烟更多、饮酒更多、锻炼更少、饮食更为不健康、对生活更没有规划,甚至不赡养老人。由此注意到"稀缺性心态"等微观特征给贫困个体带来的影响。研究表明,诸如"稀缺性心态"等微观特征会限制贫困个体的长远规划,这也是穷人更加注重短期效用的重要原因。考虑到个体的幸福感和获得感是检验全面建成小康社会和乡村振兴成果的重要指标,而我国许多农村扶贫政策以及乡村振兴战略均是具有系统性、整体性和全局观的"自上而下"的"三农"问题解决方案,对贫困个体微观特征的考虑不足。因此,在全面建成小康社会和乡村振兴战略实施的大背景下,应当充分关注贫困个体的微观特征、重视贫困个体的发展情况,注重培育和提升贫困个体的自我发展能力,这又催生了一系列新的亟待解决的问题。

参考文献

[1]李海金,罗忆源.连片特困地区扶贫开发的战略创新——以武陵山区为例[J].中州学刊,2015(12):78-83.

[2]张军.乡村价值定位与乡村振兴[J].中国农村经济,2018(01):2-10.

[3]覃建雄,张培,陈兴.旅游产业扶贫开发模式与保障机制研究——以秦巴山区为例[J].西南民族大学学报(人文社会科学版),2013,34(07):134-138.

[4]徐虹,王彩彩.乡村振兴战略下对精准扶贫的再思考[J].农村经济,2018(03):11-17.

[5]冯逃,李冬梅,高蜀晋.农业产业形成及可持续发展的实证分析——基于一个村庄的实践案例[J].农业经济问题,2013,34(07):56-61.

[6]周兵,黄显敏,任政亮.民族地区旅游产业精准扶贫研究——以重庆市酉阳县为例[J].中南民族大学学报(人文社会科学版),2018,38(01):85-89.

[7]刘彦随.中国新时代城乡融合与乡村振兴[J].地理学报,2018,73(04):637-650.

[8]唐勇,张命军,秦宏瑶,等.国家集中连片特困地区旅游开发扶贫模式研究——以四川秦巴山区为例[J].资源开发与市场,2013,29(10):1114-1117.

曾恒源

男,重庆师范大学经济与管理学院区域经济学研究生。

山地区县发展农村电商,助推乡村振兴
——以秀山自治县实践与探索为例

田玲

摘　要:乡村振兴战略是新时代"三农"工作总抓手,产业兴旺则是乡村振兴的重点。近年来随着互联网普及率不断提高,特别是"互联网+"战略、农村信息化工程的实施,农村电子商务快速发展,电商产业已经成为信息经济时代的"新宠",也成了广大贫困落后山地区县借力互联网平台实施乡村振兴战略、实现跨越式发展的有效途径。本文介绍了秀山自治县发展农村电商的实践与经验,提出了山地区县发展农村电商产业助推乡村振兴的建议。

关键词:农村电商发展;助推乡村振兴;秀山探索与实践;经验借鉴

在我国,虽然电商企业大多分布在经济水平较发达、产业配套较完善的东部沿海地区,落后山地区域的农村电子商务发展相对滞后,但这也意味着广大西部农村地区电子商务产业有着巨大的发展潜力和空间。以电商产业发展为突破口,有助于推动农业产业发展、解决农产品销售瓶颈、实现农民增收、巩固脱贫成果,为实施乡村振兴带来新机遇。秀山自治县在县委县政府的大力推动下,以市场和效果为导向,在发展电商产业助力乡村振兴方面进行了积极探索与实践,取得较好的成效并积累了一定的经验,秀山电商跻身全国十大农村电商模式之一,可以为渝东南和渝东北广大农村地区发展电商产业,促进乡村振兴提供有益的借鉴和参考。

一、当前制约重庆农村电商发展的主要问题

(一)农村群体观念未转变制约信息消费

受传统商贸交易方式影响,重庆部分农村居民从未接触电商,也缺乏相关技能,加之

农村"空心化"导致的严重失衡的年龄结构,农村居民囿于"风险最小化"而非"利益最大化"的思维模式,认为网购缺乏体验感,信奉"眼见为实",不免对网络交易产生担忧和疑虑,导致农村群体对电商这一新生事物难以接受,传统固有消费观念难以转变。以秀山为例,很多群众宁愿在永辉超市、重百新世纪超市和武陵生活馆等实体店购物,也不愿意尝试网购。

(二)信息基础薄弱制约农村电商站点普及

网络基础设施是电子商务发展的物质基础和载体,受区域所限,重庆广大农村地区在信息基础设施建设上的整体投入比例与东部沿海农村地区相比还很落后,重庆市内城市与农村之间信息基础设施发展也存在较大差距,农村互联网基础设施薄弱,甚至有的边缘乡镇没有网络设施,农村电子商务服务网站为数不多。互联网普及率不高,物联网起步较艰难,即使部分农户安装了互联网,上网速度也比较慢且上网费用高。

(三)电商专业人才匮乏制约网点布局

电商人才主要包括电商企业人才、政府部门电商人才和农村电商个体户等,由于农村地区的生活基础设施、社会环境、公共服务水平等和大城市、发达地区比相对较差,对人才的吸引力较弱,即便能够给出和大城市一样,甚至比大城市更高的工资水平,也留不住人才。以秀山为例,云智科贸等电商企业普遍反映,不易引进客服、美工、营销等基础性人才,更难招聘企划管理、数据分析等高层次人才。电商培训也仅仅处于基本知识输出阶段,内容仅以电商常识、业务概念为主,尚未对"触电"群体开展深度培训。有知识、有思想的年轻人返乡热情不高,在乡农村青年参与面不广,武陵生活馆乡镇旗舰店和村居体验店以村居干部为主,实用、专职的人才参与并不多,难以承接未来全方位的农村电商业态服务。

(四)物流配送体系不发达制约企业做大做强

由于重庆农村,特别是渝东南、渝东北农村交通不便,单个村居业务量小,快递公司网点覆盖率低,配送成本较高,服务能力有限,农民无法享受速度快、价格低的民营快递服务,唯一的EMS收费太高,且到乡镇网点仍需自行取件。以秀山为例,"三通一达"等快递公司的网点最多只到达部分中心乡镇,网点最为发达的EMS,仍有5个乡镇未设网点。此外,秀山县的冷链物流起步较晚,转运设施、保鲜技术等都存在弊端,尤其是大宗生鲜农产品,农民卖家更是难以承担运费。

(五)精深加工跟进缓慢制约农产品进城

重庆渝东南、渝东北贫困地区农特产品加工大多处于初级加工层面,加工链条短、精度低、细分少,仍然未能依托特色资源优势与基地优势形成产业集群。品牌开发程度处于低水平,地域性代表的特色产品多,但形成地标性品牌的比较少。以秀山为例,尽管创立了"武陵遗风""边城故事"2个地标品牌,但总体上仍然显得单薄,难以满足多种类加工产品需求。地标产品技术标准体系和产品质量追溯体系尚未成熟,等级标准和质量档次还没有形成规范,严重制约重庆武陵山区地标品牌进入全国乃至全球市场。

二、秀山发展农村电商助推乡村振兴的探索与实践

秀山县从2012年起就决定发展电子商务,首先打造物流园区,然后在此基础上嫁接电商,几代领导班子始终把发展农村电商作为巩固脱贫成果、农业产业结构调整、乡村振兴的重要抓手。2013年4月负责秀山农村电子商务的云智科贸公司成立,成功探索出线上村头、线下武陵生活馆的"互联网+三农"特色模式,获评为"全国电子商务进农村综合示范县""国家级示范物流园区""全国农村电商产业发展示范基地"。电商产业链覆盖全县近70%农户,居武陵山区第一。2017年全县电子商务交易额91.3亿元,增长33%;其中网络零售额实现17.2亿元,增长39.2%,农产品电商销售额实现8.2亿元,增长46%。

(一)构建三级物流网络,有效破解两个"物流一公里"难题

秀山县通过探索,构建起了城乡配送、区域分拨、全国直达三级物流网络,形成"T+1""1+T"城乡双向物流模式,以其更高的时效、更低的成本,有效破解"农产品进城最初一公里、工业品下乡最后一公里"难题,获评为"2016年中国电商物流优秀案例"。

发展城乡配送。组建专注于农村配送的云智速递,投用电商分发中心,有效整合233个武陵生活馆配送网点及115个农村淘宝、邮乐购、供销e家等配送网点,实现了对全县4个片区15条乡村物流线路,社会快递和乡村网点的无缝对接,既节约了配送时间,也节省了物流费用。

采取区域分拨。投用电商云仓,实现自动成箱、打包、分拣,仓库利用率、托盘使用率、分拣效率分别提升145%、42%、30%,自动化、集约化效益明显。与武陵山区6家快递分拨中心无缝对接,日均处理食品、生鲜类订单10万单,成为西南地区休闲食品电商基地。开通秀山至鄂湘黔区县17条武陵物流专线,建成配送站230个,实现定时、定点、定线路、定车次、定费率管理服务。

实现全国直达。投用货运调度中心,运行武陵物流云信息系统,培育引进83家三方物流快递企业,整合社会车辆4000多辆,每月匹配物流供需信息1.2万条。开通秀山至杭州、广州、泉州等8条次日直达快递专线,实现秀山及周边区县快递包裹有效集散和高效配送,确保"双十一""双十二"等重要促销节点"不爆仓、不瘫痪"。

(二)打造一体化产业链,源头土货秒变电商爆款

构建农产品"产研加销"一体化上行产业链,打通每个关键环节,形成源头土货变电商爆款的程式化服务。注重推动特色农产品在上线销售,从需求端入手,实施订单化生产,推动农业供给侧结构性改革。

"基地+质量追溯",把好源头关。建立电商农产品生产基地,帮助有需求、有条件的农户,发展土鸡、百合、紫薯、秦橙、茶叶、生猪等产业,承诺其生产的农特产品通过村头平台全部包销,目前有特色农产品电商基地132个,供应站点3650个。构建农产品质量安全二维码追溯体系,实施一农户一二维码标志,同时实行政府背书保证,打造"双放心"工程。

"品牌+加工",提升附加值。创建"武陵遗风"(以农产品为主)和"边城故事"(以手工艺品为主)公共品牌、62个电商企业自有品牌,上线本土特色商品728款。投用鲜果、干果、紫薯、豆干等11条电商产品加工线;上线产品均实现精致实用型流通包装。通过认证基地、创建品牌、加工包装、把控质量,让源头好货的价值得到真正体现,农产品附加值提升30%~50%。

(三)坚持全域触电培养,造就农村电商发展的生力军

对电商人才的要求是"下地能弯腰,上桌玩鼠标"。通过建立实训基地,开展三级培训,开设电商专业,"流水席"式培养农村电商从业人员。

建立实训基地。成立秀山云智电子商务培训学校,携手中国电子商务协会、中国传媒大学新媒体研究院等,设立"中国农村电商县域大讲坛""中国电子商务人才服务中心""网红学校"。创建成为"重庆市干部教育培训现场教学基地"。

开展三级培训。一是开展电子商务进农村普及培训,累计培训农民2万余人次,培养600余名电商带头人。二是开展专业技能培训,累计培养营销、美工、设计、客服等专业技能精英2500余名。三是创业就业培训,针对农村电商人才需求,打通培训上岗绿色通道,孵化各类网企、网店2200家。

开设电商专业。整合职业学校教学资源和电商孵化园实训资源,建立"县职教中心+电商孵化园"人才输出模式,开设现代物流、农村电商等相关专业,有针对性地持续培育本土电商人才,输出相关专业人才1200人。

(四)线上线下双向融合,推广运用秀山农村电商模式

农村电商关键是要扎根农村,服务"三农"。秀山县按照"县城建核、乡村布点、网络拓展"的融合发展思路,形成线上"村头"、线下武陵生活馆的发展模式,正加速走出重庆、走进武陵山、走向全国。

县城建核。立足功能完善的物流园区,整合办公、培训、品牌、设计、营销、金融、法律等服务功能,建成电商产业园,迅速集聚电商资源。汇集10大类2600余个农特产品的武陵山农淘特色馆,成为入园企业集采集供中心;1万平方米的电商孵化园,汇集了年电商销售额近10亿元的180家电商企业和520个网店;电商分发中心入驻5家区域快递分拨中心;7万平方米电商仓储中心具备低温、常温等仓储条件;农产品检测检疫中心为农产品质量安全提供政府背书保证。

乡村布点。在全县农村区域建成233家武陵生活馆,遍布农村,扎根村寨,连接城乡,带动了农产品流通,促进农业增产,农民增收。设立了115家农村淘宝、邮乐购、供销e社、京东帮等乡村服务店,每个店集成网络代购、快递收发、特产收购、金融业务、农村政务和乡村便利店"六大功能"为一体,彻底改变了农村交易方式和消费环境,实现"小空间、大服务,百姓办事不出村"。

网络拓展。发挥第三方平台作用,自主研发"村头"平台,创新运用视频直销和远程物联网传感电子秤技术,打造农产品网批、视频直销和村头民宿等特色功能,高度还原农民"赶场交易"情景。同时,结合农村发展实际,研发推出村头民宿、村头慈善等模块,助推乡村旅游和乡村振兴攻坚。目前,"村头"按照"有山有水有土货,一村一景一品牌"发展思路,已推广运用到全国16个省市138个区县,基本覆盖重庆市及武陵山片区。

(五)服务全方位无死角,不断扶持电商企业做大做强

企业是推动农村电商向前发展的主体。秀山县不断向着打造农村电商创新高地、成本洼地、创业福地的目标前进,从上至下构建起"全方位、无死角"的服务体系,逐步成为无数创造者、中小企业、龙头企业的"筑梦空间"。

全方位扶持。成立了以县委书记为组长的县农村电商发展领导小组,设立每年不少于2000万元的专项资金,从主体培育、技术创新、品牌建设、业务拓展等方面全方位扶持电商产业发展。如对入驻电商产业园的企业给予仓储、办公场地等费用"3免2减半"补助;对投资50万元以上的技术研发或成果推广项目,给予投资额30%的补助;对创建知名电商品牌给予2~5万元/个一次性补贴;对产业园内企业年交易额首次超过5000万元、1亿元、5亿元和10亿元时,分别给予2万元、5万元、10万元和20万元奖励等。县电商办定期

研究解决电商产业发展中遇到的难题,创新武陵生活馆产业贷,设立电商产业发展基金,低门槛融资、简易程序审批,累计为电商企业、贫困农户等提供贷款6350万元。

一站式服务。电子商务孵化园作为办公面积10000平方米、能容纳100余家中小企业办公的综合性公共服务平台,可以为入驻电商企业提供综合办公、品牌打造、营销策划、人才培训、包装加工、仓储配送、行政代办、商务洽谈、法律咨询等一站式服务,让企业全程无忧。通过"龙头带动、流程式孵化",已经把丁丁、盾煌、巴谷鲜、大嘴蛙、威其诺等食品电商企业,培育成长为订单量、销售额平均增长3~5倍的西南地区食品电商龙头企业。

促融合发展。实施"互联网+"战略,依托电子商务孵化园,党委、政府、企业和社会上下联动,推动全县100余家生产企业、物流园区近40%的批发零售商户"触电"经营。发起成立了以"服务创业、服务企业和服务员工"为宗旨的武陵山网商协会和以"增强沟通交流、增进友谊,有效整合物流行业资源"为宗旨的武陵山物流行业协会,引导企业抱团生产营销本土农特产品。连续举办几届的武陵山商品交易博览会暨武陵山电子商务看样订货会,让苗绣、西兰卡普、龙凤花烛等非物质文化遗产和民族手工艺品大放异彩。

三、发展农村电商助推乡村振兴的思路与建议

如何通过发展农村电商助推重庆广大农村,特别是渝东南、渝东北实现乡村振兴呢?笔者认为,应借鉴山地区县成功经验,并立足本地实际,将电商产业发展与乡村振兴有机结合,制定农村电商产业发展规划,促进一、二、三产业融合发展,助推乡村振兴。

(一)把农村电商产业作为转方式调结构的新引擎

渝东南和渝东北的山地区县正处于农业产地品牌、产品品牌价值发展阶段,面临着农村信息化带来的跨越发展重大机遇,如迅速进入电商产业、与农业产业融合,就会有效聚集人才社会资本等发展要素,反之各类生产要素就会更快地流向发达地区。长期以来先天发展不足,单纯靠市场这双"无形的手"难以奏效,建议叠加政府这双"有形的手",充分整合各类资源,抓住互联网+助推经济社会创新发展新机遇,尤其是将信息化延伸至农村,大力发展农村电商产业,优化营商环境,从而以发展方式转变推动产业结构优化,引领农民脱贫致富,促进农村社会转型。

(二)把发展农村信息基础设施建设作为投资新重点

农村信息基础设施建设是高投入、高技术的公益性"民生工程",建议将农村信息基础设施建设作为渝东南和渝东北新一轮投资的重点。应加大农村信息网络建设力度,全面

推进信息网络设施进村入户,扩大无线宽带、光纤网络、移动网络覆盖范围,提升个人电脑、移动设备等实体端口普及率。同时,应加大对农村信息新技术、新软件的研发、推广与运用的资金投入力度,为推动农村信息基础设施建设提供核心技术,发展应用云计算、大数据服务,进一步降费提速,普及山地区县公共场所免费Wi-Fi全覆盖,为信息化产业的发展奠定基础。

(三)把培育农村电商人才作为职业教育和基层干部培训的新方向

农村电商产业发展,教育是基础,人才是关键,建议政府制定电子商务人才培养规划,打造农村电商教育培训体系,建立培训专家人才库,加强师资力量培养,将电商纳入职业教育重要课程,引入专业市场化电商培训机构,与大型企业、大专院校共建电子商务实训基地,对接电商企业,瞄准市场需求,完善专业课程设计,突出实践操作要求。推行电子商务从业技能鉴定,出台优惠政策、整合培训资源、广泛宣传发动,支持农村青年积极"触电",吸引外出精英人才返乡创业。同时,通过党校(行政学院)干部轮训、企业实践等平台和方式,加强对基层干部的电商实用知识培训,打造多层次农村电商人才培养生态圈,进一步增强农村电商的生存发展能力。鼓励各类人才创新创业,为农村电商企业提供工商登记、金融信贷、税收等便利政策,解决创业人才现实需求,为创新创业人才回流农村创造良好的外部环境。

(四)把完善城乡物流配送作为农村"新兴路网"建设的新规划

城乡配送体系是农村电商产业发展的重要支撑,直接决定农村电商"最后一公里"能否打通,建议加快渝东南和渝东北山地区县以下物流快递体系建设,依托"传统路网",规划建设以配送网络为主的"新兴路网",打造县域分拨中心、乡镇街道集配中心、村居末端配送网点三级配送体系,建设公用仓储空间,降低物流费用,引导支持龙头企业牵头建立配送联盟,开发智慧物流信息系统,补齐转运设施、保鲜技术等产品冷链短板,实现"传统路网"向"新兴路网"的升级。通过多种方式鼓励和扶持物流企业在贫困乡镇建立符合电商发展需要的物流配送门店,在贫困村建立快递服务点。

(五)把激励区县创建自主电商品牌作为产业扶持政策的新取向

国内跨境自主电商品牌塑造是企业创新驱动发展的新动力,建议鼓励渝东南和渝东北山地区县规范发展电商产业园,聚集品牌推广、物流集散、技术支持、质量安全等功能服务;加快农业标准化进程,在农产品质量安全检验检测、产地认证、质量追溯、产地预冷、冷藏保鲜、分级包装、冷链物流设施等方面给予支持,完善鲜活农产品直供直销体系,推进

"互联网+"特色效益农业行动。建议在产业扶持政策中,要将创建国内跨境自主电商品牌列为重点,引导以个性优势打造特色地标品牌,建立地标产品技术标准体系和产品质量追溯体系。

参考文献

[1]构建三级配送体系 赤壁破解农村物流"两个一公里"难题[N].经济参考报,2017-10-31.

[2]罗成友.秀山"互联网+三农"秀山打造农村电商产业链[J].重庆与世界,2017(22):40-43.

田玲

女,中共秀山土家族苗族自治县委党校常务副校长、重庆山地经济研究中心武陵山分中心主任。

善于"拿来",变"劣"为"优",助推城口山地经济多样化发展

刘利红

摘　要:瑞士"绿色山地经济模式"以准确选择主导产业、积极构筑中小企业集群、注重科技创新和人力资源开发以及大力发展旅游观光产业,令其跻身世界富国;贵州"大数据智能化山地经济模式"以大力发展大数据产业、不遗余力发展交通、充分挖掘旅游资源以及传承贵商敢闯敢开拓的精神,实现后来赶超。两种山地经济发展模式对于山多耕地少、特色产业不突出、主导产业不明显的城口来说,具有重大而深刻的启示。城口应立足自身实际,借鉴这两种山地经济发展模式的优点,促进本地区山地经济积极健康发展。

关键词:山地经济;成功模式;发展概况;发展建议

一、国内外山地经济发展的成功模式

(一)瑞士"绿色山地经济模式"

瑞士地处欧洲内陆中部,四周被德国、法国、意大利、奥地利等国裹挟,国土面积仅4.1万平方千米。全国地形高峻,分为中南部的阿尔卑斯山、西北部的汝拉山、中部高原三个自然地形区,平均海拔1350米,山地面积占国土面积90%以上。其中,可耕地面积占28%,牧场占21%,森林占32%,其余为丘陵湖泊。瑞士地处北温带,地域虽小,但各地气候差异很大,阿尔卑斯山区南部属地中海气候,以北地区由温带海洋性气候向温带大陆性气候过渡,局部高海拔地区属于高原山地气候,年均气温8.6℃,降水量在1000—2000毫米之间。

瑞士由于矿产资源匮乏,加之受地形地势影响,19世纪还是一个资源贫瘠、较为落后的农牧业国家。但经过短短几十年工业化发展,20世纪初期已经成为欧洲工业化程度较

高的国家之一,如今的瑞士更是高居全球最具竞争力的国家,这得益于独特的山地经济发展模式。

归纳起来主要有以下几点:一是准确选择与本地区生产要素相适应的主导产业。瑞士在面对资源匮乏、山地农业成本高的劣势下,选择食品加工、电子、医药化工、精密制造等高技术含量、高附加值的产业。二是积极构筑中小企业的产业集群。瑞士国内企业中近99%都是中小企业,其外贸业务量超过全国总外贸业务量的三分之二,这些企业专于研发或生产一项技术、产品。如瑞士"表谷"——索罗通州格林肯镇,就是以加工机械手表各式零部件而驰名于欧洲。三是注重科技创新与人力资源开发。2000年瑞士全国研究与开发投入约100亿瑞士法郎,占国内生产总值的2.7%,其中用于基础研究的占24%,应用研究占32%,新产品新技术开发占44%。研究开发经费中企业投入占67%,联邦及州政府投入占33%。同时,瑞士的大学与企业之间建立了良好的研究合作关系,此外,瑞士还拥有完备的职业教育体系,为高附加值产业提供了人力资源。四是坚持生态环境与经济协调发展。瑞士利用优美的自然风光大力开发旅游观光产业,出台各种法律法规加强环境的保护,投入巨大经费研发环境保护新技术新工艺,并建立了为生态保护项目提供融资的专业金融机构。

瑞士"绿色山地经济模式"令其成功地跻身于世界富国,其发展模式被许多国家和地区借鉴。

(二)贵州"大数据智能化山地经济模式"

贵州地处中国云贵高原东部,典型的西部内陆省,全省面积17.6万平方千米。全省地势西高东低,平均海拔1100米。地貌特征主要为高原山地,素有"八山一水一分田"之说,山地和丘陵占全省面积的92.5%,喀斯特地貌占全省面积的61.9%,辖区内耕地占26.68%,林地占49.79%。全省属亚热带湿润季风气候,年均气温为14.8℃,降水量在687.9—1480毫米之间,其水能资源蕴藏量为1874.5万千瓦,居全中国第六位,可开发量达89.8%。贵州是一个少数民族聚集的省份,少数民族人口占全省总人口36.11%,风俗习惯各异。

2013年生态文明贵阳国际论坛召开。习近平总书记在北京人民大会堂会见瑞士联邦主席毛雷尔表示,贵州地理和自然条件同瑞士相似,希望瑞士和贵州在生态文明建设和山地经济方面加强交流合作,实现更好、更快地发展。贵州在学习借鉴瑞士山地经济模式中,既有相似之处又不囿于固定模式,更加注重自身实际,取得了经济的高速腾飞。其发展模式主要有以下几方面:

一是充分利用资源优势,竭力发展大数据产业。贵州利用气候优势(冬暖夏凉让数据中心运行节约10%~30%)、喀斯特地貌(地质结构稳定,多山洞的喀斯特地貌,是理想的数据灾备中心)以及水火互济的电力结构和低廉电价,发展大数据产业,如今的贵州已经成为中国的"数谷"。二是不遗余力发展交通。要致富先修路,从2013年至今,贵州完成交通重大工程和重点项目投资6100亿元,实现了县县通高速、市州通民航、迈入了高铁时代。三是充分挖掘旅游资源,搞"旅游+"。贵州有17个世居的少数民族与山相生、与水共流,形成了"一山不同族,十里不同风,百里不同俗"的"文化千岛"奇观。还通过充分开发喀斯特地貌、溶洞、瀑布等自然景观和着力打造千户苗寨等人文景观,每年吸引了众多游客观光旅游,由此带来的餐饮、住宿、创意文化发展给贵州带来无限商机。四是传承贵商敢闯敢开拓的精神。贵州酒企抱团发展,通过酒博会逐渐实现酒企之间的创新与融合,逐渐将世界酒文化聚焦于贵州。"老干妈"秉承"诚信为本,务实进取"的企业精神,通过近20年的艰苦创业,产品已销往45个国家和地区。贵商精神是"自立、进取、开放、诚信、竞争、协作、勤俭、创新"精神,这种精神激励贵州企业的迅猛发展。

十年前的贵州还是贫穷落后的代名词,如今的贵州已然成为中国经济发展的样板,对贵州山地经济的研究有助于拓宽山地经济发展渠道。

二、城口发展山地经济概况

瑞士的"绿色山地经济模式",贵州的"大数据智能化山地经济模式",都是立足于本国家、本地区的自然地理特征,把先天不足变成先天优势,其准确选择主导产业,充分挖掘自然、人文资源以及企业抱团发展理念都值得城口县借鉴。

(一)城口地形、地势概况

城口地处长江上游,大巴山南麓,重庆东北部,渝、川、陕三省交会处,县域面积3294平方千米。地貌分为低山河谷、中山和峰丛台地三种类型,其中低山河谷相对高度为500~1000米,占全县辖区面积54.66%;中山分布在海拔1500~2000米之间的地区,占全县面积的42.36%;峰丛台地主要分布在海拔2000米左右的中山宽阔顶部。城口因典型的山区地形,自古就有"九山半水半分田"之称,全县可耕地面积仅占7.3%,林地面积占77.3%。整个县域属北亚热带季风气候,冬长夏短,年均气温13.8℃,年均降水量1261.4毫米。

城口地处边远山区,加之交通发展滞后,是国家级贫困县之一。近年来,县委、县政府致力于经济社会发展,特别是践行"绿水青山就是金山银山"的发展理念,加之脱贫攻坚的大力投入,城口已发生巨大变化。但因受地理条件限制和历史发展影响,城口山地经济发展还存在诸多不足。

(二)城口经济发展存在的不足

1.自给自足的传统产业仍然占主体地位

城口耕地主要包括水田、水浇地、旱地,其中旱地占据耕地面积的92%,主要种植玉米、土豆、红薯、萝卜等常见作物,这些作物以喂养牲畜为主。在为数不多的水田上主要种植稻谷,但受土质、气候影响产量较低,以自食为主。城口林地面积较广,适合养殖鸡、羊、牛、猪等牲畜,在粗放的放养方式下,以家庭散养为主,规模较小。

2.山地产业小型化、分散化发展

由于受"鸡窝地""巴掌田"地势条件限制,城口特色农业发展总量偏小,整体竞争力偏弱。特色农业主要以大棚蔬菜、时令水果、食用菌等为主,但是主导产业不突出,山地特色农业规模不大,布局分散,重复发展的现象也较为明显,"特色不特"。林地经济作物如板栗、核桃的种植规模很小,林下养殖如山地鸡、中蜂的产业规模远不能满足市场需求,导致有客源无商品。

3.销售主要以初级农产品为主

产品销售的最大利润空间在于产品的附加值,但因百姓市场意识淡薄,对产品缺乏有效包装,缺少营销手段,加之县内加工企业不发达,导致市场上以出售初级农产品为主。如板栗、蜂蜜、药材不经过任何筛选、加工,就直接进入市场,导致产品"优而不出众,好而不出名""养在深闺人未识",从而降低了自身价值,最终导致市场竞争力的薄弱。

4.自然、人文资源有效利用率较低

城口因独特的自然地理环境,动植物资源丰富,特别是天然水果资源、药材资源丰富,但受资金所限,境内深加工企业数量过少,导致天然资源的"废弃",如野生猕猴桃、五味子、八月瓜,烂在林中;野生灵芝、野生天麻、七叶一枝花等名贵中药材静静地生长在林中。城口秉承巴蜀文化传统,受三秦文化、楚天文化熏陶,形成独特的民俗风格,但是旅游产业中对人文资源的挖掘中比较粗糙。

5.民营经济发展程度不高

瑞士"绿色山地经济模式"成功很大一部分原因在于中小企业的集群发展;贵州日新月异的变化也得益于企业的密集发展。虽然城口近几年引进秦巴商城、亿联、电商等民营企业,但受土地、资金、人才、市场、百姓参与度等方面影响,发展缓慢,尚未成为经济发展的主导力量,因此在助推山地经济发展方面能力有限。

6.区域之间缺抱团发展的氛围

城口县南与重庆巫溪、开州,四川宣汉毗邻,东北与陕西镇坪县、平利县、岚皋县、紫阳县接壤,西与四川万源市相连,在自然地理环境上,这些县具有相似之处,且处于经济社会欠发达地区。但是县与县之间、区域与区域之间政策交流、产业发展、技术人才,特别是旅游产业打造方面缺乏有效互通,区域抱团式发展的氛围不浓厚。

(三)城口经济发展的潜力

1.区位优势使连片发展成为可能

城口地处川、陕、渝三省(市)交界处,有"据三省之门户,扼四方之咽喉"的地理特点,作为重庆向北的重要门户,城口发挥着枢纽作用,伴随渝西高铁的开建,其在物流、人流、信息流方面将迎来质的提升。乡村旅游大发展,与城口毗邻的陕西岚皋县、重庆巫溪县等积极发展生态旅游,渝东北片区连片旅游发展的前景无限,而城口县刚好处于陕西旅游和重庆旅游的环线节点上,提供了连片发展的区位优势。

2.交通瓶颈的突破将迎来产品的大量出山

近年来,随着脱贫攻坚的深入,农村道路硬化,农家实现了户户通。对外上,城万快速公路的全线通车实现了"4小时重庆、西安""5小时成都、武汉"的宏伟目标。随着渝西高铁、G69银白高速城开段的施工修建,城口县与陕西、重庆主城、周边区县的距离将大大缩短,形成南来北往的蛛网似的交通枢纽,为百姓出行奠定了交通基础,为产品出山创造了条件。

3.自然与人文资源优势将造就生态旅游支柱产业

城口全年15°C到25°C气温多达149天,被授予"中国生态气候明珠"称号。森林覆盖率高达62.9%,素有"天然氧吧"的美名。此外,城口境内有中国南方最大的高山草场,有物种繁多的珍稀动植物资源,有典型的高山湖泊群,建有全市最大的自然保护区——重庆大巴山国家级自然保护区、九重山国家森林公园、重庆城口巴山湖国家湿地公园、重庆清凉胜地黄安坝和中国亢谷、九重花岭、夜雨湖、秋池等生态旅游景区。

人文资源上,城口是重庆市唯一成建制建立了县、区、乡、村各级苏维埃政权的革命老区。红色历史文化深厚,拥有城口县苏维埃政权遗址纪念公园、城口县苏维埃政权纪念碑、红三十三军指挥部旧址等几十处红军活动遗址遗迹。此外,城口民俗文化地方特色鲜明,尤以钱棍舞最为驰名,被称为"中国钱棍舞之乡";崇拜自然的山神文化也广为流传。自然和人文环境得天独厚的优势为城口生态旅游产业的发展提供了先天条件。

4.特色产业优势提升城口知名度

首先,城口位于秦巴山区富硒地带,土壤富硒富锌,被誉为大巴山"生态药谷",中药材种植历史悠久。2017年,城口中药材种植面积达35万亩,与广药集团潘高寿药业合资建设全国最大川贝母基地;与太极集团合作,成功建成西南地区首个成规模的紫菀种植基地,成功打造西南地区最大南苍术中药材种植基地。

其次,城口是重庆市重点产茶县之一,县内茶叶生产历史悠久。清乾隆年间,鸡鸣乡的鸡鸣茶被钦定为贡茶,并制模岁岁进贡。2002年4月城口鸡鸣茶获得国家绿色食品认证中心的绿色食品标志,是重庆市继巴南银针后第二个获得国家绿色食品认证中心颁发的绿色食品标志的茶叶。

第三,老腊肉成为城口的一张名片。2007年,"城口老腊肉"成功注册为国家地理集体商标;2009年,城口老腊肉制作工艺被列为重庆市非物质文化遗产。如今,城口老腊肉已远销俄罗斯等东欧国家。

5.政策引领将打开城口山地特色产业新天地

城口以脱贫攻坚统揽经济社会发展全局。大力发展电商扶贫,引入阿里淘宝,开通京东、淘宝等第三方电商平台,积极开展商超对接,打通农产品销售全渠道。同时构建农特产B2B+O2O销售渠道,着力构建城口生态农产品全产业链建设。此外大力实施农村"三变"改革,推动资源变资产、资金变股金、农民变股东,着力发展壮大村集体经济。探索出了"村集体+农户+公司"生产发展型、"村集体+合作社"资源开发型、"村集体自主经营"项目带动型以及村文化保护型等多种模式。在政策引领下,城口人民发挥勤劳创业的山区精神必将打开一片新天地。

城口因其地形地势以及历史条件限制,在山地特色产业发展中存在诸多不足,但也潜藏无限生机,在劣势与优势共存的条件下,把不利因素转变为有利因素,才能促进山地产业的蓬勃发展。

三、城口山地经济发展的建议

(一)集中精力打造主导产业

城口板栗种植、核桃种植、药材种植、茶叶种植,山地鸡养殖、中蜂养殖、生猪养殖等有一定规模,但是偏小,也较为分散,因此在充分尊重农民主体地位的基础上,以市场为导向,以乡与乡、片与片之间比较优势为依托,合理选择能在面上带动农民增收致富的产业,引导农民调整种植和养殖业结构,区乡之间抱团发展,把"巴掌田""鸡窝地"集中起来,集中精力打造几个主导产业,形成产业集中、区域集中、经营集约的发展模式。

(二)引进农业产业化龙头企业

龙头企业既能打开农产品销售市场,又能规避农产品滞销风险,在安全有效的双保险下能充分调动农民发展山地产业的积极性。城口在时令蔬菜、家禽牲畜的种养上加大与大型企业的沟通,坚持和完善公司+基地+农户的生产经营模式,避免"小打小闹""零星发展""对内销售不出,对外销售不了"的局面,实现有货源有出路的新局面,从而推进产销一条龙、农工商一体化,切实提升农业生产专业化、规模化、标准化、集约化发展。

(三)着力提升农产品附加值,打造品牌

城口农产品销售主要以初级产品为主,大大降低了产品自身价值。要提高农产品附加值一需要提高产品的精细化加工,二需要赋予产品社会、文化内涵,打造品牌。以城口蜂蜜为例,市场上所销售的城口蜂蜜需标记地理标志证明商标,特别是销售给外地游客的蜂蜜必须做好标志,这是宣传营销的一种手段,也是提高品牌效应的手段。每一位养蜂人、销售人需熟知"不是所有蜂蜜都是城口蜂蜜"的文化内涵。城口所处纬度的气候、山地特点决定本地蜂种更勤劳,飞行里程大于外地蜂种,因此采集花粉的地域更宽,采集的种类更多,同时城口身处药谷,蜜蜂采百花酿成蜂蜜,天然具有药性,在保健、美容、抗衰老等方面都优于外地蜂蜜。养蜂人、销售人一定要讲好本地蜂蜜故事。三是积极打造蜂蜜相关产业,如蜂蜜酒、蜂蜜保健品、蜂蜜护肤品,充分利用大巴山的森林优势,发展一批中小企业,提高产品的加工质量。

(四)积极开发生态旅游产业

城口的山川、森林、溪水等宝贵的自然禀赋以及独一无二的人文资源,是城口人民致富的"金山银山"。城口在大力发展生态旅游、红色旅游、民俗旅游的基础上,应全力打响"巴山原乡"乡村旅游品牌。围绕旅游富民,着力推行"景区景点+大巴山森林人家""生态特色效益农业+乡村旅游"发展模式,大力实施巴渝民宿项目,打造一批"大巴山森林人家"集群片区,推进全域旅游创建,着力构建"核心景区旅游+全域乡村旅游"发展格局,按照"心灵牧场·养生天堂"的定位,实施旅游强县战略。

(五)引进民间资本,促进民营经济的发展

正确引导民间资本,尤其是利用发展壮大村集体经济的契机,把民间资本投向城口山地产业发展,鼓励民营企业家参与农副产品精深加工和传统产业提升,把长在林中的天然水果、野生药材充分利用起来,把"废弃"的宝贝变为致富的宝贝。利用生态旅游发展契机,把一些愿为、想为的民营企业家、实力雄厚个体工商户吸引到旅游投资上来,积极开发和拓展适应山地地区旅游发展项目,不断壮大民营经济和生态旅游产业。

(六)营造区域抱团发展的氛围

贵州白酒的抱团发展让我们看到合作共赢的重要性。县内在打造主导产业的过程中,应集中乡与乡之间的片区优势,打破隔阂,发展壮大主导产业。县外,要跳出本地谋发展,进一步增强开放合作意识,既要深化与先进地区如山东临沂的开放合作,又要推进县与县之间的抱团发展、差异化发展,找准核心竞争力,加强与邻近县的交流沟通,实现渝东北集中贫困区连片发展。

山地经济发展既有共性又有个性,城口在探索山地经济产业发展过程中既要充分借鉴其他地区的先进经验,又要因地、因时制宜走出自己的特色山地之路。

参考文献

[1]董景荣,邓正琦.中国山地经济理论与实践探索[M].北京:中国社会科学出版社,2014.

[2]姜峰,李碧宏.山地区域经济社会发展重庆论坛综述[J].重庆师范大学学报(哲学社会科学版),2015(03):5-9.

[3]张宜松.重庆山地经济现状分析及对策[J].安徽农业科学,2010,38(02):944-946+1062.

[4]赵克志.遵循山地经济规律 发展现代高效农业[J].领导决策信息,2014(20):7.

[5]张宇,谢春芳.瑞士"绿色山地经济模式"对贵州发展的启示[J].贵阳市委党校学报,2013(06):1-6.

刘利红

女,中共城口县委党校讲师。

山地区县城乡融合发展路径研究

刘洋

摘 要：推动城乡融合发展，是实现乡村振兴的重要途径和有效方式。但从渝东南山地区县城乡融合发展现状看，还存在许多亟待解决的问题。必须创新发展理念，改进发展方式，健全完善城乡土地管理机制，加快推进新型城镇化建设，建立健全城乡社会保障机制，扎实推进城乡融合向纵深发展，才能为实现乡村振兴奠定坚实基础。

关键词：城乡融合；存在问题；现状剖析；路径探索；渝东南山地区县

大力实施乡村振兴战略，是党中央根据我国国情农情对"三农"工作提出的重大战略任务，对于推动农业全面升级、农村全面进步和农民全面发展，意义重大而深远。近年来，我国城乡统筹和一体化发展取得了举世瞩目的显著成效，但从渝东南山地区县的发展现状看，还存在一些不容忽视的问题，如城乡发展不平衡、农村发展不充分、农业发展质量不高、城乡差距依然较大等。如果不解决好这些问题，乡村振兴就不可能顺利实现。新时代背景下，渝东南山地区县各级党委政府必须创新发展理念，厚植发展优势，破解发展难题，不断推进城乡融合发展取得实实在在的成效，才能尽快实现农业强、农村美、农民富的乡村振兴宏伟目标。

一、渝东南山地区县城乡融合发展存在的主要问题

渝东南位于渝鄂湘黔四省结合部，属于大娄山和武陵山两大山系交汇的盆缘山地，包括黔江区和石柱、彭水、酉阳、秀山五个山地民族区县，受自然条件、山地地形、基础设施、资源禀赋等制约，经济社会发展相对滞后。近年来，渝东南山地区县在加强城镇化建设、推进城乡一体化发展中取得了前所未有的成效，但城乡二元结构矛盾依然突出、城乡发展不平衡不协调的问题没有从根本上得到解决，主要表现在：

(一)城乡建设和发展不平衡

党的十八大以来,我国现代农业发展较快,农业劳动生产率不断提高,但城乡二元经济结构改善进度较慢,严重影响了城乡一体化发展进程。受体制机制约束,城乡生产要素资源配置不平等明显,特别是在二、三产业发展过程中,城镇聚集了大量的各类生产资源要素,而农村、农民生产要素权益没有得到应有的有效维护;城乡收益分配上不平等突出,大量的收益最终落在了城镇,而农村只是通过提供土地、农产品和劳动力获取廉价收入,城乡劳动力很难实现有效流动,导致城镇与乡村发展越来越不平衡。在基础设施建设上,各山地区县城镇化越来越快,而农村道路、交通、水利、通信等基础设施建设主要依靠上级项目有限资金支持,导致农村基础设施明显落后于城镇,这样城乡资源要素很难实现有效流动。

(二)城乡公共资源配置不合理

近年来,我国城乡基本公共服务均等化取得了显著成效,城乡居民在医疗保障、义务教育以及基本养老保险方面基本上实现了制度全覆盖,但城乡公共服务标准差距依然较大。一是城乡教育资源配置不合理,优质教育资源向城镇集中,大量的农村学生涌向城镇,导致城镇学校班额超编严重。农村虽然校点较多,但教学条件和水平远不如城镇,生源出现了逐年减少的趋势。二是农村医疗卫生条件不如城镇,乡村执业医生较少,且技术力量薄弱,特别是村级医疗保健设施简陋,农民就医难的现象依然存在。三是城镇公共文化设施较为齐全,而农村,特别是偏远乡镇公共文化设施则十分奇缺。

(三)县域产业发展水平不高

结构不优、质量不高是山地区县产业发展存在的突出问题。传统农业比重偏高,特色农业发展水平较低,普遍存在产业链条短、经济效益不高等问题。许多区县的支柱工业企业数量较少,对农业的反哺能力较弱。规模以上工业发展缓慢,在产业结构比重中总量偏小,没有形成大企业引领、集群化发展、规模化推进的县域工业格局。农业产业规模小且分散,种植养殖业农场和大户不多,农业产业化龙头企业更少,辐射带动作用很弱。农副产品仍以销售初级品为主,影响和制约了农业增产、农民增收,限制了其购买城市商品的能力,导致城乡间的关联度大大降低。同时,现代服务业活力不足,发展氛围不浓,吸纳农村人口转移能力相对较弱。

(四)体制机制不够完善

土地、资金、劳动力等重要生产要素和城乡二元经济结构是制约我国城乡融合发展的主要因素。改革开放40年来,随着现代农业发展进程加快,农业劳动生产率不断提高,城乡二元经济问题呈逐年改善趋势,但其改善程度有限。公共财政制度、城乡户籍制度、土地流转体制、失地农民保障体制等不断推进,但还不够完善,特别是与户籍制度相配套的教育、医疗、就业、社会保障等方面改革还没有完全到位,不仅影响土地、资本、劳动力等重要生产要素自由流动和平等交换的体制机制形成,而且影响农业规模化、集约化、高效化经营和农村劳动力的转移,严重制约城乡融合发展进程。

二、渝东南山地区县加快推进城乡融合发展的路径探索

城乡融合发展是一项庞大而复杂的社会工程,涉及城乡建设规划、产业发展方式、基础设施建设、公共服务和社会保障等等。我们必须以新的发展理念调整城乡关系,以新的体制机制整合城乡资源,以新的措施办法破解"三农"难题,才能为深入推进乡村振兴战略打下坚实基础。

(一)以新发展理念引领城乡融合发展

发展理念是发展行动的先导。创新发展理念,改进思维方式,是推进城乡融合发展、实施乡村振兴战略的思想保障。

一是要树立城乡融合发展的理念。城市与乡村是一个相互依存、相互促进的命运共同体。城市的繁荣离不开乡村的融入与支持,乡村的振兴也离不开城市的带动与提携。坚持城乡融合发展,就是要推动城乡要素、产业、公共服务、社会保障等深度融合,实现城乡共建共享,最终实现城市繁荣、乡村振兴。所以,只有坚持区域协同、城乡一体,把工业和农业、城市和乡村作为一个整体统筹谋划、平衡发展,才能确保乡村振兴战略的顺利实施。

二是要坚持农业农村优先发展的理念。目前,我国山地区域城乡发展不平衡、农村发展不充分较突出,应把优先发展山地区县农业农村作为解决发展不平衡不充分的重要路径。随着工业化、城镇化的深入推进,我国城市人口比重将不断提升,农业占国内生产总值的份额将进一步下降,但山地区域农业的基础地位没有变,大量农民生活在农村的国情没有变,应把支持山地区域农业发展、农民增收作为重要任务。

二是要树立以人民群众为中心的发展思想。顺应人民群众对美好生活的向往,就要做到发展成果由全体人民共享。人民群众是发展成果的创造者,也是发展成果的最大受益者。应树立以人民群众为中心的发展思想,把增进人民福祉、促进人的全面发展作为出

发点和落脚点,维护社会公平正义,保障全体人民平等参与、平等发展、平等享有的权利。只有这样,才能为推进城乡融合发展奠定坚实的群众基础。

(二)健全和完善城乡土地管理机制

一是创新土地开发模式。在严格执行土地利用总体规划和用途管制前提下,进一步明确农村集体建设用地使用权流转范围、程序和方式,建立城乡统一的建设用地市场。探索和创新土地开发利用模式,可以采取集体土地入股、留地留楼、合作分成等方式开发建设新途径,并在土地收益分配、产业用地投资促进、农林用地补偿等各个环节建立起公平的利益分享机制。

二是积极引导农民土地流转。以农村土地"三权分置"(所有权、承包权、经营权)为契机,促进农村土地的流转和收益。在稳定农村土地基本经营制度的基础上,鼓励农民按照"依法、自愿、有偿"原则,引导并支持农民将土地承包权与经营权分离,将其所承包的土地流转给集体经济组织,以促进农业用地规模化经营,为农村富余劳动力离土离乡创造条件。

三是充分利用闲置土地。闲置土地处置应当符合土地利用总体规划要求,按照依法依规、促进利用、保障权益、信息公开的原则,认真开展农村闲置土地、闲置宅基地和撂荒地普查,搞好确权、登记、颁证等工作,确保闲置土地"家底清、能盘活",为产业聚集、集约经营和公共设施建设开辟新的空间。通过农村闲置宅基地整理、土地整治等方式新增的耕地和建设用地,优先用于农村产业融合发展。

(三)大力调整农业产业结构

一是继续抓好支柱产业。充分利用本地自然资源和特色资源,大力发展传统优势产业。要围绕各自的产业基础和资源优势,积极发展主导产业,不断开发拳头产品,形成自己的独特优势,有效提升产业产品的市场竞争能力。同时,充分利用其自然特色资源,积极发展旅游业,重点发展生态休闲、乡村民俗及农业观光等特色旅游项目。通过大力发展支柱产业,不仅能有效扩大就业渠道,而且能为城乡经济交流融合提供更为广阔的空间。

二是加快农业产业化进程。渝东南各山地区县要根据自身的区位优势、资源优势和交通优势,大力发展特色农业、休闲农业和生态农业,加快推进农业产业化进程。积极拓展农业产业链价值链,发展壮大新产业新业态,重点发展生态效益型、劳动密集型产业,尤其要把农产品精深加工作为加快农业产业化发展的主攻方向。通过农村特色主导产业培育,促进农村一、二、三产业深度融合,以产业兴旺带动乡村振兴。

三是积极发展现代农业。现代农业即现代工业和现代科学技术基础上发展的农业。

只有强化科技创新驱动,着力建设一批农业规模化示范区和现代农业园区,有组织、有计划地实施农业专业化生产、规模化经营,培育一批专门从事农业生产经营的高科技专业公司,才能引领现代农业加快发展。山地区县只有积极发展高效现代农业,推进农业技术进步,加大农业科技园、科技型企业建设力度,建设一批高效农业示范基地,才能促进现代农业提质增效,为乡村振兴增光添彩。

(四)加快推进新型城镇化建设

一是加快特色小城镇建设。要因地制宜,合理布局,根据区位优势、自然条件等因素,找准乡村场镇发展的定位和方向,才能形成设施齐全、特色鲜明、品位高雅、风格各异的新型特色小镇。如,对特色资源丰富的乡村场镇,要着力建设成为资源开发型小镇;对区位优势明显、交通发达的乡村场镇,要着力建设成为商贸物流型小镇;对人文色彩突出和山水风光独特的乡村场镇,要着力建设成为旅游服务型小镇。

二是加强重点场镇建设。要用经营城市的理念经营重点场镇,切实加强重点场镇的基础设施建设。要打破交通、通讯、电力、能源、水务等基础设施发展不均衡、条块分割、市场分离状况,推动基础设施向重点场镇延伸、公共服务向重点场镇倾斜,集中投入,重点扶持,切实改善场镇的基础条件,把重点场镇建成产业发达、功能完善、辐射带动能力强的微型城市,成为打破城乡二元结构、实现城乡融合发展的切入点和突破口。

三是加大政策支持力度。通过建立农业转移人口市民化激励机制,将持有居住证人口纳入义务教育、基本医疗、基本养老、就业服务等公共服务保障范围,使其享受与当地户籍人口同等的基本公共服务。同时,实施财政转移支付政策,要同农业转移人口市民化挂钩;增加城镇建设用地规模,要与吸纳农业转移人口落户数量挂钩;政府投资安排,要向农业转移人口落户数量较多的场镇倾斜。

(五)健全完善城乡社会保障机制

一是健全城乡统一的医疗保险制度。在深化城镇居民医疗保障制度改革的同时,完善公共卫生体制,建立覆盖全社会的基本医疗保险制度。积极推进城镇居民医保和新农合制度整合,逐步建立起统一的城乡居民医保制度,推动保障更加公平、管理更加规范、医疗资源利用更加有效,实现覆盖范围、项目保障、待遇标准、医疗救助和管理制度"五个统一"。

二是健全城乡统一的养老保障制度。健全完善养老保险体系,弥补现行制度的缺失,对已有制度进行调整和完善。健全农村社会养老保险制度,尤其要落实好失地农民的养老保险措施,完善农村"五保"老人供养机制,推进农村养老保险向城镇养老保险体系转移,建立统一制度、统一标准、统一待遇、统一流程的经办管理模式,努力实现城乡社会养老保障制度一体化。

三是健全城乡统一的社会救助机制。健全和完善以政府救助为主导、社会互助为补充、制度建设为重点的城乡一体化、管理规范化、服务社会化的新型社会救助体系。加快形成城乡低保、医疗救助、灾害救助、应急救助和社会互助相结合的社会救助框架,为城乡居民特别是困难群体提供可靠的社会救助保障。

综上所述,城乡融合是社会发展的必然趋势。坚持城乡融合发展,是做好新时代"三农"工作、实施乡村振兴战略的重要抓手和有效举措。《中共中央国务院关于实施乡村振兴战略的意见》指出,坚持城乡融合发展,要"推动城乡要素自由流动、平等交换,推动新型工业化、信息化、城镇化、农业现代化同步发展,加快形成工农互促、城乡互补、全面融合、共同繁荣的新型工农城乡关系"。

面对新时代、新任务和新要求,区县各级干部和广大群众必须以实现乡村振兴为目标,以改革创新为动力,求真务实,担当作为,久久为功,不断推进城乡融合在新的时代取得新的成效、实现新的发展。

参考文献

[1]姜长云.坚持走城乡融合发展道路[J].经济研究参考,2018,(24):30-32.
[2]张憬玄.城乡融合发展促乡村振兴[N].中国社会科学报.2018-06-13(07).

刘洋
男,中共石柱土家族自治县委党校讲师。

渝东南地区农民共享信息化成果的实践与探索

杨雪春

摘　要：实施乡村振兴战略，渝东南地区应贯彻新发展理念，促进农业农村信息化，让农民共享信息化发展成果。本文以渝东南地区为例，阐述了渝东南地区农民共享信息化成果现状，分析其存在的困境，提出了促进农民共享信息化成果的五点建议。

关键词：信息化成果；农民共享；现状与困境；对策建议；渝东南地区

一、渝东南地区农民共享信息化成果现状

（一）信息基础支撑能力逐渐增强

截至"十二五"末，渝东南地区信息基础设施建设成果丰富：秀山县实现行政村光纤全覆盖；酉阳县实现乡镇（街道）4G通信网络全覆盖；黔江区实现乡镇4G网络、行政村宽带网络全覆盖；彭水县基本实现家家有电视、户户通电话，4G、3G网络基本覆盖乡村；石柱县实现城区及乡镇场镇4G网络全覆盖，行政村宽带覆盖率100%；武隆区实现乡镇4G网络全覆盖，183个行政村实现光纤通达。"十三五"开局以来，渝东南各区县均向着更高的信息化目标奋进，推进通信网络实现全域化，加强"三网融合"发展，推进"互联网+"行动计划，推动信息技术与农业农村全面深度融合。党的十九大以来，渝东南地区围绕"着力实施以智能化为引领的创新驱动发展战略行动计划、乡村振兴战略行动计划、基础设施建设提升战略行动计划"等重庆市委、市政府安排的中心工作，细化信息基础设施网络建设目标，有序推进相关工作。

（二）"三农"信息化服务明显提升

国家"三农"信息化服务平台已建立，12316"三农"综合信息服务范围覆盖到了渝东南

地区。各区县的政府门户网站或重要部门门户网站、区县农业农村门户网站以及县域性的综合信息网站等基本建成,如综合信息类网站"秀山在线""秀山之窗""秀山论坛""武陵传媒网""彭水在线""石柱生活网""爱武隆"等,分类信息网站如旅游方面的"酉阳桃花源""武隆旅游网",以及部分网站升级建成手机App客户端。公益服务、便民服务、电子商务和培训体验已经进村到户。如2018年5月开通的"重庆社保"微信公众号,让乡村里的农民可以在移动端自行完成医保缴纳等;又如"重庆群工系统"的"民事反映、民事代办、云课堂、惠民政策"等功能让地处山区的老百姓"足不出户、不出村"办好事,享政策,群众拍手称好;再如秀山的"村头+武陵生活馆"农村电商模式在解决农村电商"最后一公里"上多了一种选择可能。再如黔江区的电信"旅游短信推送"功能让外地客人一入区内就可知晓当地的特色旅游项目,不免激起饱览当地风土人情自然风光的念头。

(三)农村管理信息化持续推进

视频会议系统已经延伸到渝东南地区所有乡镇,如"农村党员干部远程教育平台"在便民中心落地。信息系统已覆盖到农业行业的预警防控、指挥调度等,医卫行业的分级诊疗、老年人慢病管理、新生儿预防接种、医保卡定点消费结算等重要业务。农产品质量安全追溯体系建设快速推进。比如秀山打造的"武陵遗风"品牌土家蛋就印有二维码,扫码可以查询这枚蛋的产地、时间与农户等信息,也如旗下的"秧青米"也采用二维码实现追溯。渝东南地区部分乡镇正在试点进行的"资源变资产、资金变股金、农民变股东"的"三变"改革,所涉及的诸如农村土地确权登记颁证、农村土地承包经营权流转、土地拓管等相关数据,也将进入信息化管理系统。

(四)生产经营信息化快速发展

空间信息、移动互联网等信息技术在渝东南地区农业土地用途的在线监测上得到应用。如农户申请占用某块农地修建农房,区县国土相关部门已能应用以上技术上门快速实测服务,以初步确定土地使用证的可获取性。农村电子商务在地区内竞相迸发,出现了"酉阳模式"和"秀山模式"两种类型。每个区县都成立了电商办之类的机构,农产品进城与工业品下乡双向流通的发展格局正在形成。如秀山"互联网+"产业链条已覆盖全县近七成农户,创新构建三级物流网络助推降本增效,优化348家乡村服务店运行模式,不断完善"T+1""1+T"城乡双向物流模式。又如秀山云智科贸企业建立"云智速递"以实现这"最后一公里"的互动,依托电商云仓和武陵物流专线,打造武陵山快递分拨中心,整合快递企业全国物流网络资源。2017年,秀山电商交易额、网络零售额、农产品电商销售额分别实现91.32亿元、17.23亿元、8.15亿元,分别增长33.14%、39.18%、46.06%。同年,酉阳县建成223个村级电商服务站,新增网店2000余家,发展网商3000余人,全县电商交易额达30亿元。

二、渝东南地区农民共享信息化成果的困境

从上面对农民共享信息化成果发展现状的分析、比较、对比和判断中,可以发现渝东南地区农业农村信息化已经起步,但存在以下困境。

(一)农民生产经营信息化意识淡薄、缺信息技能,阻碍现代化农业推进

信息化意识即具有往信息化方向思考问题的倾向,信息技能即具有运用信息技术解决实际问题的素养与能力。调查统计表明,渝东南地区农村信息化意识薄弱,大部分村民未使用过农业信息平台,从来没有打过农业咨询热线,基本不会也不想通过网络售卖农产品,更没有意识建立农产品信息网站,即使有想过网络售卖农产品的村民,在问及会不会网络售卖农产品的时候也选择不会。实地调查村委会发现,渝东南地区90%的村委会具有网络化设备,具有信息化网络化办公的条件,但因村委对农业信息化平台认识不足或因缺乏信息技能,村委的农业信息意识同样薄弱,并未起到带头作用,未能引导农民提高农业信息化意识。新型农业经营主体虽然认识到生产经营信息化的重要性,但生产经营信息化的广度和深度严重不够,严重阻碍现代化农业的推进。

(二)乡村信息网络基础设施不健全、缺统筹规划,阻碍城乡融合发展

乡村信息网络基础设施是农村网信工作的基础,农村网信事业是网络强国战略的重要组成部分。乡村信息网络基础设施是否达到高速、移动、安全、广泛的要求,会直接影响网络强国战略的实施与成效。渝东南地区不少乡镇由于资金缺乏,农村网络基础设施建设滞后,互联网普及率尤其是接入能力还比较低,农业信息技术标准和信息服务体系尚不健全,缺乏统筹规划与科学的管理,重要信息系统安全面临严峻挑战。更为严重的是信息网络基础设施建设中存在"重城轻乡"现象,多规未合一,统筹力度、范围相当不够。造成了地区内城里人能用上良好的网络,乡村里"全光网"仍有大面积死角,阻碍着城乡融合发展。

(三)线上管理服务内容建设不成整体、缺数据共享,阻碍互联互通形成

渝东南地区目前还存在线上服务内容聚焦"三农"不强,"三农"社群培育、引导、监管一体化机制不完善等问题。农村信息资源条块分割,各区县的科委、科协、农业局、林业局、水利局、气象局等相互沟通与协调不够,涉农信息资源事项无国家统一标准。农村信

息网络设施如"金农工程"、科技信息"直通车"工程、电话"村村通"工程、教育"校校通"工程的相关系统平台未互联互通,仍存在"信息孤岛"与"数据烟囱"。这让数据共享开放无法实现,信息的作用没有充分发挥。

三、促进农民共享信息化成果的思考与建议

(一)坚持以人民为中心,推进农村网信事业

坚持人民主体地位,走好网络群众路线,以满足广大农民群众的信息需求为目的,全面推进农村网信事业。切实加强农村网信工作组织领导,确保农村网信事业沿着正确方向前进,拓宽地方网信办的业务范围,做好农村信息员培训,让农民群众在信息化改革发展中有更多获得感、幸福感、安全感。

发展网信事业要向渝东南民族地区倾斜,让民族地区农民群众获得更多的信息技能、增强信息化意识底蕴。各民族地区禀赋不同,要结合各区县民族地区的不同特点,制定长远规划,有的放矢,精准网信扶贫。让每一个民族地区都焕发生机,呈现千村在"云端"的美好景象。着力加强渝东南民族地区信息基础设施和网格条件建设,让农民更公平地享受信息化改革发展成果;着力推进信息进村入户,并逐步覆盖到更多的乡村;着力做大做强农业电子商务,形成线上与线下相结合、农产品进城与农业生产资料和农村消费品下乡双向流动的多样模式。

(二)贯彻新发展理念,打好网信脱贫攻坚战

推进渝东南民族地区农村网信事业全面发展,必须深入贯彻创新、协调、绿色、开放、共享发展理念,坚持以经济建设为中心,推动经济发展质量变革、效率变革、动力变革,深化脱贫攻坚,实施乡村振兴,才能为补齐农村信息基础设施建设的突出短板奠定坚实的物质基础,才能为我们运用互联网更多服务贫困地区农民群众打下坚实的经济基础。实现人民对美好互联网生活的向往,加快推进农业农村现代化是破解矛盾的重要路径。

作为欠发达地区的渝东南民族地区,首先应打好脱贫攻坚战。应优先构建贫困区县信息网络格局,发展数字经济,如"网络服务要统筹建好一片云";加快出台特定贫困户脱贫政策,如"研究特定贫困户用好互联网等兜底政策";侧重细化深度贫困村相关政策,如"研究出台山区田间地头Wi-Fi技术规划";积极培育深度贫困乡镇财力,如"研究连线连片深度贫困乡镇区域发展政策,促进信息网络等基础设施互联互通"。

(三)构建城乡新关系,推进城乡网信融合发展

构建渝东南民族地区城乡新关系,让乡村更美丽,乡村居民逐步过上高品质生活,居住也慢慢向小城镇靠近。同时,让城镇避免陷入建高楼却道路拥堵、房价高却缺少青山绿水、高品质生活严重不足的困境。高品质生活理应包括丰裕的网络软硬件资源、通畅的利益诉求网络表达机制、坚实的网络文化底蕴、清朗的网络空间氛围。

当前,渝东南民族地区要建立网络综合治理体系,完善公共信息服务职能。为此,应创新网络治理,建立起"党委领导、政府负责、社会协同、公众参与、法治保障、技术支撑"的网络综合治理体系,让网络空间更加有序和谐清朗;建立健全社会利益的线上沟通平台和协调机制,坚持正确舆论导向,高度重视传播手段的现代化,应用区块链,提高网络信息的传播力、引导力、影响力和公信力;打造价值网络,建立阳光政府,让信息化改革发展成果更多更公平地惠及更多农民。

(四)培育网络文化,增强农民互联网意识

文化是"根"与"魂"。文化兴国运兴,文化强民族强。渝东南民族地区应坚守中华文化立场,立足当代中国现实,结合当今网络时代条件,加强网络文化建设,培育网络文化。培育网络文化应以移动手机为载体,增强互联网意识。引领农民群众树立"平台意识",具备"跨界思维""大数据思维",整合资源,联通信息孤岛,拔掉数据烟囱,为各项工作生活插上互联网的"翅膀"。

当前,渝东南民族地区应让手机成为农民群众生活中的"好帮手"、致富路上的"好伙伴"、生产中的"土专家",让手机建立属于农民群众的网络"生态圈"。有意识地倡导以村或家庭或亲友为单位建立网络社群,如QQ群,微信群等,以便大家互联互通、互帮互学,积极引导农民群众在出行购火车票、视频通话、看病网络预约挂号,甚至小额信用贷等方面体验"一机在手,生活无忧"的便捷、快速。

(五)加强和创新社会治理,推动农民融入"互联网+"

创新社会治理,必须充分尊重人民的意志,反映人民的意愿,充分发挥人民群众创造历史的巨大智慧和力量。政府治理中,"互联网+"行动计划的提出正是尊重广大人民要充分就业的意志,快速地响应广大人民要大众创业、万众创新的意愿。推动渝东南民族地区农民融入"互联网+"行动,努力实现政府治理和社会调节、农民自治良性互动,进一步促进农民群众共建共治共享信息化成果。

首先,要把教育事业放在优先的位置。针对农民群众的职业教育、网络教育、媒介教育,要优化培训内容形式,开发教育培训资源,增强针对性和先导性,完善职业教育和培训

体系,深化产教融合、校企合作。进一步做实农民就业创业培训。办好农村地区的学前教育,让儿童媒介素养内容进课堂,激发网络原住民的"互联网+"意识萌芽。营造全社会尊师重教的良好氛围,保障教师的权益。

其次,要坚持就业优先战略和积极就业政策。充分运用好"互联网+"带来的先机,大规模开展在线式农民职业技能培训,促进农民工多渠道就业。因为就业是最大的民生,是保障和改善人民基本生活、用得上网、用得起网的重要条件。

最后,要加强对农民群众的国家安全教育,特别是网络安全教育,以有效维护国家安全。网络空间已成为领土、领海、领空、太空之外的"第五空间"或叫人类"第二类生存空间",已成为国家主权延伸的新疆域。其中网络运行安全和网络信息安全内容是网络安全教育的重点。各级政府要将网络安全有序纳入农民工创业就业培训计划,培训机构或企业培训内容要突出时效性和针对性,增强个人信息保护意识,努力提高防范和抵御网络安全风险能力。

杨雪春
男,中共秀山土家族苗族自治县委党校讲师。

深化脱贫攻坚,推进山地区县乡村振兴
——以重庆市秀山县钟灵镇凯贺村为例

杨华秀

摘　要:秀山县属于武陵山连片特困地区的典型山地区县,退出国家扶贫开发工作重点县后,仍面临很多问题。当前,既要以深化脱贫攻坚工作为统揽,更要推进秦巴山区乡村振兴战略的实施。本文以秀山县钟灵镇凯贺村为例,总结了山地区县脱贫攻坚取得的成效,分析了脱贫攻坚存在的主要问题,提出了深化脱贫攻坚,推动山地区县乡村振兴的对策建议。

关键词:脱贫攻坚;成效及问题;乡村振兴建议;山地区县

秀山县地处武陵山腹地和渝、鄂、湘、黔边区结合部,系渝东南门户,是重庆市最边远的县和武陵山地区连片特困地区的贫困县之一。2017年,秀山县通过国家第三方评估验收,退出国家扶贫开发工作重点县,但仍然面临很多问题。从艰巨性来看,脱贫是低水平的脱贫摘帽,不稳定因素多,容易返贫,离高质量稳定脱贫的要求有一定差距;从现实来看,剩下的都是难啃的硬骨头,是条件较差、基础较弱、贫困程度较深的地方和贫困户,越往后,脱贫攻坚和巩固脱贫攻坚成果难度就越大。当前要以深化脱贫攻坚为统揽,推进乡村振兴战略的实施。本文以贫困村秀山县钟灵镇凯贺村为例提出一些对策建议,或许对集中连片特困地区有所借鉴。

一、凯贺村脱贫攻坚取得的成效

凯贺村位于秀山县钟灵镇腹心地段,距镇政府2千米,辖区面积13.7平方千米,辖9个村民小组,共837户、3860人,低保户49户、108人,残疾人58户、63人,五保户24户。2014年,经县政府审批确认为贫困村,全村以银花、茶叶为主导产业,其中银花3000余亩,茶叶

1300余亩。现有建卡户58户268人,其中已脱贫户48户216人,未脱贫户10户52人。凯贺村脱贫攻坚取得以下成效。

(一)基础设施明显改善

全村共投入项目建设资金1498余万元,实施包括通组公路、河堤整治、便民桥、饮水工程等在内的基础设施建设项目43个,惠及群众4000余人,基本解决"八难"、实现"八有"。完善村级便民服务中心功能,建立村级文化活动中心,设立农家书屋、阅览室、活动室、书画室等功能室。建成2个标准的村级群众文化活动广场、文化长廊,建有幼儿园1所、塑胶篮球场1个。

(二)惠民政策全面落实

实现民政兜底脱贫6户21人,落实各类贫困学生资助,全村适龄儿童入学率达100%。落实医疗救助政策,建卡贫困户参加新型合作医疗达100%,为建卡贫困户购买大病医疗补充险等相关保险。落实住房保障,实施高山生态扶贫搬迁3户14人,实施危房改造113户,对全村39户居住条件较差的建卡贫困户、低保户、残疾人家庭进行人居环境改善;落实建卡贫困户土地复垦7户。

(三)教育扶贫成绩斐然

坚持把抓好教育作为防止贫困代际传递的重要手段,作为乡村文化振兴的基础性、长远性工作。教育引导群众重视教育,形成人人关心教育、家家支持教育的良好氛围。落实建卡贫困户、低保户等学前、义务教育、普通高中、高等教育保障政策。近年来,全村考入本科以上的学生60余人,其中12人被四川大学等名校录取。

(四)产业发展稳步推进

按照"一村一品"思路,结合村情,做大做强以茶叶、银花为主的特色效益农业。巩固银花基地3100亩,补栽改良银花1.2万株,新栽植茶叶200亩。规划实施楠木至霸王坡瀑布项目。实施素质提升工程,定期举办各类技能培训,引导创业就业。积极申报涉及农业产业发展资金补助项目,稳步推进金融扶贫。

(五)文明乡风逐步形成

成立村文艺表演和宣传队,编排群众喜闻乐见的歌舞、三句半等,用文艺形式宣传生活中的好人好事好风尚、党的方针策。积极开展丰富多彩的群众文化活动,繁荣农村文化。持续开展治理红白喜事大操大办,大幅减少群众支出,形成乡村文明新风貌。开展以爱国卫生运动为内容的综合治理环境卫生工作,发放分类型垃圾桶550个,落实村级清洁工人5名,开展卫生村寨和清洁卫生户评比,群众生活环境明显改善。

二、凯贺村脱贫攻坚存在的主要问题

(一)因病致贫返贫成为硬伤

因病致贫始终是脱贫攻坚工作面临的最大障碍。凯贺村10户未脱贫户中,9户为因病致贫。2017年动态调整时,全村新增的4户贫困户以及全镇2018年脱贫攻坚大排查中新增的11户贫困户均因病致贫,部分已脱贫户中因病返贫风险高。贫困的"代际问题"值得高度重视,由于优生优育知识不足,个别家庭集中出现憨傻痴呆现象,全村有10户贫困户中的家庭成员有精神或智力问题。

(二)产业发展仍是短板

银花产业曾经是全村的举旗产业。由于近年来价格回落,群众种植积极性受挫,银花产业荒废现象严重。在产业发展中存在以下问题:一是发展产业愿望不强。农业是弱势产业,受价格、市场、气候、劳动力等诸多因素影响,风险和不确定性大,投入劳动力与产出价值不对称,群众发展产业积极性不高。二是发展面临缺少劳动力的困境。目前,全村主要劳动力大多外出务工,留在家中的青壮年主要从事运输、建筑以及第三产业,不愿从事种养殖业,产业发展面临缺少劳动力的问题。三是产业发展的项目较为单一。如乡村旅游等其他产业发展相对滞后。

(三)基础设施仍然薄弱

尚有矮梯组至勤垛组、勤垛组至霸王坡组以及龙虎屯组的通组公路未建成和硬化。霸王坡组至杠香坳的产业路需新建。这些通组公路海拔高、坡度陡、弯道急,所需建设资金大。龙虎屯、矮梯等4个组的路灯尚未安装。村境内梅江河龙虎屯至关山段河堤需整治,矮梯河堤需进行全流域整治;需新建便民桥3座。全村自来水未实行集中供水,污水管网尚未接入镇上的污水处理厂。

(四)内生动力较为不足

一是心理失衡。在脱贫攻坚工作中,各项精准脱贫政策,不管是项目资金,还是节日慰问、平时走访等,主要集中在建卡贫困户,使部分未评为贫困户的群众心理失衡,甚至出现争当贫困户现象的非正常现象。二是坐等扶贫。为了能顺利通过扶贫验收,从某种程度上说政府在脱贫攻坚中是大包大揽,忽略了群众的参与性和内生动力。如在人居环境改善和入户便道的建设中,部分贫困户不投入劳力,就是经常说的"政府干、群众看"。依赖思想严重,个别人自己能够解决的问题,也要求村上解决;个别贫困户的一些无理要求得不到满足后,公开威胁说要在上级检查或民意调查时不如实反映。个别人小农意识、利己主义思想较严重,对自身有利、有益的事就支持,无关的就漠不关心,甚至干涉阻挠。

三、深化脱贫攻坚,推动山地区县乡村振兴对策建议

(一)加强普惠性基础设施建设

加强普惠性基础设施建设,可以防止脱贫攻坚中出现新的发展不平衡,提高全体村民的获得感、幸福感。但基础设施建设要量力而行、分步实施。未来几年,凯贺村要力争完成矮梯至勤垛组、勤垛至霸王坡组以及龙虎屯组的通组公路建设、硬化。新建霸王坡组至杠香坳产业路。安装龙虎屯、矮梯等4个组路灯。完成村境内梅江河龙虎屯至关山段、矮梯河堤整治,新建便民桥3座。利用在红砂村(海拔高于凯贺村的红砂河)修建的自来水供水点,对全村实行集中供水;将建成的污水管网接入镇上的污水处理厂,提高污水处理能力。利用好国家出台的贫困地区农村人居环境整治三年行动的历史机遇,完成全村人居环境整治目标,推进卫生厕所改造。利用好国家制定的加大贫困地区新一轮退耕还林还草支持力度的相关政策,将25度以上坡耕地、陡坡梯田、搬迁撂荒耕地纳入新一轮退耕还林工程范围,拓宽收入渠道。

(二)坚定不移推进产业发展

产业兴旺其现实意义就是实现就业和增加收入。产业发展不可一蹴而就,必须久久为功。从全县来看,重点做大做强以中药材、茶叶、油茶、果蔬、畜禽养殖为主的特色效益农业。从镇、村来说,应根据全县产业发展重点,根据实际合理选择项目,切忌东一榔头西一棒子。村情相似的,可以构建"多村一品"产业发展格局。就凯贺村而言,一是坚定不移地发展银花产业。20世纪80年代初,全村就开始种植银花,2010年前后规模达到了4500多亩,户均收入达到1万元左右。银花易于栽植和管护,采摘花期集中,对劳动力要求也不高。目前,银花价格回升,为发展银花产业带来了机遇。现重要的是引导发动群众管护好原有银花,对荒废的进行补栽,扩大规模。同时,做好扶贫小额信贷工作。今年秀山县把钟灵镇作为扶贫小额信贷试点乡镇,年底前实现全镇符合条件的建卡贫困户扶贫小额

信贷全覆盖目标,贷款额度为3~5万。全村符合条件的建卡贫困户如按40户成功放贷计算,可为全村带来近两百万的产业发展资金。这些资金重点用于发展银花、茶叶以及养殖业和第三产业。通过金融扶贫带动,进一步促进全村产业发展。二是积极发展乡村旅游。凯贺村发展乡村旅游有一得天独厚的自然条件,就是位于楠木组桐油沟的瀑布群。这里森林葱郁、古藤环绕;石崖峻秀,重峦叠嶂;溪水清澈见底,山泉叮咚,四季长流。大大小小的数十个瀑布,或飞流直下,或温柔婉转。这里空气负氧离子浓度高,是天然氧吧,具有较高的开发价值和前景。重点以观光、休闲、康养、娱乐为主题,做好瀑布群开发工作,推进乡村旅游发展。三是结合当前开展的土地确权工作,积极稳妥推进全村农村资源变资产、资金变股金、农民变股东改革,不断壮大农村集体经济,让贫困群众在产业发展中长期受益。

(三)拓宽增收致富渠道

一是做好就业扶贫。当前,务工收入仍是家庭收入的主要来源,全村常年外出务工的青壮年在800人左右,房屋修建、学生教育以及就医等较大资金支出主要靠务工收入。可以说转移劳动力、推进就业扶贫仍是当前实现稳定收入和脱贫致富的重要渠道。首先是提高劳务组织化程度。就贫困村来说,以村民小组为或以家族为单位,是目前提高劳务组织化程度的主要方式。积极引导外出务工人员抱团发展、互通信息、资源共享、守护相助,最大限度降低务工面临的风险。其次是利用好政府开发多种形式的公益岗位,优先安排贫困群众参与农村人居环境整治、基础设施等项目建设,优先吸纳贫困家庭、低保户的劳动力参与生态护林、保洁、管水等工作,增加劳务收入。再次是积极组织有就业培训意愿的贫困家庭适龄劳动力参加岗前培训、订单培训和实用技能提升培训,享受职业培训政策,提高脱贫能力。对村里初中毕业后未考入高中的学生,引导进入县职教中心和市内职高学习,提高知识水平,掌握实用技能,促进高质量的就业。二是做好易地扶贫搬迁工作。据调查摸底,目前全村有5户贫困户具备搬迁条件和搬迁意愿。积极宣传好落实易地扶贫搬迁政策要求和规范标准,严守贫困户住房建设面积和自筹资金底线,确保符合规定、享受政策。搬迁后,做好后续产业发展和劳动力转移就业工作。对自然条件较恶劣的霸王坡和勤垛两个组,结合乡村振兴战略,逐步实施整组搬迁,鼓励有条件的先行搬迁,形成示范效应。三是做好土地复垦工作。今年全村有51户纳入复垦验收对象,要严格按上级要求按时按质完成复垦工作,确保顺利通过检查验收。初步估算,户均将增加8万元左右收入,增加集体收入60余万元。

(四)深入实施好健康扶贫

防止因病返贫、因病致贫最重要的在于预防。国家层面的扶持在于,继续将符合条件的农村贫困人口全部纳入城乡医疗救助范围,落实贫困人口参加城乡居民基本医疗保险个人缴费财政补贴政策。县级层面的扶持,重点在于加强镇卫生院建设,落实镇卫生院至少设立1个全科医生特岗政策,为贫困群众提供基本健康服务。凯贺村离镇卫生院较近,普通病可在镇卫生院就诊,有效减少医疗支出。县、镇医院每年应组织业务骨干开展专项行动,加强慢性病、常见病的防治,尤其对农村常见的妇女宫颈癌、乳腺癌等疾病的检查筛查,降低因病致贫返贫风险。当前,虽然开展了乡村医生签约服务,但落实方面还存在一定差距。一方面加强对村民的宣传引导,运用落实好签约服务政策,动员群众定期做好常规性检查。另一方面要防止一签了之,签约医生要统筹安排好时间,积极为妇幼、老人、残疾人等重点人群开展健康服务,特别是做好农村较为常见的糖尿病、结核病、高血压、精神障碍等慢性病的检查预防。

(五)统筹做好精神扶贫和保障性扶贫措施

治贫要先治愚、治贫必须治懒。坚持扶贫与扶志、扶智相结合,激发贫困群众的内生动力,实现"输血式"向"造式血"转变。一是开展扶志教育活动。驻村工作队、村干部要充分利用入户走访、村组会议、群众会等,开展了以"自强、感恩、文明"为主题的一系列扶志教育活动,引导贫困群众树立自力更生、自强不息、劳动光荣的思想观念和感恩意识,同时要防止政策养懒汉、助长不劳而获和"等靠要"等不良习气的影响。二是坚持法治、德治与自治相结合。开展治理子女不赡养老人等问题的专项行动,对不履行赡养义务、严重违反公序良俗等行为人予以惩戒。当前,要结合开展的扫黑除恶专项斗争,严厉打击农村赌博现象。进一步发挥村规民约的引导激励、约束惩治作用,深入持久开展治理红白喜事大操大办。三是推进乡村文明建设。开展移风易俗活动,积极倡导"文明节俭、向上向善"理念,大力弘扬社会主义核心价值观,培育健康文明生活方式。积极开展广场舞、篮球赛等群众性文体活动,丰富群众精神文化生活,形成乡风淳美、家风淳正、民风淳朴新风。四是落实好保障性政策。教育资助方面,宣传、落实好从学前教育到大学全覆盖资助政策,特别是普通高中、高等教育阶段资助。对于家庭困难的大学生要用足政策、全力资助,决不能出现因贫困而辍学和因经济困难而上不了大学的现象。对完全或部分丧失劳动能力,无法依靠产业和就业帮扶脱贫的贫困人口,要综合运用社会救助、社会保险、社会福利保障体系;另一方面,完善农村低保制度,特别要结合农村实际,科学合理确定低保对象认定方法,依规纳入低保范围,提供兜底保障。

参考文献

[1]钟韶彬.深化精准扶贫 助推乡村振兴[J].南方农村,2018,34(01):39-42.

[2]王红霞.贵州乡村产业振兴研究[J].理论与当代,2018(07):17-19.

[3]孙久文,张静.论从开发式转向开发与保障并重的新扶贫模式[J].西北师大学报(社会科学版),2019,56(01):116-122.

杨华秀

男,中共秀山土家族苗族自治县委党校讲师。

对秀山美丽乡村建设的几点思考

李伟丽　文明

摘　要：在全国上下全面深入贯彻党的十九大精神，大力实施乡村振兴战略的时代背景下，"三农"工作再次成为全党全国关注的热点。要振兴乡村，就要让乡村有希望，让农业有奔头，让农民有更多获得感。而美丽乡村建设必然会成为乡村振兴战略的重要议题。本文阐述了秀山县美丽乡村建设需要进一步统一思想认识、摸清发展家底和找准存在的主要问题，并就下一步推进美丽乡村建设提出建议。

关键词：美丽乡村；初步成效；主要不足；建设思考；秀山县

2018年中央一号文件就如何实施乡村振兴战略进行了全面安排部署。按照党中央的部署和重庆市委、市政府的要求，秀山县委、县政府因地制宜，大胆探索，科学规划，在实施乡村振兴战略中大力推进美丽乡村建设，努力解决人民群众日益增长的美好生活需要与发展不平衡不充分的矛盾，不断提升农民群众的幸福感与获得感，为实现决胜全面建成小康社会目标打下坚实的基础。

一、美丽乡村建设是实施乡村振兴战略的重要内容

按照乡村振兴战略的总要求，要让农业成为有奔头的产业，农民成为有吸引力的职业，农村成为安居乐业的美丽家园，需要全党全国各族人民的共同努力。家园要美丽，就要以推进美丽乡村建设为切入点，改善农村生态环境，增加农民收入，增强农业发展能力，不断提升农民幸福生活指数，全国人民共同实现小康生活目标。

首先，一定要统一思想认识，积极探索，主动作为。各级各部门干部要认识到实施乡村振兴，推进美丽乡村建设，既是一项经济工作，更是一项政治任务，必须按照中央的决策部署，在集中统一领导下，对标对表，立足当前，着眼长远，统筹规划，稳步推进。

其次,要充分调动农民群众的参与积极性,发挥好主人翁精神。推进美丽乡村建设,农民群众应该是主体,党委政府主要是帮扶引导和政策支持,让农民群众认识到在党的领导下,农村一定能够建设得更好,要让新生代农民消除去农化思想,意识到在城市打拼不一定是唯一的出路,生活在农村并不比在城市差,也可以通过返乡创业获得成功,过上让城市人羡慕的美好生活。

第三,要发动社会力量参与美丽乡村建设,党委政府在政策支持和体制机制上要为民营企业、城市资本、工薪阶层、乡贤能人等参与美丽乡村建设创造条件。一方面通过以奖代补、道德弘扬等方式,调动社会资本参与的积极性;另一方面要保护好乡村建设的原生性和文化根基,让城市人在乡村望得见山,看得见水,记得住乡愁,让全社会都来保护好传承好几千年来的农耕文化。

二、秀山县美丽乡村建设推进成效

近年来,秀山县委、县政府大力推进以农村环境卫生综合整治、农村基础设施建设、特色效益农业、乡村旅游、农村危旧房改造为重点的美丽乡村建设,取得了初步成效。

(一)农村环境卫生整治成效初显

秀山县在突出农村环境综合整治与脱贫攻坚相结合、与人居环境改善相结合、与美丽乡村建设相结合、与环境保护相结合的基础上,实现了农村环境综合整治全覆盖,切实加强农村环境治理工作。一是强化治理氛围。采取召开现场会和"干部走上街·城市上台阶"活动等形式宣传农村生活垃圾治理工作的意义。各乡镇(街道)以村规民约、倡议书等方式进行了广泛宣传,群众的参与度明显提高。二是加大资金投入。目前市级财政补贴治理资金500万元,已划拨到各乡镇(街道),每个乡镇补贴50万元集镇建设管理资金,每个行政村(居)补贴1万元专项整治资金。三是加强配套建设。投资1810余万元配备补齐136个行政村(居)环卫设施设备,投资280余万元完成乡镇垃圾中转站、水电安装及室内整改项目,基本实现环卫设施设备全覆盖,有效保障了农村生活垃圾的收集、转运、处理。全县共配有清扫保洁人员1200余人,基本实现清扫保洁全覆盖。四是强化转运模式。立足节约、高效,进一步建立健全"户分类、村收集、镇转运、县处理"的工作体系,整合各乡镇垃圾中转站、转运车辆等现有资源,打破以往乡镇垃圾中转站区域界线,分为7个片区就近收集、转运和处理农村垃圾。五是强化长效管理。将农村生活垃圾治理纳入县政府对乡镇年度考核内容,安排200万元用于以奖代补资金,对每季度优秀的乡镇(街道)补贴2万元的治理经费,对连续2次不合格的乡镇(街道)由组织部门进行诫勉谈话。

(二)农村基础设施日新月异

秀山县全面加快农村路、水、电、通信等基础设施建设,整体改善了农村面貌与生产生活环境。一是加强农村道路建设。2015—2017三年统筹各类资金8.75亿元,三年建成农村公路1532千米,行政村通畅率、撤并村通达率均高达100%,村民小组通畅率达85%。基本实现村村寨寨通水泥路,新硬化农村公路1000千米,逐步实现实际居住20户以上的村寨院落公路全通畅。二是解决农村饮水安全问题。2017年以来,全县完成农村饮水安全建设投资7320万元,实施农村饮水安全工程522处,铺设输供水管道6430千米,全面解决饮水困难人口12.6万人。三是完善农村其他基础设施、公共服务设施。加快农村输电线路升级改造,安全电、同价电实现全覆盖。新建光缆2750千米,行政村宽带实现"村村通"。乡镇4G网络、村级便民服务中心、卫生室、便民超市、图书室等实现全覆盖。

(三)农业产业特色效益初显

秀山县努力提升农业产业的带动效果,坚持把壮大农业产业放在发展的首要地位,新培育新型农业经营主体33家,2016年以来新增以中药材、茶叶、猕猴桃、特色果蔬、各类养殖业为主的基地面积累计达到10万亩以上。全县油茶产值上亿元。县级连续3年共落实1.519亿元"一村一品"产业发展资金,按照"一村一品"思路发展特色效益农业,中药材、茶叶、油茶、果蔬产业基地规模分别达到25万亩、9万亩、16.2万亩、20万亩,年出栏土鸡1000万羽。推进"一村一品"产业扶贫战略,大力发展农村电商产业,被确定为全国电子商务进农村综合示范县,建成重庆市首个阿里巴巴"农村淘宝县"。

(四)农村住房基本保障

秀山县以切实消除农村贫困群众住房安全隐患,改善贫困群众居住条件为目标,结合全县脱贫攻坚工作,全力推进农村危房改造。通过大排查,基本实现村村到边、户户见面,基本摸清全县农村危房改造情况。全县共改造农村危房6657户,改善了农村住房条件,做到了改造不留隐患、不留盲点、不留死角。

(五)乡村旅游星星点点

目前已制定全县乡村旅游规划,建成乡村旅游景点30个,农家乐110余家,培育乡村旅游接待户444户,涌现出清溪场镇龙凤花海、"玫瑰之约"、钟灵镇凯堡茶园、洪安镇溜沙茶园、官庄镇雅都荷花、梅江镇兴隆坳农业园区、洪安镇贵亚水果基地、龙池镇洞坪休闲观光基地、里仁镇莲藕基地、孝溪乡蓝莓基地、石耶镇余梁休闲观光基地等一大批休闲农业基地。洪安镇、清溪场镇纳入创建市级全域旅游示范镇,大溪乡丰联村纳入创建市级全域旅游示范村,官庄镇雅都村、洪安镇新田沟村等15个村被列入全国乡村旅游扶贫重点村,梅江镇民族村等8个村落成功列入中国传统村落名录,成功申报特色小镇1个,建设绿色村庄6个。里仁镇南庄村、钟灵镇凯堡村等6个村被命名为中国少数民族特色村寨。隘口镇新院、清溪场镇龙凤村等8个村(居)和洪安镇贵亚、贵措、贵塘、美其美丽乡村示范片已获得市农委美丽乡村示范村建设资金支持。

三、秀山县美丽乡村建设的主要不足

秀山县在美丽乡村建设上虽然取得了明显成效,但仍然有许多不足,主要体现为:

一是在合力联动上有差距。美丽乡村建设需要各级各部门相互协调、共同推动,各相关部门都积极响应并制定本部门的行动计划,但调研发现,目前全县各级各部门联合联动机制不健全,导致联动效率不高,特别是农业、交通、旅游、文化、环保、林业、水务等多方面的力量未得到有效整合。

二是在规划引领上有差距。美丽乡村建设规划编制是县住建局,建设指导是县农委,建设主体是由各乡镇(街道),三者工作较难衔接。特别是各乡镇(街道)美丽乡村建设规划缺乏系统性,文化元素挖掘不够,多规合一落实、规划统筹引领作用发挥有差距。

三是在工作全面推进上有差距。美丽乡村建设规划的重点主要放在基础设施建设、垃圾污水处理、环境卫生整治等生活、生态方面,而在培养创业创新人才、加强"一村一品"特色农业产业选择与培育、提高农业可持续发展能力等方面办法不多、功夫不深。

四、秀山县美丽乡村建设的建议

在调查研究的基础上,结合实际,就推进秀山县美丽乡村建设提出几点粗浅建议。

(一)要有长远的发展战略眼光

建设美丽乡村,是习近平总书记"两山"(绿水青山就是金山银山)理论具体而生动的实践,是推进农村工作解决"三农"问题的升级版,是建设"美丽中国"的起点,是"五位一

体"总体布局中生态文明建设的重要内容,是贯彻五大发展理念的重要抓手,是深化脱贫攻坚的重要举措。秀山县各职能部门、乡镇(街道)要深化对美丽乡村建设重要意义的认识,明确发展目标,找准工作抓手或载体,制定工作标准,加快推进美丽乡村建设。

(二)要有先进科学的策划规划理念

美丽乡村建设既要坚持规划先行,又要突出乡村特色,避免同质化竞争、乡村城市化。秀山县应围绕美丽乡村"产业美、环境美、人文美、服务美、生活美"的内涵和外延,按照"保护山水环境,彰显传统文化,展示乡村风貌,突出地域特色"的原则,坚持"重点突出、以点带面、差异发展"的思路,因地制宜综合山、水、田、林、路、房、讯、产、文、旅等因素,体现"土、野、俗、古、潮"等特色设计,统筹编制县域美丽乡村建设规划,做到"城乡一套图,整体一幅画",切实发挥规划的统筹、引领作用。

(三)要切实加大农村基础设施建设

美丽乡村建设既需要交通通信等生产生活基础设施,也需要农业产业发展的基础设施。秀山县应进一步完善农村道路、信息通讯、供电供气、供排水、农田水利设施等基础设施,促进城市公共基础设施向农村延伸;实施改厕、改水、改厨、改浴、改圈工程,推动公共服务设施向农村延伸,提升农村生产生活水平,满足美丽乡村建设的基本功能要求。同时,应切实加大对仓储、冷藏、保鲜、烘干、分级、包装等农产品初加工基础设施、现代农业产业园基础设施、农机具存放保养基础设施及其农业企业相配套的物流渠道、联合研发中心等配套设施的支持力度,助力农业产业发展。

(四)建立完善体制机制

秀山应建立县委、县政府美丽乡村建设工作组织领导机构,落实工作责任,凝聚工作合力;加大发改、农综、林业、水利、扶贫、国土、民宗、旅游、农村"一事一议"等方面资金的统筹整合力度。积极向上争资立项,如向市上争取清溪场镇龙凤花海、梅江兴隆坳、龙池婆婆山3个田园综合体建设、中国传统村落建设、少数民族特色村寨建设、市级全域旅游示范县创建等项目;按照国家《美丽乡村建设指南》中所涉及的内容和全县美丽乡村建设实际情况,建立完善全县美丽乡村建设工作方案,明确年度建设目标任务,进一步完善管理考核办法,逗硬奖惩。

参考文献

[1]袁文焕,梁俊香,袁婕,韩延德.实施乡村振兴战略 加快美丽乡村建设[J].现代农村科技,2018(09):92-93.

[2]谢清斌.欠发达山区县美丽乡村建设的路径探析[J].农村经济与科技,2016,27(04):105-107.

[3]赵旭东,罗士泂.扎实推进美丽乡村建设 实现乡村振兴战略[N].中国社会科学报,2018-07-25(006).

李伟丽

女,中共秀山土家族苗族自治县委党校讲师。

文明

男,中共秀山土家族苗族自治县委党校教师。

城口县乡村振兴路径思考

向泽令

摘　要：脱贫攻坚与乡村振兴的关系是统一的、时间是延续的、关键点是一致的、所面临的困难是相似的。城口县基础弱、底子薄的特点决定，不可能与发达地区或平原人口密集地区走一样的乡村振兴之路，而应立足县情实际，寻找自己的乡村振兴路径。本文从打好一场硬仗、培养两支队伍、推进"三变"改革、坚持四个优先、做好五篇文章五个方面，探讨了城口县乡村振兴的路径。

关键词：脱贫攻坚；乡村振兴；路径思考；城口县

2018年4月，我们调研了城口县内一些乡镇脱贫攻坚的经验做法以及乡村振兴战略的发展思路，感到又惊叹又振奋。惊叹的是从党的十九大提出乡村振兴战略不到半年时间，城口已经明确了发展思路并在实践中取得了良好效果。振奋的是通过调研感到，城口离乡村振兴并不遥远，通过奋斗是可以实现的。通过本次调研，我们对推进城口脱贫攻坚工作有了更深的认识，对乡村振兴也有一些新的思考。

一、脱贫攻坚与乡村振兴的关系梳理

随着调研的逐渐深入，我们越来越认识到脱贫攻坚与乡村振兴看似是两件事情，实际上就是一件事情。以下是对两者内在联系的几点认识：

（一）两者的关系是统一的

2017年12月29日，中央农村工作会议在谈到"中国特色社会主义乡村振兴道路怎么走"问题时，明确提出"必须打好精准脱贫攻坚战，走中国特色减贫之路"。由此可见，脱贫攻坚是实现乡村振兴的一条重要途径，脱贫攻坚是手段，乡村振兴是目的，两者是统一的，而不是分开的，是一以贯之，而不是各行其道。

(二)两者的时间是延续的

脱贫攻坚要求在2020年所有贫困地区和贫困人口一起迈入全面小康社会,时间很紧迫。而2020年对于乡村振兴来说仅仅是开局阶段,乡村振兴的战略目标是到2035年取得决定性进展,到2050年,实现乡村全面振兴。事有轻重缓急,目前来看,打好脱贫攻坚战仍是我们的当务之急,而对于乡村振兴,我们更多的是要进行科学谋划,搭建科学合理的制度框架和政策体系。

(三)两者的关键点是一致的

无论是脱贫攻坚,还是乡村振兴,关键点都在于"人",如果还要把这个"人"说细一点,那就是农民。农民是脱贫攻坚的主要对象,也是乡村振兴的主体。只要激发了农民脱贫的内生动力,把农民群众的积极性、主动性、创造性调动起来,就冲破了乡村振兴最困难的关卡。

(四)两者所面临的困难是相似的

城口县开展乡村振兴工作面临着许多难题,比如:农村产业结构单一;老龄化现象严重,养老问题突出;劳动力流失严重;有的地方基础设施落后,缺乏发展产业的条件;有的乡镇拼命号召发展集体经济,而村民参与意识不强;农村环境问题突出。这诸多问题,与我们脱贫攻坚所遇到的问题惊人的相似。

通过以上对脱贫攻坚和乡村振兴两者内在联系的梳理,笔者对城口县情有了更深的认识:城口县从属于秦巴山连片特困地区,地形上以山林坡地为主,素有"九山半水半分田"之称,地广而人稀,并且交通落后,现在还没有通高速公路和高铁。基础弱,底子薄,这些特点决定了城口县不可能和发达地区或平原人口密集地区走一样的乡村振兴路子,而应该立足于县情实际,寻找自己的乡村振兴之路。笔者对乡村如何振兴也有一些思考:城口县要搞好乡村振兴,不应急于以实现县内乡村的全面复兴为目标,而是要想办法全力解决目前的急难险重问题,即如何有效让我县农民脱离贫困。特别是从当前阶段来看,在城口县脱贫攻坚和乡村振兴是可以画等号的,打好脱贫攻坚战,我县的乡村振兴至少会实现一半。

二、立足县情,探寻城口乡村振兴之路径

(一)打好一场硬仗

这场硬仗便是脱贫攻坚战。前面城口县已经理清了脱贫攻坚与乡村振兴的关系。乡

村要振兴,摆脱贫困是前提。打好了脱贫攻坚战,一来造福百姓,二来又可以为实现乡村振兴提供更好的基础。所以,当前重中之重,当务之急就是打好脱贫攻坚战,确保到2020年与全国、全市同步全面建成小康社会。城口县自从打响脱贫攻坚战以来,"两不愁三保障"目标基本实现,农村集体经济发展态势良好,成绩有目共睹,但是问题与不足依然存在。所以要常抓不懈,用心用情,保证这场硬仗取得最后胜利。

(二)培养两支队伍

一是培养造就一支有党性、接地气、懂民心的基层党员干部队伍。一方面,要树立正确的政绩观,推进生态环境保护,带动农民生态致富。另一方面,用先进理念和方式,加强基层治理,引导和带领农民振兴乡村。二是培养一支懂农业、爱农村、爱农民的"新农民"队伍。懂农业,方能知轻重。爱农村,方能守初心。城口县的返乡创业大学生何立坤在菌草种植领域取得成就,不忘家乡,毅然回乡创办"松坤菌草"公司,带领家乡父老乡亲发展产业,人称"何仙菇"。何立坤就是一个懂农业爱农村的"新农民"典型。

(三)推进"三变"改革

所谓"三变"改革,即资源变资产、资金变股金、农民变股东的改革。目前,全国各地在积极探索和推进农村"三变"改革。城口县境内"三变"改革的对象主要是山林坡地,如果不加以整合的话,很难形成规模和气候。如果"三变"改革能够顺利推进,那么对于农民来说是一件极大的利好。但是在推进过程中,我们要注意选择好项目,科学化管理,利益合理化分配,切忌让我们的农民失地又失业。

(四)坚持四个优先

坚持"四个优先",即坚持干部配备上的优先考虑,可以打造出一支能打硬仗的脱贫攻坚队伍;坚持要素配置上的优先满足,可以推动人才、资本、项目、土地、技术等资源向脱贫攻坚集中;坚持资金投入上的优先保障,可以为脱贫攻坚筹集一大批资金,解决困扰农村多年的资金不足问题;坚持公共服务上的优先安排,可以为实现城乡基本公共服务均等化奠定基础。总之,"四个优先"可以为乡村振兴保驾护航,是乡村核心地位的突出显现,是我们党实施乡村振兴战略决心的体现。

(五)做好五篇文章

1.围绕基层党建做文章

"火车跑得快,全靠车头带",基层党组织虽在基层,但作用很大。在农村治理中,她是核心堡垒,在脱贫攻坚中,她处于战场上的最前线,在乡村振兴战略的实施中,村支两委的作用显得更为重要,涉及"三变"改革等一系列与村民利益相关的事务,都需要她从中处理和调解。城口县很大一部分农民文化程度低,思想观念落后,对村支两委的处理事务能力要求也就更高。我们在做乡村振兴调研的同时,也对我县农村基层党建进行了解,从了解的5个村党支部来看,都面临一些共性问题,如党员老龄偏大、文化偏低,青黄不接现象严重;主题党日活动走形式、过场化;党员先锋模范作用不强,对村民影响力很小。所以我们还要继续努力加强基层党建工作。

2.围绕农村产业做文章

农村产业扶贫一直是脱贫的重要抓手,也是城口县实施乡村振兴的重要内容。通过调研发现,城口县的农村产业虽然发展势头良好,但还是存在明显问题:一是产业与市场脱节。在部分农村,受到经济环境、技术条件、地理位置等因素影响,大部分集中在周期短、见效快的种植、养殖类产业,而市场前景更广阔的特色农产品加工、休闲观光农业等产业仍处在培育、发展阶段,整体规模较小且分布不均衡。二是产业同质化严重。部分乡镇未在市场调研上"蹚深水",便通过政策刺激、下指标、定任务等方式,试图"复制"其他地区的经验成果,硬性推进某一产业快速发展,在引进产业和规划设计时忽视了市场的真实需求。例如,我国西部不少的县都盛产猕猴桃、核桃等农产品。数据表明,2018年度中国核桃产量占世界产量的80%,而核桃在日常消费中的占比并不高。盲目跟风发展,最终可能导致"价廉伤农",不仅浪费了宝贵的扶贫资金,还会挫伤贫困人群的脱贫信心。三是产业结构单一,抵御风险能力极弱。就乡村旅游来说,乡村旅游是城口县的主打产业,近几年乡村旅游业几乎遍布全县的各个乡村。去年国庆前后,暴雨频发,县内多个地方发生滑坡塌方事件,严重影响外地客人来旅游,原本是旅游旺季的国庆长假生意惨淡,对县内整个乡村旅游产业造成不小打击。这就要求各乡镇在发展农村产业时要做好顶层设计,提高站位,开阔视野,强化市场对接,尽量避免产业同质化带来的低效竞争,同时优化产业结构,完善整个产业链的布局。

3.围绕供给侧结构性改革做文章

供给侧结构性改革虽然提出已有几年,城口县也积极号召广大干部职工学习研究,但现在仍然是需要高度重视且一直要好好思索的问题。例如,城口县最引以为豪的产品,当推"城口老腊肉",至于向外来游客推荐美食,本土美食"十大碗"则是不二之选。但来城口旅游的消费者主要是老年人。这些老年人作为有钱有闲阶层,其消费需求是什么,是健康!他们不顾舟车劳累大老远来城口不是因为城口的景色有多吸引人,很多只是为了逃避酷暑,多吸几口清新怡人的空气。这些人来了,你拿高热量高脂肪高胆固醇的"城口老腊肉"以及油腻味重的"十大碗"来招待,相信很少有客人买账。做好供给侧结构性改革,就应该为这些老年人提供养生菜谱,提供针对老年人的休闲场所,提供适宜老年人的娱乐项目,最大限度刺激他们的消费热情。

4. 围绕教育和医疗做文章

经济学有个名词叫作"马太效应",简而言之就是强者越来越强,弱者越来越弱。城市人口越来越密集和乡村的逐步衰落正好印证了"马太效应"。特别是交通的逐年发展打通了人才流动的通道,"马太效应"更加明显了。究其原因,就是城市比农村更具有吸引力。这一点从城口县内的发展情况就可以窥见其中端倪。修齐镇是城口的一个大镇,近年来随着该镇到县城的道路条件好转,曾经起枢纽作用的修齐镇却不再繁荣,因为条件好的居民都相继搬到县城了。同样的,县城里面条件好一些的居民纷纷都在主城买了房。问他们为什么要搬到县城或者主城,答案基本雷同:为了子女得到更好的教育,为了家人享受更高质量的医疗服务。在多数人的心目中,一个地方的核心吸引力就是教育和医疗。乡村振兴需要人才,山区县要招揽人才,必须要把教育和医疗的软硬实力提上来。目前城口县只有市重点高中一所,县人民医院也只是二级乙等,这些都是我们应该努力的地方。

5. 围绕老年人做文章

通过调研我们发现,老年人是城口农村主人的主体,也是农村客人的主体。农村老龄化现象十分严重,就拿岚天乡来说,一年中除了春季前后半个月的时间,场镇上家庭清一色都是爷爷奶奶带着一两个孙子,除了照看孙子之外,这些老人并没有丢掉以前的生计,或是喂猪养牛,或是种好自己的几亩农田。整个夏天都是岚天乡的旅游旺季,来这里旅游的也均是老人带着小孩来消夏,短则停留十余天,多则住上两三月。长期以来,农村之所以衰落是因为农村青壮年劳动力的大量流失。实施乡村振兴战略,很多人的想法是如何把这些青壮年劳动力拉回来,这种思路无疑与社会规律相背离。人往高处走,水往低处流。其一,大城市的就业机会多,待遇优厚,农村的发展水平根本就无法与之相比,对这些年轻人形成不了强有力的吸引力。其二,这些年轻人学业中断后便早早进入大城市,事实上已经和农村生产生活方式脱钩,对农村的一切并不熟悉,回来之后对农村的产业发展并不会产生多大的帮助。党和政府就算花大力气把这些年轻人生拉硬拽回来,相信过不了多久,这些人难以适应农村生活,将会再一次"离家出走"。但本地的老年人,他们生于斯长于斯,既熟悉产业技能,有对故土有深厚感情,政府应该把他们视为中坚力量,激发他们的办事创业热情,有针对性地进行创业辅导和产业扶持。而外来的老年人则是城口乡村旅游的主要消费者,则应认真思索为这些消费者做些什么。

参考文献

[1]姜列友.正确理解和把握支持脱贫攻坚与服务乡村振兴战略的关系[J].农业发展与金融,2018(06):107-108.

[2]杨公安.新时代新型职业农民培养体系建构[J].中国职业技术教育,2018(24):33-36.

[3]柯炳生.农村"三变"改革可以解决哪些问题?[J].农村经营管理,2018(09):13-14.

向泽令

男,中共城口县委党校教师。

对奉节县实施乡村振兴战略的思考

邓迎春

摘　要：党的十九大确立的乡村振兴战略从顶层设计的角度对农业农村发展进行了全面设计，是推动山地区县脱贫攻坚和乡村建设的重要指导。但乡村振兴战略在实施中面临诸多具体问题，需因地制宜地解决。本文在对奉节县进行实地调查研究基础上，分析其乡村振兴发展中存在的制约瓶颈，并提出可操作的发展举措，以便更好地实施乡村振兴战略。

关键词：乡村振兴；重大意义；制约瓶颈；发展举措；奉节县

乡村振兴战略体现了党中央对"三农"工作的高度重视，对乡村的发展寄予了前所未有的重视，意味着农村发展战略提高到了前所未有的战略高度。奉节县位于重庆市东部，地处秦巴山区和三峡库区腹心，境内山峦起伏，沟壑纵横，山高谷深，海拔高度变化很大，典型的喀斯特地形地貌，全境山地面积占总面积的88.3%，只有少量平缓河谷平坝，属于秦巴山连片特困地区国家扶贫开发重点县，是重庆市贫困人口最多、贫困程度最深、脱贫攻坚任务最艰巨的地区之一。作为秦巴山区和三峡库区的贫困农业大县，三峡后续补助资金及脱贫攻坚政策等力度前所未有的倾斜，奉节县应站在时代的新高度深入领会、准确把握乡村振兴战略。并结合典型山地区县实际，顺势而为，补齐短板，确保乡村振兴战略落到实处，开花结果。

一、奉节县实施乡村振兴战略的重大意义

（一）有利于解决农村发展不平衡和不充分问题

改革开放以来，我国农业农村发展取得了巨大成就，但发展的不平衡和不充分仍然是目前我国最突出的问题。而这种发展不平衡和不充分问题在山地区县农村表现最为突

出。发展不平衡主要表现在城乡不平衡、区域不平衡、产业结构不平衡、收入不平衡,发展不充分主要表现在公共产品供给不充分、社会公平机制建构不充分、社会信任体系建设不充分。只有实施乡村振兴战略,才能有效解决山地区县农村经济社会发展中存在的这些不平衡和不充分问题,才能促进农业发展、农村繁荣、农民增收。奉节县是典型的贫困山地区县,是资源贫乏、产业空心、能人稀缺的"三无农村",空心村、空心院、空心房的"三空心"和留守儿童、留守妇女、留守老年人的"三留守"等问题非常突出。因此,实施乡村振兴战略,有利于解决奉节县农村存在的发展不平衡和不充分问题。

(二)是决胜全面建成小康社会的必然要求

全面建成小康社会,重点在农村,短板在农村,难点是山地区域农村贫困人口脱贫。实施以"农村美起来、农业强起来、农民富起来"为目标的乡村振兴战略,有利于加快补齐农村人居环境和公共服务的短板,促进农业增产,农民生活富裕,进一步缩小城乡差距,实现全民小康。2019年1月,奉节县成功通过国家贫困县退出市级专项评估检查,4月29日达到贫困县退出相关指标,退出国家扶贫开发工作重点县。但目前,奉节县仍然是经济社会发展滞后的典型山地区县,是一个移民大县、财政穷县。农村的要素配置、基础设施、公共服务相对于城市而言明显滞后,急需尽快补齐短板,加快发展步伐。因此,实施乡村振兴战略,对奉节县而言,恰逢其时,有利于实现全面建成小康社会的奋斗目标。

(三)是实现美好生活的重要途径

进入新时代,我国社会主要矛盾已经转化为人民日益增长的美好生活需要和不平衡不充分的发展之间的矛盾。随着城乡协调发展的推进,我国城市和农村在基础设施、居民收入、居民身份等方面的差距显著缩小,但城市与农村之间在政府公共投入、教育、医疗、就业、消费等方面的差距仍然存在。实施乡村振兴战略,促进农业农村优先发展,缩小城乡差距,实现城乡融合,才能促进乡村发展更平衡、更充分,更好地满足人民日益增长的美好生活需要。想让农村人享受跟城里人一样的衣食住行、医疗、教育、卫生、工作环境和公共文化,路还很长。对奉节县农村居民而言,农民群众的需求从"求温饱""求收入"转移到"求美好"阶段,不仅农业应得到发展,农村经济全面繁荣,农民有稳定的就业和收入,而且应有完善的基础设施、便捷的公共服务、可靠的社会保障、丰富的文化活动;不仅要求物质生活上的富足,而且要求生活在好山、好水、好风光的优美环境中。

二、制约奉节县乡村振兴的瓶颈

(一)产业兴旺难

没有产业的兴旺就没有农村的兴旺,因此夯实产业发展基础是核心。奉节县要实现产业兴旺主要面临以下难点。一是地理条件制约。奉节县是典型的大库区、大山区。山地面积占总面积的88.3%。山地多,平地少,土地贫瘠。长期以来,受地理条件和产业发展基础的约束,农业发展面临突出的短板,靠天吃饭,耕种面积少,种植条件差,产业规模有限,产品层次不高、产业链条不长、市场化商品化低,与现代化农业差距大。二是产业结构单一。第一产业发展水平不平衡,第二、第三产业发展相对比较落后。而现代化的农村不仅要有发达的农业,而且要有发达的产业体系。为此,要求根据城乡居民消费需求的新变化,着力构建现代化农业产业体系、生产体系、经营体系,推动农业向二、三产业延伸,促进农村一、二、三产业融合发展。农村产业结构与农村经济发展状况、农村经济效益之间有着内在的必然的联系。但就奉节农业发展状况而言,构建现代化农业产业体系还需要些时日。

(二)生态宜居难

干净整洁的乡村人居环境,不仅可以促进农村落后生活习惯的改变,加快乡风文明建设,而且是乡村聚敛人气、提高农民群众生产生活质量、增进社会和谐的基本条件。奉节县的乡村人居环境并不令人满意,还存在着以下一些问题:一是宅基地规划不合理,布局散乱,村民聚居点杂乱无章,违章乱搭乱盖。二是"脏乱差"问题突出,如污水横流、柴草乱码、畜禽粪污满地以及农村面源污染的问题,垃圾和污水处理系统缺失,村容环境综合整治还达不到"村容整洁"的水平。三是厕所革命不全面不彻底。虽然从新农村建设开始要求改厕,但10多年过去了,农村的厕所普遍存在"脏、臭"现象,卫生厕所普及率低,不足50%,无害化厕所普及率更低,不足20%。

(三)乡风文明难

良好乡风具有浸润人心、引领向善、凝聚力量的积极作用,能够引导农村群众养成勤俭节约、文明高尚的生活方式,不断提升村民素养和乡风文明,进而能够有效吸引城市要素资源向乡村转移,促进产业兴旺。奉节县的乡风文明建设不容乐观,存在着以下一些问题:一是农村文化阵地建设滞后。由于缺乏固定的文化活动场所,设施设备不齐全,乡镇文化专业人才缺乏,农村群众的文化需求无法得到满足。二是农村群众的精神文化需求无法得到满足。农村文化生活整体上表现为"投入少、活动少、渠道窄、形式旧",受主客观条件的制约,农村群众的精神文化生活显得单调而贫乏。平时业余时间都是在麻将桌上度过。三是陈规陋习较为盛行。红白喜事大操大办,"人情风"、赌博、封建迷信的现象仍然盛行。如兴隆等乡镇竟然还存在"新房上梁酒""立生碑酒"等无事酒。

(四)农业专业技术人才难

农业发展的关键是农技推广,农技推广必须有农业技术人才作引领,农业技术人才是科技兴农的依靠力量,是农业技术推广的载体。奉节县农业专业技术人才存在着以下问题:一是农业技术人才总量不足,结构不尽合理。初级农业技术人员占的比重大,高素质的专业人才紧缺,从事常规农业技术的多,基层农技力量相对薄弱。二技术干部行政化现象比较明显。由于长期从事非专业的行政工作,不少农技干部对本专业知识、技能已不熟悉,关键时刻往往无"技"可使,无"招"可用。三是农技人员知识老化比较突出。现有基层农技人员,多数是学传统种养殖业的,由于外出学习培训机会较少,知识老化情况突出。四是基层农业技术推广滞后。基层农技推广人员工作辛苦、待遇低、队伍不稳定,市场意识不强,经营经验不足,普遍存在着"有什么就推广什么",不能满足农民经常性和多样性的技术需求。

三、奉节县实施乡村振兴发展的举措

(一)大力发展特色生态效益产业

乡村振兴的核心是经济的振兴,经济振兴的关键要靠产业来支撑。奉节县应利用三峡库区独特的气候条件和丰富的自然资源,大力发展特色生态效益产业。三峡库区位于亚热带湿润季风气候带,雨量充沛,四季分明,具有光、温、水、土相互配合,协调良好的自然条件,使三峡库区具有相当丰富的农业种植资源,而且拥有比其他地区更多的农业作物栽培适宜区。而奉节县正是处于三峡库区中心地带,全县境属中亚热带湿润季风气候,春早、夏热、秋凉、冬暖,四季分明,无霜期长,雨量充沛,日照时间长。可以凭借奉节独特的地理环境优势,打造高中低立体农业产业结构格局,走绿色发展、特色产业发展的道路,重点发展脐橙、油橄榄、山羊、中药材主导产业和蔬菜、烟叶等优势产业。在现在农业发展现状的基础上,大力发展有机、高效、设施农业和无公害、绿色食品,重点打造"三品一标准"认证农产品50个以上,重庆名牌农产品10个以上,力争把奉节县打造成为全国优质农产品大县。

(二)加强乡村人居环境治理力度

针对本县乡村人居环境存在的突出问题,奉节县应遵循"点上整治、面上改观、彰显美丽"原则,以硬化、洁化、绿化、美化这"四化"为手段,因地制宜、循序渐进加大农村人居环境综合治理力度。大力治理农村脏乱差,全面开展清农村垃圾、清沟渠塘堰、清农业生产废弃物、清粪堆、清院落等专项治理活动,重点治理柴草乱放、粪便乱堆、垃圾乱丢、乱搭乱建等突出问题。以脱贫攻坚为契机,推进农村"水电路气讯房"等建设,"水要户户连通,电要稳定贯通,路要条条畅通,讯要高速互通",对农房加强修缮改造,真正达到"山上苍松翠滴、村内别墅林立、亭台楼阁点缀、古风神韵成趣"。通过城乡环境整治、农村厕所革命、清洁家园、和谐邻里等一个个具体的项目、计划、行动,实施"改厨、改厕、改水、改院坝、改立面、改环境"。让全县乡村都要以平安乡示范乡、南岸沿江安坪镇三沱村、永乐镇大坝村等12个村示范片为榜样,并在此基础上进行大胆创新,保护好绿水青山和清新清净的田园风光。

(三)大力推动乡风文明建设

乡村振兴需要乡风文明,乡风文明是乡村振兴的保障,实施乡村振兴战略,必须把乡村振兴与乡风文明建设有机结合起来,才能稳步推进乡村振兴战略的实施。乡风文明建设是一项长期性的工作,必须建立健全长效机制。一是制定较为完备的指标体系,使乡风文明建设工作有章可循、有据可依,从而逐步促进农村乡风文明建设的科学化、制度化、规范化。二是完善管理机制,把乡风文明建设责任落实到基层单位、考核到具体人员,从组织和制度上保证农村乡风文明建设取得实效。三是形成协作机制,各部门职责分工明确,协作配合良好,形成党委领导、政府主管、部门配合、群众参与、齐抓共管的局面。四是健全制约机制,把乡风文明建设纳入经济社会发展规划,常抓不懈;制订和完善乡村村规民约,引导农民崇尚科学,破除陈规陋习,培育文明乡风、良好家风、淳朴民风,不断提高乡村社会文明程度。

(四)提供强大人才智力保障

乡村振兴要靠人才来推动,人才是实施乡村振兴战略的第一驱动力,必须造就一支庞大的懂农业、爱农村、爱农民的"三农"专业科技队伍。一是大力培养一批新型职业农民。以服务特色高效农业发展为导向,围绕奉节新的脐橙品种、沃柑种植技术等产业,培育新型农业经营主体带头人、现代青年农场主,用良种、良法、良策,实现好品种好品质,促进农业绿色发展、农民持续增收。二是培养一批土生土长的乡土人才。把乡土人才队伍建设纳入基层教育培训总体规划,充分发挥县乡(镇)党校、实用技术培训学校、农民夜校等阵地作用,定期组织乡土人才集中培训,进行政策、实用科技知识的理论辅导,提高乡土人才的知识素养。三是吸引一批有技术有能力懂管理的返乡人才。通过专业知识、职业技能等培训,引导其通过技术攻关、科研成果转化,不断增强其生产水平、发展能力、致富本领,以助力乡村振兴。

参考文献

[1]国务院关于印发"十三五"脱贫攻坚规划的通知[Z].国发〔2016〕64号.

[2]奉节县2018年改善农村人居环境实施方案[Z].奉节府办〔2018〕19号.

[3]卜珍和.强化乡村振兴人才支撑[J].江南论坛,2018(06).

[4]孟佳伟,张金鑫.制约乡村振兴的瓶颈因素及对策建议[J].学理论,2019(05):19-21.

[5]张和平.三峡库区大力发展特色生态效益农业的对策建议——以重庆市奉节县为例[J].重庆行政(公共论坛),2017,18(05):75-77.

邓迎春

女,中共奉节县委党校教师。

长江生态政策制定和执行的逻辑规则与巫山实践

孔云峰　雷兆玉

摘　要：本文以习近平生态文明思想为指导，运用政策学、生态学理论，结合巫山实践，论述了长江经济带生态政策的制定和执行。长江生态政策是一个有机构成体系，是长江经济带的生命。长江生态政策过程包括长江生态政策的制定、执行、评估、终结和监督。就巫山而言，长江生态政策制定和执行，要做好"水文章"，永葆"一江碧水"，念好"山字经"，守好"两岸青山"，办好"红叶节"，提质"三峡红叶"，练好"气字诀"，留住"四季云雨"，打好"文化牌"，打造"千年古镇、万年文明"。

关键词：长江经济带；生态政策；制定；执行

从习近平总书记两次关注巫山红叶说起。2016年1月4日下午，习近平总书记在重庆果园港考察时被展板上的巫山红叶照片所吸引，他说："记得上世纪80年代初有一部红遍全国的电影《等到满山红叶时》，说的就是三峡，给人印象深刻。"2018年3月10日上午，习近平总书记参加十三届全国人大一次会议重庆代表团审议时，再次提及巫山红叶给他的美好印象。习近平总书记的关注，不仅饱含着对巫山人民的深情厚谊，更是涉及长江生态的重大问题。本文以习近平生态文明思想为指导，运用政策学、生态学理论，结合巫山实践，拟就长江经济带生态政策（以下简称长江生态政策）制定和执行略做论述。

一、长江生态政策制定和执行的基本逻辑

（一）长江生态政策是长江经济带的生命

毛泽东曾论及政策价值，提出"政策和策略是党的生命"著名论断。据此而论，长江生态政策是长江经济带的生命，也是党的生命体系的构成部分。在长江经济带建设中，生态政策具有强大的生命力。党的十九大把生态文明建设纳入了新时代坚持和发展中国特色

社会主义的基本方略。方略就是政策。党的政策是一个完备体系,由各种具体政策有机构成,服务于党的总路线、总方针、总目标。生态政策是党和国家实现生态文明目标的行动准则,是生态文明建设事业成功的保证,是为党的总路线、总任务服务的。

长江拥有独特的生态系统,是我国重要的生态宝库。长江经济带更是横跨我国东中西三大区域,覆盖11个省市,人口和经济总量均超过全国的40%,生态地位重要,综合实力较强、发展潜力巨大。推动长江经济带发展,是以习近平同志为核心的党中央科学谋划中国经济新棋局,做出的既利当前又惠长远的重大决策部署,必须坚持生态优先、绿色发展,把生态环境保护摆上优先地位,保证中华民族母亲河永葆生机活力。

思想是行动的先导,理论是实践的指南,而先导和指南作用的实现,离不开政策这一中介。长江生态政策是长江生态理论与生态实践的中介。从政策过程理论看,长江经济带生态政策运行过程的两个极为重要的环节是制定政策和执行政策,制定是起点,执行是关键。

(二)长江生态政策生命力的主体和客体

从政策学看,长江生态政策的生命力,源于长江生态政策的主体和客体的有序运行,因此,有必要分析长江生态政策的主体和客体。

1.长江生态政策的主体

长江生态政策的主体即长江生态政策的制定和执行者。从我国政治制度看,长江生态政策的主体有直接主体、间接主体和特殊主体。

长江生态政策制定和执行的直接主体是经法定授权直接制定、执行、评估、监控长江生态政策制定和执行的组织、团体。包括党委系列(党的中央、地方和基层组织工作部门)和政府系列(中央、地方和基层政府)。

长江生态政策的间接主体是指那些虽无法定强制力,但能够通过压力、舆论、交往等方式,介入长江生态政策过程并产生一定影响的团体或组织及个人,如各民主党派、工商联、各群团组织、各专业学术组织。

长江生态政策的特殊主体,主要指人民代表大会和人民政协。人民代表大会制度是我国的根本政治制度,人大的立法和重大决定中,涉及一些长江生态那建设的法规政策,其法定效力是重大而严肃的。人民政协是我国的爱国统一战线组织,是中国共产党领导的多党合作和政治协商的重要机构,是开展长江生态建设的重要组织和平台,人民政协的政治协商、民主监督、参政议政,就包含着许多长江生态政策的制定和贯彻。

2.长江生态政策的客体

长江生态政策的客体即长江生态政策的发挥作用时所指向的对象。长江生态政策主体要解决的问题规定着长江生态政策客体的范围和性质,长江生态政策客体对长江生态政策主体有着能动作用。长江生态政策的客体包括人和物。就物而言,主要指的是整个生态,如山水气田林路湖草等自然物和人造物;就人而言,主要是指各级党政机关及领导干部、公职人员和广大人民群众。而从各级党政机关和领导干部及公职人员说,其主客体的地位具有相对性,在一定条件下可以相互转换,比如一定层次的党政机关、公职人员,既是长江生态政策的主体,也是长江生态政策的客体。

(三)长江生态政策的有机构成体系

1.长江生态政策的逻辑构成

一是元政策。它处于长江生态政策最高层次,是"长江生态政策的政策",是关于长江生态政策方向、程序、价值的总规定。二是基本政策。它是元政策与具体政策的中间环节,是"长江生态战略性政策"。元政策侧重于价值陈述,为所有长江生态政策提供价值评判标准。基本政策侧重于目标陈述,为相关长江经济带生态政策作方向和目标规定。三是具体政策。它是针对具体长江经济带生态问题制定的政策规定,表现为一系列的行动步骤和方案,其实施有对应的部门或机构,其效果能在理论或经验上作出评价。

2.长江生态政策的纵向构成

长江经济带生态政策的纵向构成,根据党章和宪法对党和国家组织机构的规定,分为中央政策、地方政策和基层政策。元政策和基本政策的制定权属于中央,地方和基层政策的制定必须在中央政策的指导下进行,是中央政策的具体化。必须打破行政区划界限和壁垒,有效利用市场机制,更好发挥政府作用,加强环境污染联防联控,推动建立地区间、上下游生态补偿机制,加快形成生态环境联防联治、流域管理统筹协调的区域协调发展新机制。

3.长江生态政策的横向构成

长江经济带生态政策的纵向构成是指长江经济带作为流域经济,涉及水、路、港、岸、产、城和生物、湿地、环境等多个方面,包括长江经济带生态综合性政策和与长江生态密切相关的政治、经济、文化、社会方面的政策。必须全面贯彻长江生态政策,以制度建设为核心任务,以可复制可推广为基本要求,全面推动资源节约、环境保护和生态治理工作,探索人与自然和谐发展的有效模式。

(四)长江生态政策过程的体制及其机制

从政策学原理看,长江生态政策过程就是其流程及体制机制方式方法和相互关系,主要包长江生态政策的制定、执行、评估、终结、监督五个阶段。

1. 长江生态政策的制定

长江生态政策的制定即指长江生态政策的形成或规划，主要包括问题界定、议程构建、方案规划、政策合法化等阶段。问题界定主要包括长江生态的问题思考、边界勾勒、事实依据、目的目标、政策范围、潜在损益、重审问题表述等7个内容。议程构建主要包括长江生态政策领导和管理者、公共组织、利益集团、大众传媒、公众突发事件、技术创新和变革、政治运动、原有政策、专家学者、社会公众等9个途径。

方案规划主要涉及确定目标、拟订方案、预测效果、抉择方案等4个流程。政策合法化主要指长江生态政策主体通过法定程序对长江经济带生态政策提出、审议和公布等3个程序，确定政策的法定性或将政策上升为法律法规。习近平总书记指出："出台政策措施要深入调查研究，摸清底数，广泛听取意见，兼顾各方利益。政策实施后要跟踪反馈，发现问题及时调整完善。要加大政策公开力度，让群众知晓政策、理解政策、配合执行好政策。"

2. 长江生态政策的执行

长江生态政策的执行即将长江生态政策由理论变为实践的过程，主要包括执行的机构设置、资源配置、政策宣传、政策分解、政策试验、政策实施等内容和程序。影响长江生态政策执行的因素包括政策问题特性、政策本身因素、政策之外因素等，执行的手段包括政治手段、法律手段、经济手段及其多样化、交叉化的手段。

3. 长江生态政策的执行评估、终结和监督

长江生态政策的评估即依据一定的标准、程序和方法，对长江生态政策的效率、效益和价值进行测量、评价，旨在获取实行的相关信息，作为长江生态政策维持、调整、终结、创新的依据。习近平总书记指出："把是否促进经济社会发展、是否给人民群众带来实实在在的获得感，作为改革成效的评价标准。"长江生态政策评估也应当坚持这一原则和方法。

长江生态政策的终结即通过慎重的政策评估之后，采取必要措施，终止过时、多余、无效或失败的长江生态政策的过程。

长江生态政策的监督即依照长江生态政策规定的权限和程序，对政策运行过程进行监察和督促，以衡量并纠正政策的偏差，实现长江生态政策的目标。

二、长江生态政策制定和执行的根本灵魂

长江生态政策制定和执行的根本灵魂即习近平生态文明思想，是新时代生态文明建设的行动纲领和科学指南。

(一)关于长江生态建设的总体要求

党的十八大以来,习近平总书记从党和国家事业发展全局出发,深刻分析了新时代生态工作面临的新形势,提出了一系列关于生态文明的新理念新思想新战略,明确了新时代生态文明指导思想、宏伟目标、战略地位、主要特征、工作方针和根本方略,形成了一个完整的体系,把生态文明带进了中国特色社会主义新时代,擘画出历史性新篇。

2016年1月,习近平总书记在重庆视察和召开推动长江经济带发展座谈会时指出:推动长江经济带发展必须从中华民族长远利益考虑,走生态优先、绿色发展之路,使绿水青山产生巨大生态效益、经济效益、社会效益,使母亲河永葆生机活力。

2018年4月26日,习近平总书记在武汉主持召开深入推动长江经济带发展座谈会再次强调:"正确把握生态环境保护和经济发展的关系,探索协同推进生态优先和绿色发展新路子。推动长江经济带探索生态优先、绿色发展的新路子,关键是要处理好绿水青山和金山银山的关系。这不仅是实现可持续发展的内在要求,而且是推进现代化建设的重大原则。"

(二)关于长江生态建设的战略方针

"共抓大保护、不搞大开发"即是长江生态建设的战略方针。

2016年1月5日,习近平总书记在重庆主持召开的推动长江经济带发展座谈会上强调,长江是中华民族的母亲河,也是中华民族发展的重要支撑;推动长江经济带发展必须从中华民族长远利益考虑,把修复长江生态环境摆在压倒性位置,共抓大保护,不搞大开发,努力把长江经济带建设成为生态更优美、交通更顺畅、经济更协调、市场更统一、机制更科学的黄金经济带,探索出一条生态优先、绿色发展新路子。

2017年10月18日,习近平总书记在中国共产党第十九次全国代表大会上的报告中指出"以共抓大保护、不搞大开发为导向推动长江经济带发展"。

(三)关于长江生态建设的战略举措

习近平总书记指出,把长江经济带建设成为我国生态文明建设的先行示范带、创新驱动带、协调发展带。为此要重点要做好四方面工作:一是保护和改善水环境,重点是严格治理工业污染、严格处置城镇污水垃圾、严格控制农业面源污染、严格防控船舶污染。二是保护和修复水生态,重点是妥善处理江河湖泊关系、强化水生生物多样性保护、加强沿江森林保护和生态修复。三是有效保护和合理利用水资源,重点是加强水源地特别是饮用水源地保护、优化水资源配置、建设节水型社会、建立健全防洪减灾体系。四是有序利用长江岸线资源,重点是合理划分岸线功能、有序利用岸线资源。

三、有效执行是长江生态政策运行的关键

长江生态政策执行是将长江生态政策理想转化为现实、长江生态政策目标转化为效益的唯一途径。长江生态政策的生命力在于落实,政策运行,必须扭住政策执行这个关键不放松,不断把政策转化为实际行动。就长江流域的地方和基层党政机关来说,长江生态政策运行的重中之重是增强执行效力。政策执行是政策对象的首要职责,执行就是对政策的接受。接受可分三个层次:接受的低层是服从,中层是认同,最高层是内化,即准确而深刻地理解政策并内化为自觉行动。

(一)夯实长江生态政策执行的基础

1.促进长江生态政策的法治化

长江生态政策的执行有效源于政策的制定有效。制定有效的长江生态政策要增强三化:一要程序化,即要符合法律规章和制度程序,避免盲目性和不规范性;二要科学化,即要建立健全约束和监督机制,避免"黑箱"操作;三要民主化,即体现政策的价值取向,让政策对象有更多机会参与决策,从而提高长江生态政策的法治化质量。

2.提高长江生态政策的理解力

政策理解是政策执行的先导。提高长江生态政策理解力,一要全面透彻地理解,把握其特定的目标、内容、功能、价值、适用范围和实施条件,唯此方能准确无误执行;二要因地制宜地理解,根据实际情况,对长江生态政策进行必要的加工和再决策,使各项具体实施措施,既要与上级政策目标保持一致,又能适合本地区本单位具体情况,实现政策效用最大化。

3.增强长江生态政策的宣传力

任何一项长江生态政策的执行,都需要政策对象知晓。长江生态政策宣传是长江生态政策执行过程的开始环节和一项重要的功能活动。要使政策得到有效执行,必须首先统一人们的思想认识。长江生态政策宣传就是统一人们思想认识的一个有效手段。特别是长江生态政策的执行者,只有在对政策的意图和政策实施的具体措施有明确认识和充分了解的情况下,才有可能积极主动地执行政策。执行者必须充分认识执行的政策与自身利益和职责间的关系,最大量地内化政策,提高政策执行的自觉性。宣传方式应多样化,如组织宣讲团宣讲解读政策,利用多媒体广而告之,借用智囊机构开展研讨活动等。

(二)促进长江生态政策执行的创新

执行方式是实现政策目标的桥梁和船只。政策执行也要有科学方法,才能事半功倍。清除在政策认知层面和实践层面的各种障碍,必须坚持辩证思维,正确认识和处理政策的

各种关系和矛盾。习近平总书记提出了正确认识和把握政策问题的五对关系,即"要弄清楚整体政策安排与某一具体政策的关系、系统政策链条与某一政策环节的关系、政策顶层设计与政策分层对接的关系、政策统一性与政策差异性的关系、长期性政策与阶段性政策的关系",为执行政策提供了根本遵循,也为破解执行难问题提供了法宝。

项目化是长江生态政策执行的重要方法。一般来说,长江生态政策制定还是"想到"的事,执行就是"办到"的事,执行的效果就是让生态作用对象"得到"的事。

长江生态政策执行,项目化是一个重要方法。要按长江生态政策要求进行分解的过程,找到贯彻落实的抓手,把长江生态政策的每项部署和任务具体化、明晰化。项目化能高效聚合各种生产要素。贯彻落实长江生态政策部署或任务,需要迅速聚合资金、技术、人才等各种资源。项目提供了一个整合资源的载体和平台,使各种资源都能为该项部署或任务服务,促进更好实现工作目标。长江生态政策项目化能有效促进长江生态政策目标化管理。通过掌握项目的进度,能够直观地了解生态政策部署或任务的落实进展情况,明确各项生态工作任务的责任主体。长江生态政策项目化要建立工作台账,对长江生态政策任务,制定具体推进计划,明确目标任务和进度,强化责任分解,严格组织实施、指导检查、评比验收。

(三)加强长江生态政策执行的监督

长江生态政策执行监督是保证既定政策目标得以实现,防止政策执行偏差的重要手段。在长江生态政策执行过程中,要提高监督主体的监督意识和素质,增强专门监督机构的权威,构建严密有效的监督网络,完善生态政策执行监督的制度,保障和健全责任追究制度。中共中央《关于加强新形势下党的督促检查工作的意见》明确指出,督促检查工作作为党的工作的重要组成部分,是推动党的决策落实的重要手段,是促进党的决策完善的重要途径,是改进党的作风、密切党同人民群众血肉联系的重要渠道。长江生态策执行的监督最终效果要落实在弘扬优良作风、整改不足、纠正错误上。

(四)提高长江生态政策执行的能力

长江生态政策执行活动的主体是人。一是长江生态政策问题由人认定,依赖于人的认识水平和认识能力。二是长江生态政策方案由人制定,政策的合理性、合法性和科学性直接取决于人的理性精神和决策能力。三是长江生态政策最终都要靠人去执行和实施。因此,提高政策执行效力,必须提高长江生态政策执行人员的能力。

长江生态政策执行人员的能力,主要包括领会政策能力、综合谋划能力、配置资源能力和自我完善能力等。领会政策能力即执行人员正确理解上级政策的内涵要求和精神实质的能力;综合谋划能力即执行人员将上级政策意图和本地区本部门发展实际相结合,设计执行计划和执行程序的能力;配置资源能力即执行人员调配人力、物力、财力等各种要素资源,集成各种有利条件,综合运用经济、法律和行政等手段,实施政策规划,保障政策有效落实的能力;自我完善的能力是指政策执行主体在政策实施过程中及时发现、修正政策设计瑕疵和不合时宜举措的能力。提高长江生态政策执行人员的能力是提高长江生态政策有效的根本保证。

四、长江生态政策制定和执行的巫山实践

本文就习近平总书记关注巫山的几个生态问题,谈谈巫山对长江生态政策制定和执行的行动和效益。

(一)做好"水文章",永葆"一江碧水"

2018年3月10日,习近平总书记参加十三届全国人大一次会议重庆代表团审议时,在听巫山县委书记李春奎汇报时问:巫山段长江水质怎么样？李春奎回答说:达到了二类水质。习近平总书记点头:不错。对李春奎提出的建议"提速落实三峡后续工作十年规划,按照目前规划期还剩下3年,规划投资仅完成46.2%,这3年也是库区脱贫攻坚的决战期,希望中央和国家部委加快后续规划实施进度",习近平总书记做了笔记,还特别讲了为什么要提出建设长江经济带"不搞大开发,要搞大保护"的方针。保护好"一江碧水",不仅关系重庆库区1000万人口,更关系中下游上亿群众。长江在巫山境内有57千米,注入长江的有25条河流,巫山将按照中央和市委要求,全面落实河长制,确保一江碧水向东流。

(二)念好"山字经",守好"两岸青山"

巫山县通过持续实施天然林保护、退耕还林等工程,累计造林133万亩,森林覆盖率已达到56.8%。在长江保护上,一直将生态红线意识摆在经济建设的重要位置,在招商、产业规划、交通建设等方面,对环境有影响有污染的产业,严格实行了一票否决。每月都有持续监测,确保长江水质保持在Ⅱ类以上,流出水质不低于来水水质,所有水源地100%达标。同时,巫山坚持将长江水域和三峡库区的森林作为最宝贵的资源,把旅游业打造成为支柱产业,把绿化造林过程与群众脱贫致富结合起来,在绿化造林和脱贫攻坚过程中,尤其是发展以"巫山脆李"为龙头的特色优质品牌水果产业。2017年,脆李被命名为"中华名果",巫山县被授予"中国脆李之乡"。

(三)办好"红叶节",提质"三峡红叶"

巫山红叶绵延70多千米,有10万余亩、200多个品种,观赏期从11月初直至次年1月。截至去年底,巫山连续举办了11届长江三峡国际红叶节,累计接待游客4000万人次。2018年,巫山将举办第12届长江三峡国际红叶节。巫山的目标是,努力打造"北有香山红叶、南有巫山红叶"的旅游品牌,让巫山成为全国红叶品种最多、规模最大、持续时间最长的地区。李春奎曾在汇报时说:"2018年底,巫山机场就建成了,机场离景区只有50多公里。待到满山红叶时,我们将再向总书记汇报努力奋斗的佳绩。"他热情邀请总书记够莅临巫山视察,看看"万山红遍,层林尽染;漫江碧透,百舸争流"的奋发景象。

(四)练好"气字诀",留住"四季云雨"

李春奎汇报时,首先介绍自己来自重庆巫山县,习近平总书记一听,就饶有兴味地询问神女峰和三峡里的巫峡段的位置,李春奎回答道:神女峰位于巫山境内,巫峡也主要在巫山境内。云雾缥缈的巫山神女峰,千百年来受到众多文人墨客的赞誉。为保护好周边环境,特别是优质的大气环境,近年来,巫山县大力加强空气环境治理,空气质量优良天数达到340天左右。

(五)打好"文化牌",打造"千年古镇、万年文明"

习近平总书记要求重庆建设"山清水秀美丽之地"。而山清水秀美丽之地既要有壮阔的自然之美,也应有厚重的人文之美。巫山有204万年前的龙骨坡遗迹,有5000年前的大溪文化遗址,有建于晋代的大昌古镇,李白、杜甫等历代文人墨客在这里留下了许多脍炙人口的名篇。1956年6月毛泽东主席挥毫写下千古名词《水调歌头·游泳》,全词95字中直接关涉巫山的有27个字:"更立西江石壁,截断巫山云雨,高峡出平湖。神女应无恙,当惊世界殊。"巫山县还将继续保护和传承好这些优秀文化,让现代城市展现出传统之美。随着巫山红叶的知名度、美誉度不断提高,现在越来越多影视剧在巫山取景拍摄,似《等到满山红叶时》一样美的作品也将不断涌现。

推动长江经济带发展是国家一项重大区域发展战略,保护长江生态,是长江经济带建设的生命所依、活力所在。习近平总书记描绘的"望得见山、看得见水、记得住乡愁"的美景,远不止于乡村,而是站在国家层面看待国家的"乡愁"。长江生态政策的制定和执行,就是从保护中华民族的母亲河入手,让国家永远记得住"乡愁"。